同济博士论丛
TONGJI Dissertation Series

总主编 伍 江 副总主编 雷星晖

阎 莹 郭忠印 著

高速公路运行车速预测模型及其应用研究

Research on Operating Speed Prediction Model and Application of Freeway

同濟大學出版社
TONGJI UNIVERSITY PRESS

内 容 提 要

本书以我国不同类型高速公路及运行车辆为研究对象，从道路交通系统主客观安全性的角度出发，以运行车速为中介指标，将车速、交通安全、道路线形有机结合为一个整体，对基于运行车速的高速公路线形安全性设计与评价中的关键技术和理论进行了深入研究。本书可供相关专业的科学技术人员参考。

图书在版编目(CIP)数据

高速公路运行车速预测模型及其应用研究 / 阎莹，郭忠印著. —上海 ：同济大学出版社，2018.5
(同济博士论丛 / 伍江总主编)
ISBN 978-7-5608-7810-2

Ⅰ. ①高… Ⅱ. ①阎… ②郭… Ⅲ. ①高速公路—车辆—行车速度—研究 Ⅳ. ①U491.1

中国版本图书馆 CIP 数据核字(2018)第 076442 号

高速公路运行车速预测模型及其应用研究

阎 莹 郭忠印 著

出 品 人 华春荣 责任编辑 郁 峰 胡晗欣
责任校对 徐春莲 封面设计 陈益平

出版发行 同济大学出版社 www.tongjipress.com.cn
(地址：上海市四平路 1239 号 邮编：200092 电话：021-65985622)
经 销 全国各地新华书店
排版制作 南京展望文化发展有限公司
印 刷 浙江广育爱多印务有限公司
开 本 787 mm×1092 mm 1/16
印 张 13.25
字 数 265000
版 次 2018 年 5 月第 1 版 2018 年 5 月第 1 次印刷
书 号 ISBN 978-7-5608-7810-2

定 价 63.00 元

“同济博士论丛”编写领导小组

总序

在同济大学110周年华诞之际，喜闻“同济博士论丛”将正式出版发行，倍感欣慰。记得在100周年校庆时，我曾以《百年同济，大学对社会的承诺》为题作了演讲，如今看到付梓的“同济博士论丛”，我想这就是大学对社会承诺的一种体现。这110部学术著作不仅包含了同济大学近10年100多位优秀博士研究生的学术科研成果，也展现了同济大学围绕国家战略开展学科建设、发展自我特色，向建设世界一流大学的目标迈出的坚实步伐。

坐落于东海之滨的同济大学，历经110年历史风云，承古续今、汇聚东西，秉持“与祖国同行、以科教济世”的理念，发扬自强不息、追求卓越的精神，在复兴中华的征程中同舟共济、砥砺前行，谱写了一幅幅辉煌壮美的篇章。创校至今，同济大学培养了数十万工作在祖国各条战线上的人才，包括人们常提到的贝时璋、李国豪、裘法祖、吴孟超等一批著名教授。正是这些专家学者培养了一代又一代的博士研究生，薪火相传，将同济大学的科学研究和学科建设一步步推向高峰。

大学有其社会责任，她的社会责任就是融入国家的创新体系之中，成为国家创新战略的实践者。党的十八大以来，以习近平同志为核心的党中央高度重视科技创新，对实施创新驱动发展战略作出一系列重大决策部署。党的十八届五中全会把创新发展作为五大发展理念之首，强调创新是引领发展的第一动力，要求充分发挥科技创新在全面创新中的引领作用。要把创新驱动发展作为国家的优先战略，以科技创新为核心带动全面创新，以体制机制改革激发创新活力，以高效率的创新体系支撑高水平的创新型国家建设。作为人才培养和科技创新的重要平台，大学是国家创新体系的重要组成部分。同济大学理当围绕国家战略目标的实现，作出更大的贡献。

大学的根本任务是培养人才，同济大学走出了一条特色鲜明的道路。无论是本科教育、研究生教育，还是这些年摸索总结出的导师制、人才培养特区，"卓越人才培养"的做法取得了很好的成绩。聚焦创新驱动转型发展战略，同济大学推进科研管理体系改革和重大科研基地平台建设。以贯穿人才培养全过程的一流创新创业教育助力创新驱动发展战略，实现创新创业教育的全覆盖，培养具有一流创新力、组织力和行动力的卓越人才。"同济博士论丛"的出版不仅是对同济大学人才培养成果的集中展示，更将进一步推动同济大学围绕国家战略开展学科建设、发展自我特色、明确大学定位、培养创新人才。

面对新形势、新任务、新挑战，我们必须增强忧患意识，扎根中国大地，朝着建设世界一流大学的目标，深化改革，勠力前行！

万　钢

2017 年 5 月

论丛前言

承古续今，汇聚东西，百年同济秉持“与祖国同行、以科教济世”的理念，注重人才培养、科学研究、社会服务、文化传承创新和国际合作交流，自强不息，追求卓越。特别是近20年来，同济大学坚持把论文写在祖国的大地上，各学科都培养了一大批博士优秀人才，发表了数以千计的学术研究论文。这些论文不但反映了同济大学培养人才能力和学术研究的水平，而且也促进了学科的发展和国家的建设。多年来，我一直希望能有机会将我们同济大学的优秀博士论文集中整理，分类出版，让更多的读者获得分享。值此同济大学110周年校庆之际，在学校的支持下，“同济博士论丛”得以顺利出版。

“同济博士论丛”的出版组织工作启动于2016年9月，计划在同济大学110周年校庆之际出版110部同济大学的优秀博士论文。我们在数千篇博士论文中，聚焦于2005—2016年十多年间的优秀博士学位论文430余篇，经各院系征询，导师和博士积极响应并同意，遴选出近170篇，涵盖了同济的大部分学科：土木工程、城乡规划学(含建筑、风景园林)、海洋科学、交通运输工程、车辆工程、环境科学与工程、数学、材料工程、测绘科学与工程、机械工程、计算机科学与技术、医学、工程管理、哲学等。作为“同济博士论丛”出版工程的开端，在校庆之际首批集中出版110余部，其余也将陆续出版。

博士学位论文是反映博士研究生培养质量的重要方面。同济大学一直将立德树人作为根本任务，把培养高素质人才摆在首位，认真探索全面提高博士研究生质量的有效途径和机制。因此，“同济博士论丛”的出版集中展示同济大学博士研究生培养与科研成果，体现对同济大学学术文化的传承。

"同济博士论丛"作为重要的科研文献资源，系统、全面、具体地反映了同济大学各学科专业前沿领域的科研成果和发展状况。它的出版是扩大传播同济科研成果和学术影响力的重要途径。博士论文的研究对象中不少是"国家自然科学基金"等科研基金资助的项目，具有明确的创新性和学术性，具有极高的学术价值，对我国的经济、文化、社会发展具有一定的理论和实践指导意义。

"同济博士论丛"的出版，将会调动同济广大科研人员的积极性，促进多学科学术交流、加速人才的发掘和人才的成长，有助于提高同济在国内外的竞争力，为实现同济大学扎根中国大地，建设世界一流大学的目标愿景做好基础性工作。

虽然同济已经发展成为一所特色鲜明、具有国际影响力的综合性、研究型大学，但与世界一流大学之间仍然存在着一定差距。"同济博士论丛"所反映的学术水平需要不断提高，同时在很短的时间内编辑出版110余部著作，必然存在一些不足之处，恳请广大学者，特别是有关专家提出批评，为提高同济人才培养质量和同济的学科建设提供宝贵意见。

最后感谢研究生院、出版社以及各院系的协作与支持。希望"同济博士论丛"能持续出版，并借助新媒体以电子书、知识库等多种方式呈现，以期成为展现同济学术成果、服务社会的一个可持续的出版品牌。为继续扎根中国大地，培育卓越英才，建设世界一流大学服务。

伍　江

2017年5月

前 言

“以人为本、安全至上”是我国公路建设新时期的新理念和指导思想。目前，我国公路事业发展迅速，但也存在较为突出的交通安全问题。在公路设计阶段消除各种可能的安全隐患，制定和采取相应安全的公路设计策略尤为重要。车速是公路几何设计的控制技术指标，基于运行车速理念的公路线形设计理论与方法是解决公路安全设计问题的核心技术，也是公路安全设计的发展趋势。因此，有必要深入开展我国运行车速理论及其应用研究。

本书以我国不同类型高速公路及运行车辆为研究对象，从道路交通系统主客观安全性的角度出发，以运行车速为中介指标，将车速、交通安全、道路线形有机结合为一个整体，对基于运行车速的高速公路线形安全性设计与评价中的关键技术和理论，即高速公路运行车速预测模型及高速公路线形设计一致性评价模型及评价方法进行了深入研究。

首先提出运行车速及其特征指标的概念，通过对高速公路大量断面车速的数据观测和分析，针对断面车速分布特征进行了研究，采用分布假设检验方法确定了车速特征分布形式，运用统计学原理，根据车速频率分布及累积频率分布函数，提出运行车速特征指标及其量化方法。

在高速公路线形研究方面，分析了反映公路线形空间几何特征的平、纵、横线形技术指标对车速及公路安全性的影响机理，提出表征公路线形客观安全性的公路线形综合指标的概念，并对各单项线形指标与综合指标的一致性关系进行了研究；采用系统建模方法，分别构建平、纵、横线形综合指标函数，对线形描述函数中各参数进行了标定；基于空间几何学原理及公路线形设计特点，以平、纵线形综合指标为主，横断面线形指标作为修正的方式，并考虑桥梁、隧道等结构物的影响，建立包括曲率、曲率变化率、曲线转角、纵坡度、车道宽度等指标的三维公路线形综合指标描述模型，同时对线形综合指标的敏感性进行分析。

针对高速公路典型代表车辆——小客车和大型载重车的运行特点，在不同线形条件下车速变化规律以及公路几何线形空间综合指标与运行车速的相关性研究基础上，注重前、后线形对运行车速的影响，考虑车辆运行车速的连续性变化及驾驶员视觉需求，确定车辆行驶中前方100～250 m有效注视范围为前方线形对车速的影响范围；根据不同类型车辆的加减速性能，确定后方200 m加减速长度范围为后方线形对车速的影响范围；通过对前、后线形影响范围内公路线形综合指标的累积效果与运行车速的相关性分析，分别构建适用于我国4～8车道高速公路Ⅰ类指标、Ⅱ类指标A型车和D型车的运行车速预测模型并进行了参数标定；采用统计检验原理，对预测模型进行了有效性检验。

以道路安全设计与线形设计一致性的理论为基础，根据线形设计一致性研究的特点，确定路段划分方法；针对行车中车速的协调性和连续性需求，提出车速标准差、车速变异系数、客货差极差比、断面车速差、车速降低系数、路段车速离散度等指标；以运行车速特征指标及事故率分别作为道路线形设计一致性评价与安全性研究量化指标，通过分析两者之间的相关性，建立基于多项运行车速特征指标的高速公路线形设计一致性综合评价模型；根据我国的实际情况，确定了我国高速公路安全性服务水平，提出线形设计一致性评价标准和评价方法。

最后，依托已建太旧高速公路和拟建鹤大高速公路，将高速公路运行车速预测模型及其在线形设计一致性评价方面的研究成果应用于工程实践。

目　录

第1章 绪 论

1.1 研究背景

1.1.1 我国高速公路发展概况

高速公路是20世纪30年代在西方发达国家开始出现的专门为汽车交通服务的基础设施，具有通行能力高、舒适、运输成本低、经济效益好等特点。目前，全世界已有80多个国家和地区拥有高速公路，其中，美国、中国、加拿大、德国、法国、意大利、英国、日本等国高速公路发展位居世界前列。高速公路不仅是一个国家现代化的重要标志，也是一个国家经济发展水平的风向标。

自1988年10月我国第一条高速公路——沪嘉高速公路建成通车，我国高速公路从无到有，发展迅速，“十五”期间我国共建成高速公路2.47万公里，是“八五”和“九五”建成高速公路总和的1.5倍。1999年，高速公路总里程突破1万公里；2001年超过1.9万公里；2003年超过2.9万公里，跃居世界第二位；2005年达到4.1万公里；2007年，全国高速公路里程已达到5.3万公里。从零起步到1万公里，我国只用了不到12年时间。再到两万公里，只有短短3年，从两万公里到4.5万公里，也仅仅用了4年时间[1]。我国高速公路的建设用了10多年时间，走过了发达国家40年才走过的进程。“十一五”期间，我国高速公路建设“高速”进行，五年间，将新建高速公路2.4万公里以上，至2010年，总里程将达到6.5万公里，实现人口在100万及以上的城市及83%人口在50万以上的城市通过高等级干道连接。国家高速公路网骨架基本形成，总体上将实现“东网、中联、西通”的目标。根据交通部公布的《国家高速公路网规划》，从2005年起到2030年，国家将斥资两万亿元，新建5.1万公里高速公路，完成包括7条首都放射线、9条南北纵向线和18条东西横向线，使中国高速公路里程达到8.5

万公里[2]。

高速公路的快速发展，大大缩短了省际之间、重要城市之间的时空距离，极大地提高了我国公路网的整体技术水平，有力地促进了我国经济发展和社会进步。随着高速公路里程的不断延伸，规模效益逐步发挥，人们切身感受到高速公路带来的时间、空间观念的变化。

1.1.2 我国高速公路安全现状

世界卫生组织在《防止道路交通伤害世界报告》中指出，全世界每年约有120多万人死于道路交通事故，大约每天有3 000多人死亡；受伤者更多达5 000万人；各国如不采取强有力措施，到2020年，道路交通伤害预计将成为全球疾病与伤害负担的第3大原因，道路交通事故造成的死亡人数预计将增加80%左右[3]。当前，道路交通事故在世界范围内已构成对人类生命安全和物质财产的巨大威胁。交通事故因其极强的杀伤力被称为“世界第一杀手”。

道路交通安全是一个世界性的问题，在我国尤为突出。表1-1列出了近年来我国道路交通事故统计数据[4]。虽然2002年以来，我国道路交通事故和死亡人数快速增长的势头得以初步遏制。但是，当前道路交通安全形势依然严峻。与国际对比来看，2004年，我国汽车保有量只有美国的15%、日本的48%和德国的73%，道路死亡人数却分别为美国的2.3倍、日本的13.4倍、德国的18.4倍；万车死亡率分别为美国的5.5倍、德国的9.5倍、日本的12.2倍[5]。我国交通事故死亡人数已连续十多年居世界第一，成为世界上交通事故最为严重的国家之一。

表1-1 我国近年来交通事故统计

年　份	事故次数	死亡人数	受伤人数	直接经济损失/元	万车死亡率
1990	250 297	49 271	155 072	363 548 114	33.38%
1991	264 817	53 292	162 019	428 359 749	32.15%
1992	228 278	58 729	144 264	944 929 636	30.19%
1993	242 343	63 508	142 251	999 070 121	27.24%
1994	253 537	66 362	148 817	1 333 827 223	24.26%
1995	271 843	71 494	159 308	1 520 000 000	22.4%
1996	287 685	73 655	174 447	1 720 000 000	20.1%
1997	300 000	73 861	190 128	1 850 000 000	17.5%

续 表

年 份	事故次数	死亡人数	受伤人数	直接经济损失/元	万车死亡率
1998	346 192	78 068	222 721	1 930 000 000	17.3%
1999	412 860	83 529	286 080	2 124 010 000	15.45%
2000	616 974	93 493	412 782	2 669 000 000	15.60%
2001	760 327	106 367	549 000	3 090 000 000	15.46%
2002	773 737	109 381	562 074	3 324 000 000	13.71%
2003	667 507	104 372	494 174	3 370 000 000	10.81%
2004	567 753	99 217	451 810	2 770 000 000	9.20%
2005	450 254	98 738	469 911	1 880 000 000	7.6%
2006	378 781	89 455	431 139	1 490 000 000	6.2%
2007	327 209	81 649	380 442	1 200 000 000	5.1%
2008	265 204	73 484	304 919	1 010 000 000	

高速公路具有线形指标高、路面质量好、全封闭、无行人和慢车干扰、交通安全设施齐全的特点。因此，从理论上和国外实际情况来讲，高速公路交通事故情况要比普通公路好得多，国外高速公路发生的交通事故数量平均为一般公路的30%～51%，高速公路交通事故死亡人数平均为一般公路的43%～76%。日本高速公路的伤亡事故率只有一般公路的1/2，事故死亡率为一般公路的1/3。而我国高速公路交通事故情况要比一般公路严峻得多[6]。从1994年至2004年，高速公路百公里事故率、百公里死亡率和百公里受伤率平均为一般公路的4.4倍、3.4倍和2.5倍。从1998年开始，高速公路的致死率开始高于一般公路，而且差距越来越大，2004年差距达到11个百分点之多，致死率为29%，也就是说，每3个高速公路交通事故伤者中就有一人死亡，而英、美、日等国家的致死率只有1%～3%，我国与这些国家的差距明显。

国务院发展研究中心产业经济研究部部长冯飞指出，在2020年以前，中国的机动车保有量除了农用车外，均呈现一种快速增长的趋势，所以，中国的道路交通安全在未来几十年内都将承受巨大的压力。

1.1.3 道路交通系统的主客观安全性分析

从系统论的观点来看，道路交通系统是由人、车、路、交通环境四大要素构成的一个复杂系统，其各组成要素又自成系统，各为子系统。这些子系统既独立作用又相互制约，它们本身的可靠性程度和它们之间的相互作用决定了这个复杂系统的运行状况和交通安全水平。同时，道路交通安全系统的这四大要素中的潜在危险性，主要体现在主观方面（驾驶员、乘客、行人等交通参与者）的不安全行为和客观方面（道路、车辆、交通环境等）的不安全状态。只有这四大要素相互协调，相互配合，才能使道路交通这个大系统处于最优状态。

在道路交通系统中，人、车因素，如驾驶员在行驶过程中的心理、生理反应，车辆的技术状况，在一个特定的时间段内很难改变或其变化量均较小，而由道路线形、路面、沿线景观、交通量等参量构成的道路交通环境因素则随时间、地点的不同迅速变化。因而，在驾驶员、车辆因素确定后，道路环境因素则在一定程度上成为决定道路交通系统的重要因素。

道路交通事故"不应该以人的生命为代价"，但道路交通系统的运行是一个很难控制的随机过程，人的行为安全及车辆安全的提高是一项长期艰巨的任务，因而通过改善道路环境，优化道路设计，尽可能采取"主动"的预防措施和容错措施，弥补主观安全性的不足，提高客观安全性，已成为消除必然交通事故、降低偶然事故概率的有效途径。

1.1.4 立题依据

车速是公路几何设计的主要控制参数，同时也是道路用户对道路交通客观条件认识程度的反映，直接影响公路设施的营运安全与效率。"设计是核心"，公路设计工作对公路建设质量好坏起着关键的作用，而安全是公路设计和建设需考虑的首要因素。我国从 20 世纪 50 年代起就引入了设计车速即计算行车速度的概念。目前，我国是在满足汽车运动学和力学要求的前提下，采用"计算行车速度"即设计车速进行路线设计，计算行车速度对一特定路段而言是一固定值，其作为基础参数，用于规定该路段满足运营安全所需要的最小曲率和最小视距等最低设计标准。然而这种设计方法存在以下几点不足[7]。

1.1.4.1 线形设计要素与实际行车速度不相容

现行设计方法最显著的特征是对于一个设计路段设计车速是一个固定值，计算行车速度作为基础参数，规定了线形设计要素的最小指标值，却没有考虑是否能够满足实际行车速度的要求。因此，满足计算行车速度要求的道路设计值，如视距、超高等不一定能够满足驾驶员选用的实际车速。

1.1.4.2 线形设计要素之间不相容

线形设计标准的最低值的依据是安全运行，其定义是为车辆按设计车速行驶，逐一驶过各个孤立的道路特征段而制定的设计指标。但在地形困难地区（如山岭和丘陵地区），就必须把纵面线形和平面线形综合起来考虑，对孤立的要素适应的最小值，当组合使用时，未必能满足安全要求。因此，不少国家都强调要避免或限制使用几个最小值同时组合。这方面的限制正说明了设计车速法不尽合理，但这些局部修正并不能避免这种设计方法由于本身概念上的缺陷而带来的弊端。

1.1.4.3 线形的行车速度标准不一致

根据计算行车速度所作的设计不能够保证线形行车速度标准的一致性。计算行车速度仅仅规定了道路曲线几何特征的最小设计值，对于平坦的直线路段是没有意义的。在不同半径的平曲线路段，车辆的实际行驶速度与计算行车速度也是不同的，有时候差别还很大。因此，虽然设计人员希望用等值设计车速设计出行车速度标准一致的公路，但实际上，由于平面线形的突变，各路段间经常会产生车速突变点，而这些突变点正是发生交通事故的主要地段。

鉴于设计车速法存在的局限性，国外在20世纪60年代就开始了运行车速的研究，运行车速的引入，可以有效解决路线设计指标与实际行驶速度所要求的线形指标脱节的问题，其在路线设计及安全评价中的应用也成为国内外研究热点。我国在相关领域的研究还处于起步阶段，研究方法还有待探索。目前仅有的一些研究结论都是建立在实测数据的基础上，由于条件所限，各影响因素对运行车速的影响将可能因地域的不同而有所区别，使得研究成果的局限性较大；此外，已开展的运行车速研究大都采用了国外的研究模式和方法，而忽视了一些基础理论的研究工作，所取得的研究成果也大都建立在国外已有的基础理论上，但我国的国情与国外差别较大，因此造成在实际应用方面有所偏差。我国相应的运行速度理论还需进一步系统研究。

1.2 研究的目的及意义

本书旨在采用现代科学方法，综合考虑我国地理环境、气候特点、经济水平、运行车辆构成、人文环境、公路线形特征、车辆特征、驾驶员生理和心理特征，研究不同类型车辆的运行特性，分析公路线形以及构造物对车辆实际行驶速度的影响，提出公路车辆运行速度的特征指标和公路线形的客观描述模型；通过对运行车速进行实地观测，研究车辆的速度变化规律，建立适合我国公路条件、车辆性能、驾驶员行为的运行车速预测模型；在此基础上，提出新的基于运行车速理念的公路线形一致性评价模型和评价方法。

1. 运行车速理论为交通事故机理研究提供了方向

道路交通事故的产生是由于事件的连续发生所致，人、车、路是这一事件链的主要因素。任何一起交通事故，很难将其归结于某一单一的因素。其次，交通事故的不可观测性和随机性是公路安全研究的主要瓶颈。车速作为道路安全研究中最重要的概念之一，是驾驶员心理行为、几何线形和道路环境等多方面综合作用于汽车的最终结果的外在表现，通过对这种综合反应结果的研究可以有效地建立起公路几何线形和公路安全的“桥梁”。同时，作为外在综合表现的可测性又成为研究的可能。因此将车速作为中介参数，深入开展运行车速理论研究，将有助于揭示事故与道路及驾驶员的内在联系，为交通事故机理研究提供方向。

2. 运行车速理论促使传统的道路线形设计理念变革

交通事故如同疾病一样，也需要采取“治疗”和“预防”相结合的方式。以往，我国在交通安全方面主要针对现有道路已发生事故且事故集中的位置进行鉴别和整治，这种对发生问题的道路进行“治疗”的方法在过去几十年中一直被世界各国采用，并取得了明显效果，但这毕竟是“亡羊补牢”的办法。为达到“防患于未然”就应在高速公路规划设计时做好道路线形设计，从根本上给驾驶员提供一个安全、舒适的硬件系统。运行车速预测模型及其应用的研究有利于优化新建道路设计，对已建道路进行有效的安全评价与改造，将会对道路线形安全设计理念和方法产生重要影响，对有效提升我国交通安全水平有重大意义。

3. 为公路安全运营管理措施实施和标准制定提供科学依据

目前，我国在未完全采用运行车速进行路线设计的条件下，新版路线设计规范引入了安全性评价的概念，要求对线形设计受地形条件或其他特殊情况限制的地段，采用运行速度进行检验，以改善技术指标或采用必要的交通安全技术、管理措施。同时，为了保障交通安全，交通管理部门普遍采用限速措施。然而，由于我国目前还没有关于公路车速限制标准确定方法和系统有效的车速限制技术，从而导致限速位置设置不合理及限速效果不理想等问题。因此，通过对我国公路运行车速分布特征的研究，建立适合我国公路条件、车辆性能、驾驶员行为的运行车速预测模型，在此基础上提出基于运行车速的公路路线安全性评价方法和标准，可为采取因地制宜的交通工程或运营管理措施提供科学依据。

1.3 国内外研究现状

1.3.1 运行车速预测模型研究

国内外建立运行车速预测模型的方法主要分两类：第一类是统计回归模型，采取实测大量实际行车速度，建立运行车速与线形指标的关系。第二类是相关因素制约模型，其研究方法不是直接建立速度与道路线形之间的关系，而是建立各种限制速度与道路性质等的关系，然后再根据这些速度定出运行车速，典型的有著名的巴西模型。

1.3.1.1 国外研究现状

近年来，美国、德国、澳大利亚、加拿大等国对平面线形、纵面线形指标与运行车速的关系进行了大量的研究，以下是有代表性的研究成果。

(1) 1990 年，Lamm 等人对平曲线特征与运行车速的关系进行了分析，研究发现，影响车速最主要的参数为平曲线半径，建立的运行车速预测模型如下[8]：

$$V_{85}=94.398-\frac{3\,188.656}{r}\quad R^2=0.79 \tag{1-1}$$

式中 V_{85}——平曲线上运行的第 85 位车速(km/h)；
r——平曲线半径(m)；
R^2——相关系数。

(2) 1994 年，Islam，Senevirtne 建立平曲线上不同位置的运行车速模型。研究认为，平曲线不同特征点处(曲线起点、曲线切线点、曲线终点)运行车速存在明显差异，建立的三个位置运行车速回归模型分别为[9]

$$V_{85}=95.41-1.48D-0.012D^2\qquad R^2=0.99 \tag{1-2}$$

$$V_{85}=103.03-2.41D-0.029D^2\qquad R^2=0.98 \tag{1-3}$$

$$V_{85}=96.11-1.07D\qquad R^2=0.90 \tag{1-4}$$

式中 V_{85}——分别为平曲线起点、终点、切线点处的第 85 位车速(km/h)；

D——曲度(°)。

(3) 1997 年，McFadden，Elefteriadou 等人考虑曲度、平曲线长度、平曲线偏角以及曲线前直线上速度等因素所研究的运行车速预测模型如下[10]：

$$V_{85} = 41.62 - 1.29D + 0.0049L_c - 0.12\triangle + 0.95V_t \qquad R^2 = 0.90 \tag{1-5}$$

式中 V_{85}——平曲线上运行的第 85 位车速(km/h)；

D——曲度(°)；

L_c——平曲线长度(m)；

$\triangle$——平曲线偏角(°)。

(4) 2005 年，Bucchi A，Biasuzzi K，Simone A. 对意大利 C 级乡村公路较大坡度以及平曲线半径在 25～170 m 范围内的急弯路段运行车速模型进行了研究，将预测的运行车速与设计车速进行比较，运用运行车速与设计车速差标准对单曲线路段的线形设计一致性进行评价。运行车速预测模型如下[11]：

$$V_{85} = 66.164 - 0.124DC \tag{1-6}$$

$$V_{85} = 55.366 - 3.46E - 04DC \tag{1-7}$$

$$V_{85} = 65.745 - 0.119DC - 1.35E - 0.5DC^2 \tag{1-8}$$

式中 DC——曲度(°)，$DC = 100 \times 360/2\pi r$；

E——平曲线偏角(°)。

以上的模型主要是对平面线形的研究，国外对纵断面线形指标与车速的关系也进行了大量研究：

(5) Jessen D R 等学者收集了美国内布拉斯加州公路上 70 个竖曲线的小客车车速数据。研究发现，公路里程、竖曲线坡度、道路两侧护栏、平曲线半径、桥梁与涵洞等设施、交叉口、交通控制与管理、车道宽、路面、交通流和计算行车速度等因素均对运行车速产生潜在影响。为了简化模型，将对车速影响较大的坡度、交通量纳入模型，从而重新诠释了竖曲线运行车速的特征，为各项后继工作的开展奠定了基础。方程如下[12]：

$$V_{50\%} = 68.5 + 0.382V_{计算} - 0.703G_1 - 0.00174T_{ADT} \tag{1-9}$$

$$V_{85\%} = 73.9 + 0.400V_{计算} - 0.124G_1 - 0.00143T_{ADT} \tag{1-10}$$

$$V_{95\%} = 85.5 + 0.346V_{计算} - 0.0749G_1 - 0.00181T_{ADT} \tag{1-11}$$

式中 $V_{50\%}$——竖曲线平均运行车速(km/h);

$V_{85\%}$——竖曲线第85位运行车速(km/h);

$V_{95\%}$——竖曲线第95位运行车速(km/h);

$V_{计算}$——计算行车速度(km/h);

G_1——进入竖曲线的纵坡坡度(%);

T_{ADT}——年平均日交通量。

(6) 美国德克萨斯州运输学院的 Fitzpatrick 博士在理论上对竖曲线的曲率与车辆运行车速的关系进行了分析,是较早提出由于竖曲线曲率的存在而使视距受限,从而决定运行车速的理论。分析竖曲线运行车速的预测方程如下[13]:

$$V_{85} = 111.07 - \frac{175.98}{K} \tag{1-12}$$

式中 $V_{85\%}$——第85位运行车速(km/h);

K——竖曲线曲率变化率,即坡度每变化1%在水平方向前进的距离。

近年来,运行车速预测的研究开始向三维回归模型发展。

(7) 2001年,Gibreel G 等人对不同类型车辆自由流交通条件下在加拿大安大略省20个凸形竖曲线与平曲线以及凹形竖曲线与平曲线的组合路段的运行情况进行了调研,通过对数据的分析得出了两类多元回归模型,研究发现,二维和三维模型预测的运行车速存在很大差异,得出的曲线上5个点的回归模型如下[14]:

$$V_{S1} = 91.811 + 0.010r + 0.468{L_V}^{1/2} - 0.006G_1^3 - 0.878\ln(A) - 0.826\ln(L_0) \tag{1-13}$$

$$V_{S2} = 47.96 + 7.217\ln(r) + 1.534\ln(L_V) - 0.258G_1 - 0.653A - 0.008L_0 + 0.02\exp(E) \tag{1-14}$$

$$V_{S3} = 76.42 + 0.023r + 2.300 \times 10^{-4}K^2 - 0.008\exp(A) - 1.230 \times 10^{-4}L_0^2 + 0.062\exp(E) \tag{1-15}$$

$$V_{S4} = 82.78 + 0.011r + 2.067\ln(K) - 0.361G_2 + 0.036\exp(E) - 1.091 \times 10^{-4}L_0^2 \tag{1-16}$$

$$V_{S5} = 109.45 - 1.257G_2 - 1.586\ln(L_0) \tag{1-17}$$

式中 L_V——竖曲线长度(m)；

E——超高(%)；

A——坡度差(%)；

G_1——坡度(%)。

其他国外学者对不同车型建立的运行车速预测模型汇总如表 1-2 所列[15]。

表 1-2 国外运行车速预测回归模型汇总

作 者	国 家	模 型
Taragin 1954	美国	$V_{85}=88.87-2\,554.76/R$
McLean 1978	澳大利亚	$V_{85}=101.2-0.067\,5CCR$
McLean 1979	澳大利亚	$V_{85}=53.80+0.464V_F-3\,260/R+85\,000/R^2$
Kerman 1982	英国	$V_{85}=V_a-V_a{}^3/398R$
Glennon 1986	美国	$V_{85}=103.96-(4\,524.94/R)$
Setra 1986	法国	$V_{85}=\{102/1+346/[(57\,300/CCR)^{-1.5}]\}$ $V_{85}=88.72-0.084CCR[LW=3.0\text{ m}]$ $V_{85}=89.55-(2\,862.69/R)[LW=3.0\text{ m}]$ $V_{85}=92.69-0.080CCR[LW=3.3\text{ m}]$ $V_{85}=93.83-(2\,955.40/R)[LW=3.3\text{ m}]$
Lamm and Choueiri 1987	美国	$V_{85}=95.77-0.076CCR[LW=3.6\text{ m}]$ $V_{85}=96.15-(2\,803.70/R)[LW=3.6]$ $V_{85}=94.39-(3\,188.57/R)=93.85-0.045CCR$ $V_{85}=55.84-(2\,809.32/R)+0.634LW+0.053SW$ $+0.000\,4AADT$
Kanellaidis 1990	希腊	$V_{85}=109.09-(3\,837.55/R)$ $V_{85}=32.20+0.839V_d+(2\,226.9/R)-(533.6/R^{1/2})$ $V_{85}=129.88-(623.1/R^{1/2})$
Lamm 1993	德国	$V_{85}=(10^6/8\,270+7.20CCR)$
Ottesen and Krammes 1994	美国	$V_{85}=103.04-0.047\,7CCR=103.70-(3\,403/R)$
Morrall and Talarico 1994	加拿大	$V_{85}=e^{(4.561-0.005\,86DC)}$ $V_{85}=95.41-1.48DC-0.012(DC)^2$ [point of curve]
Islam and Seneviratne 1994	美国	$V_{85}=103.30-2.41DC-0.029(DC)^2$ [middle of curve] $V_{85}=96.11-1.07DC$ [point of tangency] $V_{85}=103.66-1.95DC$

续表

作者	国家	模型
Krammes 1995	美国	$V_{85} = 102.45 - 1.57DC + 0.0037L_C - 0.10DF$ $V_{85} = 41.62 - 1.29DC + 0.0049L - 0.12DF + 0.95V_T$
Lamm 1995	希腊	$V_{85} = (10^6/10150.1 + 7.676CCR)$
Choueiri 1995	黎巴嫩	$V_{85} = 91.03 - 0.050CCR$ $\triangle V_{85PC} = 3.64 + 1.78DC$ $\triangle V_{85LT} = 2.00DC$ $\triangle V_{85T} = 4.32 + 1.44DC$
Voigt 1996	美国	$V_{85} = 99.61 - (2951.37/R)$
Al-Masaeid 1995	约旦	$\triangle V_{85ALL} = 3.30 + 1.58DC$ $\triangle V_{85ALL} = 1.84 + 1.39DC + 4.39Pcon + 0.07G^2$ $\triangle V_{85ALL} = (5081/R_2) - (5081/R_1)$ [continuous curves] $\triangle V_{85ALL} = 108.30 - (3498/L_T) - 0.71[(DF_1 \times DF_2)/(DF_1 + DF_2)]$ [common tangents]
Abdelwahab 1998	约旦	$\triangle V_{85} = 0.9433DC + 0.0847DF$
Pasetti and Fambro 1999	美国	$V_{85} = 103.90 - (3020.50/R)$
Fitzpatrick 2000	美国	$V_{85} = 106.30 - (3595.29/R)$ [HC: $0 \leqslant G < 4$] $V_{85} = 96.46 - (2744.49/R)$ [HC: $4 \leqslant G < 9$] $V_{85} = 100.87 - (2720.78/R)$ [HC: $-9 \leqslant G < 0$] $V_{85} = 101.90 - (3283.01/R)$ [$HC + LSD$ crest VC] $V_{85} = 111.07 - (175.98/K)$ [LSD crest VC] $V_{85} = 100.19 - (126.07/K)$[$HT$ + sag VC]
Ottesen and Krammes 2000	美国	$V_{85} = 102.44 - 1.57DC - 0.012L_C - 0.01DC \times LC$
Andueza 2000	委内瑞拉	$V_{85} = 98.25 - (2795/R) - (894/R_a) + 7.486DC + 9.308L_T$ [horizontal curve] $V_{85} = 100.69 - (3032/R) + 27.819L_T$ [tangent]
McFadden and Elefteriadou 2000	美国	$85MSR = -14.90 + 0.144V_{85T} - (954.55/R) + 0.0153L_T$ $85MSR = -0.812 + (998.19/R) + 0.017L_T$
Jessen 2001	美国	$V_{85} = 86.80 + 0.297V_P - 0.614G_1 - 0.00239ADT$ [LSD] $V_{85} = 72.10 + 0.432V_P - 0.00212ADT$ [$NLSD$]

续 表

作　者	国　家	模　型
Donnell 2001	美国	$V_{85(2)}=78.4+0.0140R-1.40G_2-0.00724L_{T2}$ $V_{85(3)}=75.1+0.0176R-1.48G_2-0.00836L_{T2}$ $V_{85(4)}=74.5+0.0176R-1.69G_2-0.00810L_{T2}$ $V_{85(5)}=83.1-2.08G_2-0.00934L_{T2}$

注：R—平曲线半径(m)；
CCR—曲率变化率(°/km)；
V_F—曲线前直线上车速(km/h)；
V_d—期望车速(km/h)；
V_a—直缓点车速(km/h)；
V_T—曲线前直线上车速(km/h)；
LW/SW—车道/路肩宽度(m)；
DC—曲度(°)；
L_C—平曲线长度(m)；
L_T—直线长度(m)；
$Pcon$—路面条件；
G—坡度(%)；
R_a—前曲线半径(m)；
V_P—车速限制值(km/h)；
DF—平曲线偏角(°)；
K—竖曲线曲率半径(m)；
$AADT/ADT$—年平均日交通量/平均日交通量(辆/日)；
85 MSR—从直线到曲线中点最大的车速减少值(km/h)。

(8) 除了传统的回归模型，巴西模型是制约因素模型的典型代表。巴西模型主要用于优化公路设计，同时也可用于路网的经济评价和优化养护方案。该模型考虑了道路的几何线形和路面状况，以机械性能和驾驶行为为依据，建立了车辆运行速度与车辆构造参数、汽车动力性能和道路特性之间的定量关系，对物理机械原理和行为限制等因素作了明确的说明，使模型的车速预估性能大为改善。

模型用公式可表示[16]为

$$V=\min(V_{BRAKE},V_{DRIVE},V_{ROUGH},V_{CURVE},V_{DESIR}) \qquad (1-18)$$

式中 V_{BRAKE}——由制动功率限定的速度(km/h)；
V_{DRIVE}——由行驶功率限定的速度(km/h)；
V_{CURVE}——由弯道限定的速度(km/h)；
V_{ROUGH}——由道路平整度限定的速度(km/h)；
V_{DESIR}——期望车速(km/h)。

1.3.1.2 国内研究现状

国内关于运行速度的研究起步较晚，但也陆续产生了一些研究成果，总的说来还处于初步探索阶段。

同济大学朱昭宏、景天然教授是国内最早从事这方面研究的学者之一，20世纪80年代末就提出了将行车速度、耗油量、交通事故率作为公路线形设计质量的评价指标[17]；交通部公路所在国家“九五”科技攻关项目“公路投资综合效益分析系统”研究中，速度模拟系统 SF_Sim5.0 对车速和油耗进行模拟；范振宇、张剑飞在“公路运行车速测算模型的研究和标定”一文中提出高速公路和二级公路路段运行速度测算模型，模型包括直线（含大半径曲线）路段运行车速测算模型和小半径曲线路段测算模型两大类[18]；同济大学孔令旗利用人工神经网络建立运行车速与道路平面线形要素之间的关系模型[19]；杜博英对平曲线和纵坡段上的运行车速作了详细的测算与分析，利用大量的车速观测数据对适应我国的运行车速模型进行了验证，初步提出和建立了一种用于公路运行车速模拟的方法[20]；北京工业大学钟小明、刘小明详细分析了在不同线形条件影响下小客车和中型卡车在高速公路自由流运行状态下的运行速度变化规律，应用数理统计的方法建立了小客车和中型卡车的运行速度模型[21]；长安大学杨少伟、许金良等综合考虑平面、纵断面、横断面三方面的影响，在纵断面预测中提出功率极限法的思路，在平面预测中引入了曲度-路面宽度-速度的方法，建立了相应的行驶速度预测模型[22]；贺玉龙、仲贤、马国雄等通过对交通条件、车辆性能、道路条件、驾驶员主观因素等的分析建立了受人、车、路、交通条件等多因素影响的高速公路直线段车辆稳定运行速度模型[23]；2000 年，交通部在标准规范项目中立专题开始研究运行速度测算模型，结合我国国情选择了具有代表性的多条高速公路和一级公路进行调查研究，在大量数理统计分析的基础上，对公路几何指标与运行车速、交通事故与运行车速关系进行了深入研究，初步提出了对我国高速公路和一级公路的运行速度测算模型和方法，并于 2004 年底在《公路项目安全性评价指南》里予以发布[24]；中交第一公路勘查设计研究院数字公路研究所以上述交通部研究项目和研究成果为基础，同时参考澳大利亚、欧美各国运行速度建立的方法和标准，于 2006 年开发完成了国内第一套高速公路运行速度测算分析软件系统。对于该系统的实用性、可靠性和稳定性还有待进一步验证。

1.3.1.3 评述

（1）回归关系模型直观、明了，许多学者都致力于该方向的研究；但基于统计基础上建立起来的模型，有先天缺陷，即较难克服对采集数据的某种偏向性。

（2）相关因素制约模型中相关制约因素影响量化，期望车速的取值过程较为繁琐，而且模型的离散度较高，精度稍有欠缺，实用性较差。

（3）国外的相关研究开展较早，目前的趋势正从建立单一线形指标与车速的关系逐步过渡到考虑多个指标的多元回归模型，无疑，这样预测得到的运行车速较为准确，然而，这些研究大多限于平面线形或纵断面线形的二维回归，真正意义的三维回归研究才刚刚起步。

(4) 我国运行车速预测模型研究起步较晚，且大都参考了国外的研究思路，采用了传统的建模方法，预测精度不高，在实际方面的应用有限，目前还未开展三维模型的研究。

1.3.2 公路路线设计方法研究

19 世纪 30 年代，美国人提出了基于设计速度的公路线形设计方法；1933 年，德国开始修建柏林-汉堡高速公路，同时研究设计连续平顺线形的问题；到 20 世纪 40 年代，提出了用曲线连接曲线的新设计方法；随后一些学者提出将视觉原理用于道路设计；从 20 世纪 50 年代中期开始，经济发达的国家率先加速修建高速公路。此间，对线形设计问题进行了诸如行驶力学、审美、安全设施、行驶心理学、环境保护等多方面研究；随着车辆性能的逐步提高，高等级公路的大量修建，国外很多国家，如澳大利亚、奥地利、法国、德国、希腊、波兰、瑞典、瑞士和英国等，针对设计速度法在实际路线设计应用方面的缺陷，提出了基于运行速度的公路线形设计方法。比较有代表性的成果如下。

1.3.2.1 美国

从 20 世纪 70 年代以来，美国联邦公路局(FHWA)开展了多项道路交通安全方面的研究，开发了著名的道路安全评价及安全设计软件包——交互式道路安全设计模型 (Interactive Highway Safety Design Model, IHSDM)[25]，这也是目前国际上发布的唯一的专门而又系统化的道路安全设计计算机应用系统。目前的 IHSDM 系统只适用于双车道公路。美国正在将多车道公路、高速公路和城市道路安全性能的算法模型集成，预计 IHSDM 最终会成为适用于任何道路区段和交叉口的应用软件。

IHSDM 将整个道路安全评价系统分为费用-效益模块、线形均衡模块、政策评价模块、事故预测模块、道路设施模块、车辆动力模块、驾驶心理模块、交通流模块这 8 个子模块。从 8 个方面对道路的安全性进行全面的评价，然后调整设计方案，使之符合道路安全审计规范。以上 8 个子模型都设计成 CAD 软件包，以保证能和 CAD 软件完好地集成在一起，能够独立工作，并且都采用交互式工作方式，用户能够随时从模型中获得有用的反馈信息，调整模型的工作过程。图 1-1 是 IHSDM 的结构示意图。

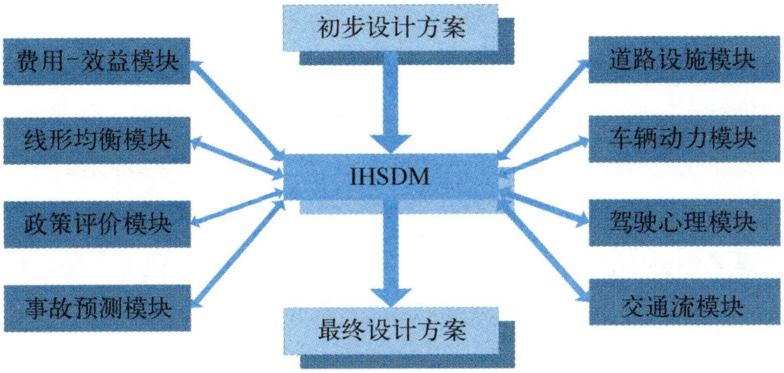

图 1－1　IHSDM 的体系框架

其中，在设计均衡性模块(DCM)中，FHWA 通过对 6 个州 200 多个测点的车速进行实测，通过回归方法最终得到了一系列基于道路线形以及车辆运行环境的 V_{85} 运行车速经验回归公式，运用这些经验公式得到道路的速度轮廓模型，基于设计车速和运营车速相对地接近，前后设计路段上运营车速的变化相对地较小并且运营车速和司机的期望车速相对地一致的思想来审查设计。图 1－2 为车速剖面图。

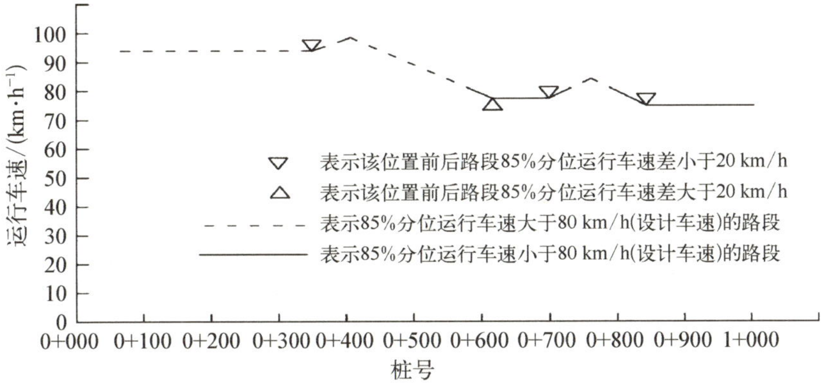

图 1－2　车速剖面图

1.3.2.2　德国

联邦德国公路路线设计方法也经历了一个发展过程。1937 年，规范是采用平均行驶速度作为其设计车速，因此有很大比例的驾驶员车速超过平均行驶速度。当这种设计出现一定的安全问题后，1943 年的“路线设计规范”改用最高行驶速度作为路线设计车速，虽然安全性得以改善，但公路投资却大幅上升。故 20 世纪 70 年代后期从经济性与安全性出发，采用统计学原理，按 85％的汽车驾驶员所要求的速度作为检验与校核。因此，联邦德国《路线设计规范》RAS—L(1982)是采用设计速度和运行速度相结合的联合设计思路。即在按设计速度设计出初始线形指标后，再采用运行速度进行设计检验与修正。

德国进行了大量野外实测和分析研究，获得了小轿车实际车速与平面曲度、纵坡、路宽和其他线形特点之间的关系。在联邦德国 1984 年设计规范中规定[26]，在平面和纵面线形设计好以后，必须将设计车速与实际车速 $V_{85\%}$（潮湿路面状态下）相校核，必要时，可将线形中的几何要素予以改善。小轿车的实际车速 $V_{85\%}$（潮湿路面状态下）为路宽和路线的曲度的函数，纵断面的坡度作为运行车速的修正参数。小客车在路上的实际车速 $V_{85\%}$（潮湿路面状态下）可按图 1－3 计算而得。在图 1－3(a)中，可按路宽 B 和路线曲度 K 确定 $V_{85\%}$（潮湿路面状态下），其中，

$$K = \frac{\sum |\gamma|}{L} \tag{1-19}$$

式中 γ——交点偏角，单位为°，在德国一个象限划分为 10°（我国使用 α 表示，一个象限为 90°）；

L——路段长度(km)。

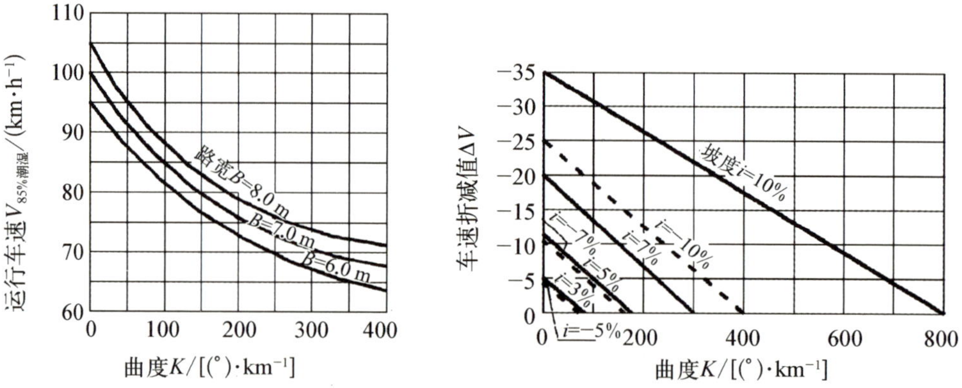

(a) 按路宽B和曲度K确定车速$V_{85\%潮湿}$　　(b) 按坡度i和曲度K确定车速的折减值ΔV

图 1－3　联邦德国实际车速 $V_{85\%}$（潮湿路面）的计算

在图 1－3(b)中，当纵坡 G 大于 2%（上坡）和小于－4%（下坡）时，$V_{85\%}$（潮湿路面状态下）须根据纵坡 G 和平面线形曲度 K 减少 ΔV 值。

另外，德国的车速模型还确定了汽车在平曲线中部行驶时，匀速段的长度以及进出平曲线的匀加减速度值。具体的 $V_{85\%}$ 计算与检验步骤如下：

(1) 按路线曲度大小把路线划分成若干曲度相近的路段。

(2) 根据各段的 K 值推求 $V_{85\%}$。根据大量观测研究,原联邦德国得到了对应不同曲度、纵坡和路面宽度的 $V_{85\%}$,如图 1-3 所示。根据各路段的 K 值,可从图中求得 $V_{85\%}$。

(3) 当路段纵坡大于+2%(上坡)与小于-4%(下坡)时,$V_{85\%}$ 要进行纵坡修正,其修正值 ΔV 从图中根据纵坡值求得,从而得到最后的 $V_{85\%}$。

(4) 检验各分段上的 $V_{85\%}$ 和相邻路段的 $V_{85\%}$ 之差。如果 $V_{85\%}$ 不大于设计车速 V,且相邻路段的 $V_{85\%}$ 之差在 10 km/h 之内,则检验通过;否则按以下方法调整。

(5) 设计调整。若 $V_{85\%}$ 大于设计车速,但小于 $(V+20)$km/h 时,则:保持设计速度,但是路面超过、停车视距的计算要采用 $(V+10)$km/h 作为设计速度进行验算,并使其满足要求。

若 $V_{85\%}$ 大于 $(V+20)$km/h,则提高原定的设计速度,并使各项指标满足新设计车速的要求。如希望保持原设计车速,则应调整路线设计指标,以减少 $V_{85\%}$,直至满足第 4)点的要求。

若相邻路段的 $V_{85\%}$ 之差大于 10 km/h,则应适当调整相关路段的设计指标,或在两段之间插入一过渡段,从而满足第 4)点的要求。

1.3.2.3 澳大利亚

澳大利亚联邦公路局则将运行速度概念贯穿于路线设计的始终,提出了具体的设计流程;即在初始平面线形和纵坡设计的基础上,通过运行速度预测模型推算各路段的运行速度,并以一定"设计控制原则"为标准,检验和修正初期的平纵设计,然后根据调整后的路线平纵线形和运行速度,最终确定曲线超高、加宽、视距等设计指标。

这一设计思路,在其 1989 年出版的《道路几何线形设计指南》中提供了详细的运行速度设计流程[27],如图 1-4 所示。

同时,澳大利亚对采取设计车速进行路线设计的条件进行了研究。设计人员将设计车速划分为高、中、低三个档次,分别为:高设

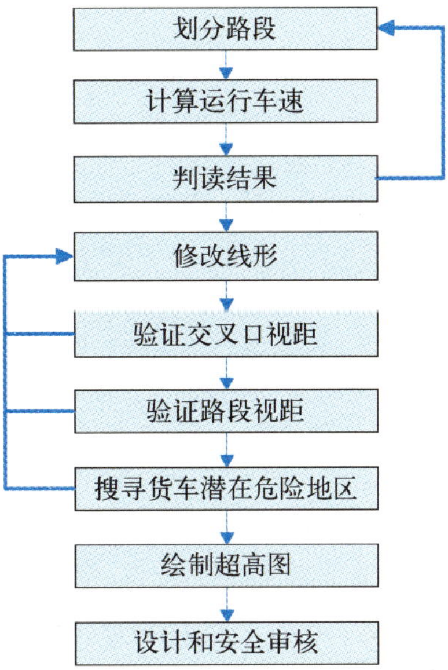

图 1-4 澳大利亚公路局推荐的运行速度设计流程

计车速，计算行车速度＞120 km/h；中设计车速，80 km/h＜计算行车速度＜120 km/h；低设计车速，计算行车速度＜60 km/h。

澳大利亚推荐的运行车速模型中有两个重要假设：

(1) 驾驶员根据平曲线半径选择行驶速度，车辆驶入曲线时，将在缓和曲线段内完成加、减速，在圆曲线上车辆保持匀速，因此，相同半径的曲线路段上有统一运行车速；

(2) 车辆将在平曲线末端开始新的加速或减速过程。

这两个假设前提同样也是国外运行车速研究中普遍认可和采用的，它将使运行车速模型易于标定和便于使用。该方法建立了小客车与重型货车运行速度的对应关系，并分别给出了直线段、曲线段和纵坡坡道上的运行速度变化规律。

(1) 车辆在曲线段上行驶速度的模型如下：

$$V = 14.106R^{0.3257} \tag{1-20}$$

式中　R——曲线半径(m)。

模型认为，小客车在半径大于 600 m 的曲线段上行驶时，则可近似看作在直线段上行驶；同理，大货车在半径大于 1 000 m 的曲线段上行驶时，则可近似看作在直线段上行驶。

(2) 车辆在直线段上行驶速度的模型如图 1－5 所示。

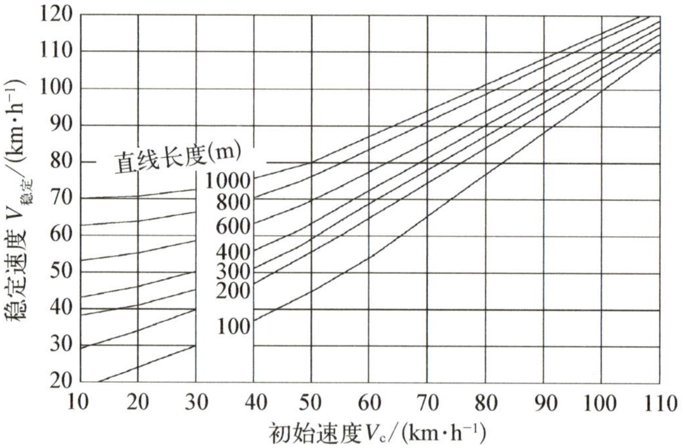

图 1－5　车辆在直线段上行驶速度

经拟合，加速曲线近似满足方程：

$$V_{稳定} = a + bV_{初始}$$

模型调整纵坡对小客车速度影响的方法是：当上坡坡度 $g > 6\%$、坡长 $L >$

500 m 时，车速减低 5 km/h；车辆下坡时，车速不变；当接近下坡坡底时，车速增加 5 km/h。

澳大利亚设计方法还有一个显著特征是采用车辆“驶入-驶出曲线”和最小半径概念检验车辆实际行驶速度与曲线设计半径匹配性，曲线如图 1-6 所示。

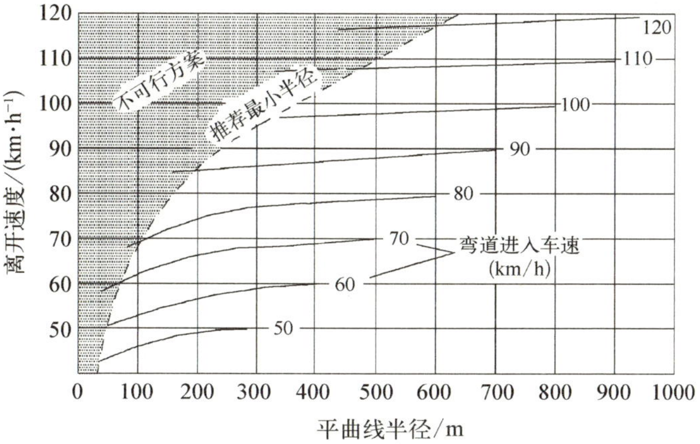

图 1-6 车辆“驶入-驶出曲线”

1.3.2.4 中国

我国目前仍采用以计算行车速度作为设计车速的路线设计思路，但在相关领域，许多高校、研究机构都开展了对运行车速的初步研究，2000 年，交通部公路规划研究院和澳大利亚维省公路局合作，编著了《公路设计指南》，引进了一些国外的设计思想和方法[28]。现阶段，在我国完全采用运行车速设计方法客观上还存在许多困难。为此，可以利用运行车速法研究的主要结论对现行设计方法加以改进，具体设计流程如下。

第一步：初始设计。

根据前期可行性研究确定的公路计算行车速度标准，采用计算行车速度概念进行公路线形初始平面设计和纵断面设计。这一阶段可按现有设计规范进行。

第二步：设计检验和修正。

进行全线双向运行车速检验，找出运行车速突变点，对危险路段线形进行修正。根据修正后的设计线形，推算路线运行车速变化过程。以运行车速为纵坐标，路线长度为横坐标，绘制双方向道路沿线运行车速变化曲线，即“运行车速断面图”。

第三步：完成设计。

根据设计半径和“运行车速断面图”，确定平曲线超高、视距、平曲线加宽等设计要素值，最终完成路线设计。

在上述设计模式中，设计检验和修正阶段集中体现了运行车速设计的理念和特点。

1.3.2.5 其他国家

从20世纪60年代开始，加拿大就开始进行运行车速预测的研究，研究成果主要是集中在对曲线路段运行车速的预测。大多数情况下，由于地区间驾驶员行为存在很大差异，因此模型在实际中的应用受到了很大限制，仅有1994年MOrrall、Talarico和2001年Gibreel所建立的V_{85}模型在加拿大的道路上得到了广泛应用[29]。1999年版的《加拿大道路几何线形设计指南》以及2002年版指南的设计一致性部分提出的运行车速预测模型都是以美国的预测模型为基础[30]。

英国运输道路与运输研究所也在肯尼亚、印度和加勒比海地区等发展中国家进行了大量的试验和调查工作，采用线性回归方法建立了各类车辆的平均运行速度及燃油、轮胎和车辆保养模型。同期，世界银行邀集美国、法国和巴西等国专家，投入数千万美元进行调查和实验，得出了自由交通条件下各类车型的运行费用模型，即著名的HDM-Ⅲ模型[31]，其中的基础性工作就是对车辆运行速度的研究，并进行了大量的道路试验。

1.3.2.6 评述

(1) 欧洲、澳大利亚等大多数国家采用运行车速设计体系，其中澳大利亚模型较为实用，但其参数需要进行修正才能应用于我国实际；同时，纵坡对车速的影响考虑不足，导致结果在一定程度上失真；其基于运行车速的路线设计方法，与美国、德国完全不同，设计思路与设计车速完全脱钩，是真正意义上的运行速度设计方法。

(2) 德国模型理论系统较完备。美国的IHSDM系统目前只适用于双车道公路，在一定程度上限制了应用范围；但其将道路安全评价和CAD集成的思想既实现了道路安全审计的目的，又方便了设计方案的修改，这代表了道路安全评价未来的发展方向。美国仍采用设计车速理念进行路线设计。

(3) 我国由于缺少运行车速预测模型及相关的设计规定，特别是速度模型的预测精度限制，因此，真正意义上的运行车速设计方法还未能在我国国内推广实施，但包括我国和美国在内，以设计车速为核心的路线设计方法里已经开始注重或融合了运行车速的理论思想。

1.3.3 公路线形一致性评价研究

国外对线形一致性的研究非常重视，认为公路线形的一致性是线形设计的基本要求之一，并提出了不同的研究模型或定量评定方法，有透视图检验法、油耗图检验法、速度轮廓曲线法、线形指数法、驾驶员工作量与视线需求等多种方法。其中以 Leisch J E 和 Leisch J P 提出的用车辆实际行驶速度来评定线形连续性的概念最具有启发性[32]。行驶速度的突变尤其是较大的速度落差会使驾驶员措手不及、处置不当，导致行车事故，而这种速度的不连续一般是由于线形突变所致。美国和欧洲一些国家评定线形一致性的方法就是以此原理为基础的。1999 年，Lamm 首先提出了基于运行车速的三个线形一致性评价标准[33]：线形单元中运行车速与设计车速的差；相邻连续断面的 85%位车速差；车辆稳定性评价，用预测的侧向摩擦系数与所需侧向摩擦系数的差值来表示。与此同时，其他国家也提出了一些基于车速的线形评价指标，下面是其中几种比较典型的方法。

1.3.3.1 相邻路段车速差值法

相邻路段车速差值 ΔV 是保证线形设计质量的关键参数，即保证同一设计区段内，驾驶员能够采取连贯的驾驶方式行车，从而避免或最大程度减少由于出乎意料或判断失误造成的操作错误，提高驾驶的稳定性和安全性。公式如下[34]：

$$\Delta V = | V_{85i} - V_{85i-1} | \tag{1-21}$$

式中 V_{85i}——调查断面上的 85%车速(km/h)；

V_{85i-1}——连续的前一断面的 85%车速(km/h)。

车速差值法建议，当两相邻路段上的运行车速不超过 10 km/h 时，线形设计为“优”；当两相邻路段上的运行车速在 10～20 km/h 之间时，线形设计为“一般”；当两相邻路段上的运行车速超过 20 km/h 时，线形设计为“差”。

国外几个典型标准差值见表 1-3。

表 1-3 国外相邻路段运行车速差取值

国 家	美 国	瑞 士	澳大利亚
$\Delta V/(\mathrm{km \cdot h^{-1}})$	16	20	10

优秀的线形设计事故率为 0.46 次/(百万辆·公里)，一般的线形设计为

1.44 次/(百万辆·公里),而差的线形设计为 2.76 次/(百万辆·公里)。这种将 ΔV 作为评价交通安全的手段,在美国及欧洲许多国家得到了广泛的应用。

1.3.3.2 车速降低系数法——*SRC*

在车辆实际运行中,车辆从 60 km/h 减速到 30 km/h 和从 120 km/h 减速到 90 km/h 的速度变化率显然是不一样的。所以,在 ΔV 方法的基础上,需引进国外的 *SRC* 方法[35]。采用的计算公式如下:

$$SRC = \frac{V_{85i}}{V_{85i-1}} \tag{1-22}$$

式中 V_{85i}——调查断面上的 85%车速(km/h);

V_{85i-1}——连续的前一断面的 85%车速(km/h)。

莫斯科国立大学曾作过这方面的研究,对 15 000 多辆汽车进行了观测。收集的数据按初始速度分为三组:① 60 ~80 km/h;② 80 ~100 km/h;③ 100 ~120 km/h。每组根据减速度值又分三个小组:(a) <0.5 m/s^2;(b) 0.5~1.5 m/s^2;(c) 1.5~2.5 m/s^2。

事故率与 *SRC* 的具体关系如图 1-7 所示。

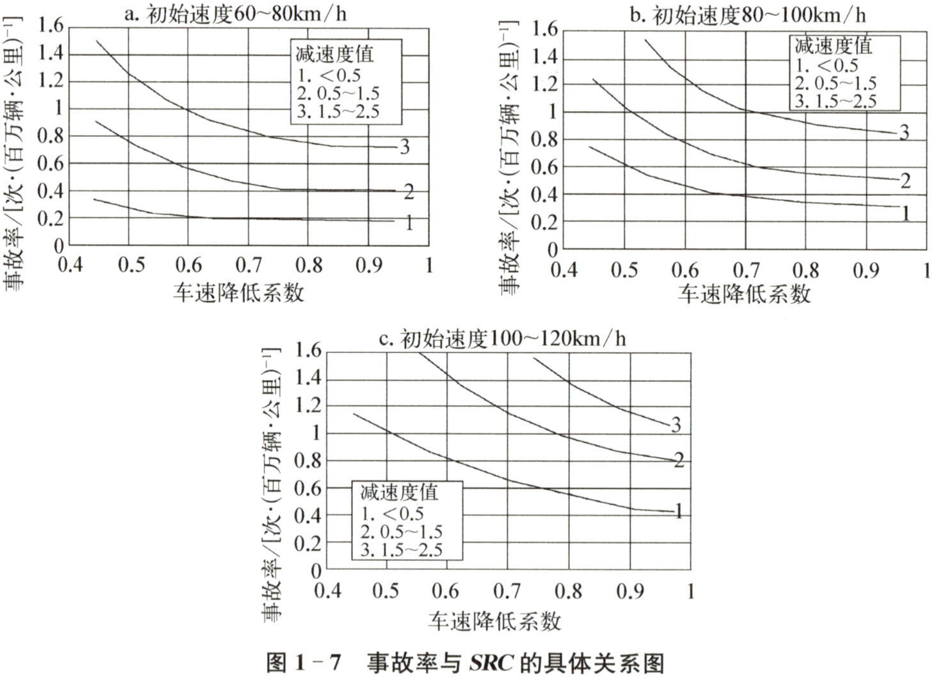

图 1-7 事故率与 *SRC* 的具体关系图

1.3.3.3 速度梯度法

早在1964年，Solomon就研究过交通事故和速度两者之间的关系。在研究中，他将事故诱因归结为速度的变化。通过对四车道的高速公路不同的道路断面的事故率进行了计算和分析，开发出最初的车速模型[36]。公式如下：

$$I = 10^{0.0006062\Delta V^2 - 0.006675\Delta V + 2.23} \tag{1-23}$$

式中 I——路段事故率(每 10^5 veh·km)。

ΔV——速度梯度，即断面的运行车速与平均运行车速的差值(km/h)。

1993年，Monash大学事故研究中心针对澳大利亚的公路现状模拟出速度梯度与事故率的近似函数关系[37]。Monash近似函数如下：

$$I = 500 + 0.8\Delta V^2 + 0.014\Delta V^3 \tag{1-24}$$

式中 I——路段事故率(每 10^5 veh·km)；

ΔV——速度梯度(km/h)。

Solomon和Monash模型曲线如图1-8所示，曲线呈"U"形。可以看出，事故率最低处速度梯度稍大于0 km/h，速度基本无变化；在速度梯度为0 km/h时，事故发生与否取决于司机操作经验等因素；同时，速度梯度越大，事故率越高。

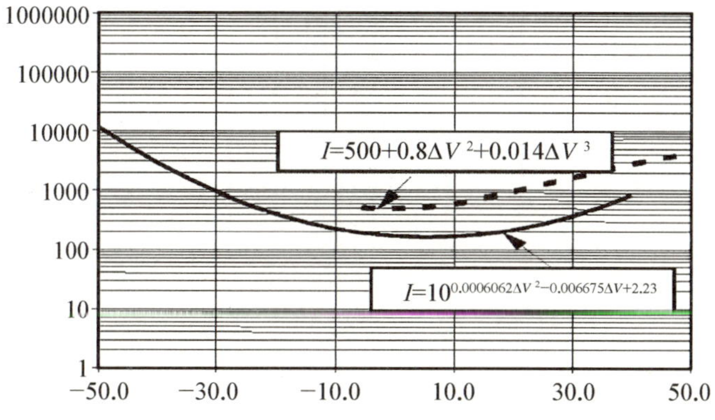

图1-8 Solomon和Monash模型曲线图

英国学者Buruya A开发了适用于欧洲的速度与事故模型——EURO模型。研究表明交通事故率与运行车速有着必然的联系[38]。EURO模型如下：

$$\Delta\ln(I) = \frac{1.536\Delta V}{\bar{V}} \tag{1-25}$$

式中 I——年平均事故率(每 10^6 veh·km·y)；

$\bar{V}$——平均运行车速(km/h);

ΔV——速度梯度(km/h)。

1.3.3.4 车速分布法

车速分布特征中的指标包括地点车速的样本均值、车速的样本方差、样本标准差、标准差系数、偏度、峰值。研究表明,速度分布指标与道路几何条件等因素相关,不同地点速度分布指标的差异,实际上反映了设计不一致的现象。因此速度分布指标也可以作为衡量道路设计一致性的要素[39]。大量的统计研究显示,车速的分布指标与交通事故之间存在着相关性。

美国研究人员发现 10 mph(16 km/h),最大车速概率分布区间(10 mile pace)包含了绝大部分(70%以上)车速值[40],研究还发现,车速位于该区间的车辆累计频率越大,车辆间速度的离散性越小,如图 1-9 所示。

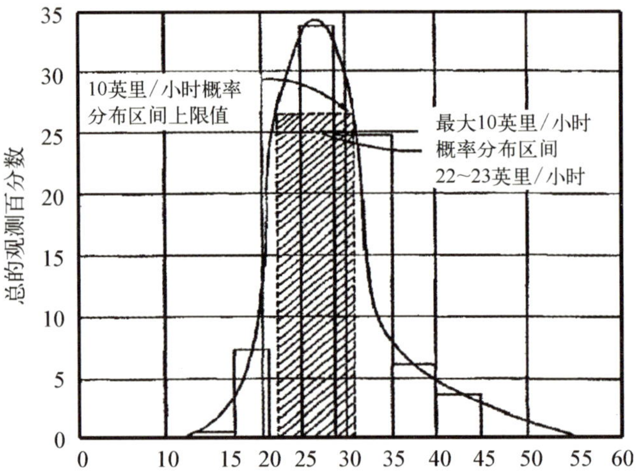

图 1-9 典型的"Bell"拟合曲线

1964 年,Solomn 通过对 970 km 路段上与事故相关的 10 000 名驾驶员的调查发现,事故与车速的关系呈"U"形[41]。Solomn 和 Cirillo 对涉及交通事故的车辆的速度样本与均值之间的偏差进行了分析,得到的结论是:拥有最低的事故率的样本,其速度分布在高于均值的 15%~20%的区间内;当速度偏差大于这个范围,不论其速度是低于还是高于均值,都会出现事故率上升的现象。

英国、加拿大、澳大利亚等多数国家均接受 Solomon 关于事故与速度关系的论证,即事故与速度差的关系呈"U"形曲线,见图 1-10。而且,发达国家车速分布非常相似,即约 70%的车辆速度集中在 10 mph(16 km/h)最大车速概率分布区间。

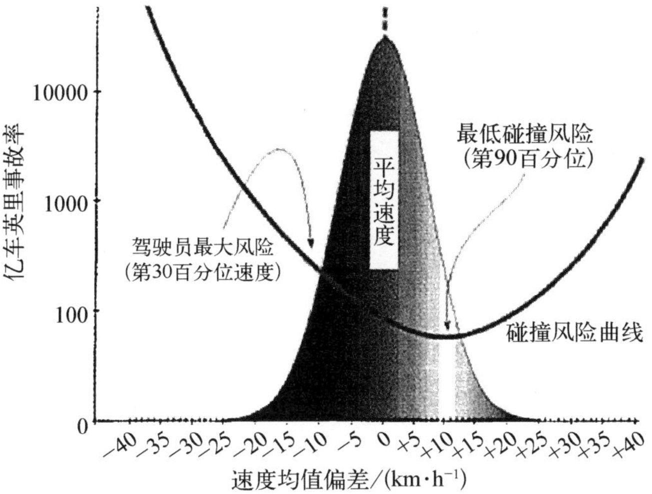

图 1-10 速度均值偏差与事故率间的关系

Taylor 的研究将车速样本偏度及峰值与事故率进行相关分析，得到的结论是：有偏度的速度分布区段比无偏度的速度分布区段具有显著偏高的事故率[42]。

Garber 与 Gadiraju 研究了速度分布指标与事故记录之间的关系[43]，得到的与交通安全相关的结论是设计车速与限速值相差 8～16 km/h 时，车速方差最小；车速在 40～112.5 km/h 时，随平均车速的增大，车速方差减小；平均车速增大与事故没有明显关系，并提出了以下公式：

$$S^2 = 57 + 0.05(V_D - V_P - 10)^2 \tag{1-26}$$

式中 S^2——地点车速的样本方差；

V_D——设计车速(km/h)；

V_P——限速(km/h)。

研究表明，车速的样本方差也与道路几何线形的特征有关，并且可以代表道路设计的一致性。道路特征变化幅度大、一致性差的区段，车辆的速度均值变换幅度就大，驾驶员对于期望车速把握的离散性也增大，表现在速度分布特征上，就是速度的方差加大。

哈尔滨工业大学裴玉龙等对中国部分高速公路车速标准差与亿车公里事故率的研究表明，事故率随车速标准差的增大而增大，即车速分布越离散，事故率越高，这与国外研究结果是一致的[44]；江苏大学刘志强、王兆华等研究了平均车速与事故危险性、速度离散度与事故率以及速度与事故严重性的关系，提出了加强速度管理、控制交通流平均速度和减小相邻路段速度差值的对策[45]。

1.3.3.5 新的评价指标——85MSR 和 $\Delta_{85}V$

近年来基于车速的线形评价研究的热点是传统的基于 ΔV_{85} 的连续断面线形一致性评价方法存在的局限性。大量研究表明在连续断面上基于单个车辆车速预测的车速差要高于传统方法得到的差值。

1987 年，Hirsh 指出，相邻直线和曲线路段的 85%位车速差与实际状况不符，因为不同路段的车速分布存在差异，建议考虑每个驾驶员的实际车速变化分布计算车速差，然而并没有提出具体的计算方法[15]。

2000 年，Mc. Fadden 与 Elefteriadou 基于 Hirsh 的车速差理论，提出了新的参数——85MSR，这一参数反映了相邻连续断面相同的驾驶员或车辆最大的85%位车速差。研究表明，通过这一方法获得的车速差大约是 ΔV_{85} 的两倍。

2003 年，Misaghi 采用同样的实验方法也获得了相同断面上 85MSR 高于 ΔV_{85} 的结论。

2005 年，Young-Jin Park，Frank F. Saccomanno 对双车道乡村公路连续断面线形一致性评价方法进行了对比分析，主要的结论有：85MSR 方法预测连续断面车速差时比 ΔV_{85} 更为灵活，因为 85MSR 不需要对车辆车速独立性的假定，这种方法更好地考虑了全部的车速变化，更有利于鉴别安全性问题；ΔV_{85} 方法存在一定的缺陷，对于群体成立的结论不一定对个体成立，这一方法缺乏对单个车辆车速变化的考虑。

2005 年，Misaghi P 和 Hassan Y 采用气体检测器和视频检测设备对渥太华双车道乡村道路 20 条曲线上的车速数据进行了采集，研究发现曲线中点的运行车速与曲线半径及其他线形指标间的相关性较差，传统意义上的相邻断面的 ΔV_{85} 要低于实际的车速差值；建立了基于 $\Delta_{85}V$ 的多元车速预测模型，模型考虑了平、纵、横线形指标及交通环境对车速的影响，$\Delta_{85}V$ 定义为前后道路线形单元上单车第 85%位车速之差。$\Delta_{85}V$ 与相邻连续断面运行车速差 ΔV_{85} 不同，ΔV_{85} 不能反映出单个车辆车速变化，并且没有考虑前后线形上车速的相互影响，而 $\Delta_{85}V$ 则考虑到了前、后线形上单个驾驶员的车速变化以及车速的相互影响。

1.3.3.6 评述

(1) 相邻路段车速差法、车速降低系数法、速度梯度法定量给出了线形安全性评价方法和评价标准，具有一定的实际应用价值；但模型中没有明确指标选取的位置，且单一地采用某偏离值作为复查及评价的标准，只能做出“安全、不安全或很不安全”等定性评价，它忽略了在同等情况下，线形指标之间所造成的道路安全风险指标的可比性，依然无法为决策提供量化支持。

(2) 速度分布法在美国本土的研究中没有获得统计学的支持而未获得推广应用。在实际的道路设计安全评价中，应用速度分布指标评价设计一致性的技术障碍在于道路设计阶段如何预测某地的速度离散程度。

(3) 国外关于 $\Delta_{85}V$ 及 85MSR 的研究为基于运行车速预测模型的线形一致性评价提供了新的思路，但还缺少适用的相关评价标准。

(4) 我国在这方面的研究还比较薄弱，缺少相应的安全性评价指标和评价标准。由于我国国情与国外存在明显差异，因此采用国外一些评价标准时，需进行重新标定。

1.4　本书主要研究内容

本书的研究将结合我国公路条件、车辆性能、驾驶员行为及交通环境的实际情况，通过广泛的实地调研，对高速公路车辆运行速度特征指标及预测模型作深入的应用基础研究，同时也是对运行车速理论的应用技术研究。主要的研究内容如下。

1.4.1　高速公路断面车速分布特征及分布形式

我国的道路环境、车辆结构及组成与国外相差很大，高速公路断面车速的分布特性还需进一步研究。主要包括以下一些方面。

1. 运行车速及特征指标的提出

依据车速分布特征，提出公路车辆运行车速的含义；并对表征运行速度特征的指标与安全性的关系进行了理论定性分析。

2. 总体频率分布特性

以高速公路大量实测运行车速数据为分析对象，通过研究断面车速总体频率分布特征，初步确定断面车速分布形式。

3. 分布形式和分布函数的确定

基于统计学原理，对基础数据进行统计分析及分布假设检验，确定断面车速的分布形式和分布函数。

4. 特征指标量化

采用数理统计理论提出从原始观测车速数据到特征指标准确量化的计算方

法，为后续研究奠定基础。

1.4.2 高速公路线形综合指标描述模型

公路是线状构造物，在实际行车过程中，车辆运行车速是连续变化的，主要受众多线形设计组合要素的影响，显而易见，建立单一线形指标与运行车速的关系并不能体现实际影响车速的主要要素的作用。然而，直接建立众多要素与运行车速的关系又存在很多困难。为此，改变固有运行车速预测模型的建模思路，首先建立描述公路线形空间几何特性的综合模型。

1. 公路线形综合指标的提出

为了突出道路线形对运行车速及安全性的综合影响，以公路线形单一设计指标为基础，综合考虑公路线形平、纵、横三个方面的特性，提出了公路线形综合指标的概念。

2. 模型中指标的分析与选取

通过对各类线形指标的分析，同时为了保证数据处理的有效性，对于影响因素指标采取相关性、可比性、可行性的原则，以此选取显著影响运行车速的线形指标作为主要研究对象。

3. 客观描述模型的建立及参数标定

根据各项线形指标的特性和对驾驶员行车的影响，首先分别构建平、纵、横线形描述模型，最后建立公路线形综合指标客观描述模型。

4. 模型敏感性分析

采用单指标及多指标组合分析，并进行大量试算，对模型进行敏感性分析。

1.4.3 高速公路运行车速预测模型

通过分析公路线形空间描述综合指标、驾驶行为与运行车速的相关性，考虑车辆行驶时速度变化的连续性，构建公路运行车速预测模型，主要包括以下一些方面。

1. 建模思路和基本框架

考虑前、后线形综合指标对运行车速的影响，确立建模思路和基本框架。

2. 车速影响范围的确定

结合驾驶员的动视觉原理，确定前方线形影响范围；结合车辆的加减速性能，确定后方线形影响范围；并给出不同路段线形综合指标累积值的计算方法。

3. 运行车速预测模型的建立及参数标定

根据实测运行车速数据与前后线形的相关性分析，分别建立A型车(小客车)和D型车(大货车)的运行车速预测模型，并考虑其他因素的影响，对模型进行了修正及参数标定。

4. 模型有效性验证

根据统计检验和残差分析原理，对模型进行有效性验证，将实测与预测结果比较，同时给出模型适用范围。

1.4.4 高速公路线形一致性评价模型及评价方法

运行速度是事关公路交通安全的重要参数，也是描述道路特性与安全特性的桥梁。然而与发达国家相比，我国在这方面的研究还比较薄弱，缺少相应的安全性评价指标和评价标准。为此，有必要进行公路线形一致性评价模型的研究，主要包括以下一些方面。

1. 数据分析方法

公路线形的安全性评价是一个多目标、多属性的复杂问题，评价的难点在于如何进行数据准确合理的分析。根据研究目的，提出线形、运行车速特征指标、事故数据的分析方法。

2. 运行车速特征指标与公路安全性的相关性分析

通过初步对运行车速特征指标与道路线形、公路安全性的相关性分析，为后续线形一致性评价模型的建立奠定基础。

3. 模型的建立

分别构建不同运行车速特征指标与事故率的关系模型。

4. 评价标准及评价方法

根据公路线形一致性评价模型及我国高速公路安全性服务水平确定道路安全标准，标定相应不同安全的运行车速特征指标，建立线形设计一致性评价标准，从而为公路进行全面、客观、有效的安全评价提供科学依据。

以现行的公路设计指标体系为基础，融入运行车速新理念，研究运行车速的预测模型与一致性评价技术在高速公路线形安全性设计中的应用。

1.4.5 工程应用

结合已建太旧高速公路和拟建鹤大高速公路，将高速公路运行车速预测模型及其相关研究成果应用于工程实践。

1.5 研究思路及技术路线

目前国内外关于道路线形和交通安全的研究大致可分为两类：一类是直接相关分析法，即直接建立道路线形与道路安全性（事故率）关系模型，采用预测事故率的方法来评价线形，当事故率高时就认为该路段比较危险；第二类是间接相关分析法，即通过寻找与道路安全密切相关的中介指标，建立两个关系：道路条件与中介指标关系和中介指标与道路安全的关系；间接分析道路条件与安全的关系。常用的中介指标包括速度、交通冲突、驾驶员生理心理指标、车辆受力与轨迹偏移、视距等。

直接分析法可直接获得道路指标与事故率的关系，然而交通事故的不可观测性和随机性却成为这一研究方向的主要瓶颈。交通事故是多因素综合作用的结果，其多因素的组合又带有很大的偶然性，虽然其主要因素具有一定的重现性，但这种重现性不稳定，从而造成预测结果与实际的偏差。通过这种方法预测的事故率通常不准确，再用不准确的事故率去评价道路线形，结果自然是更加难以令人满意。其次，直接分析法中的单因素分析法可以获得事故率与某一指标的相关关系，但实际上这一指标不可能完全排除其他因素的干扰，这是因为道路线形的各指标对事故率的贡献并不是完全独立的，而且单一的指标来评价道路线形安全显然缺乏说服力，平、纵、横及其组合任一环节出现问题都会导致事故率的上升。单因素指标回归的相关性一般较低。多元指标回归在一定程度上弥补了单因素指标的不足，但道路线形设计众多指标，由于系统的复杂性，建立多元指标与事故率的相关性有一定的难度。

间接分析法通过将行车安全密切相关的非道路线形载体作为中间值，间接建立道路线形与道路安全的关系，比较适合我国现阶段的研究。车速作为最常用的载体，是驾驶员心理行为、几何线形和道路环境等多方面综合作用于汽车的最终结果的外在表现，通过对这种对综合反应结果的研究可以有效建立公路几何线形和公路安全的“桥梁”。同时，其作为外在综合表现的可测性又成了研究的可能。

针对上述方法的优点和不足，本书采用间接相关分析法，以运行车速作为中介指标，在考虑道路线形多元指标的基础上，首先构建高速公路线形综合指标描述模型，进而研究运行车速与线形综合指标的关系，构建高速公路运行车速预测模型；通过分析运行车速特征指标与安全性评价指标（事故率）的关系，将运行车速预测结果用于公路线形安全性评价，构建高速公路线形设计一致性评价模型，最终通过运行车速这一客观载体，间接建立道路线形与交通安全的关系。

根据上述主要研究内容及研究思路，提出以下技术路线，如图1-11所示。

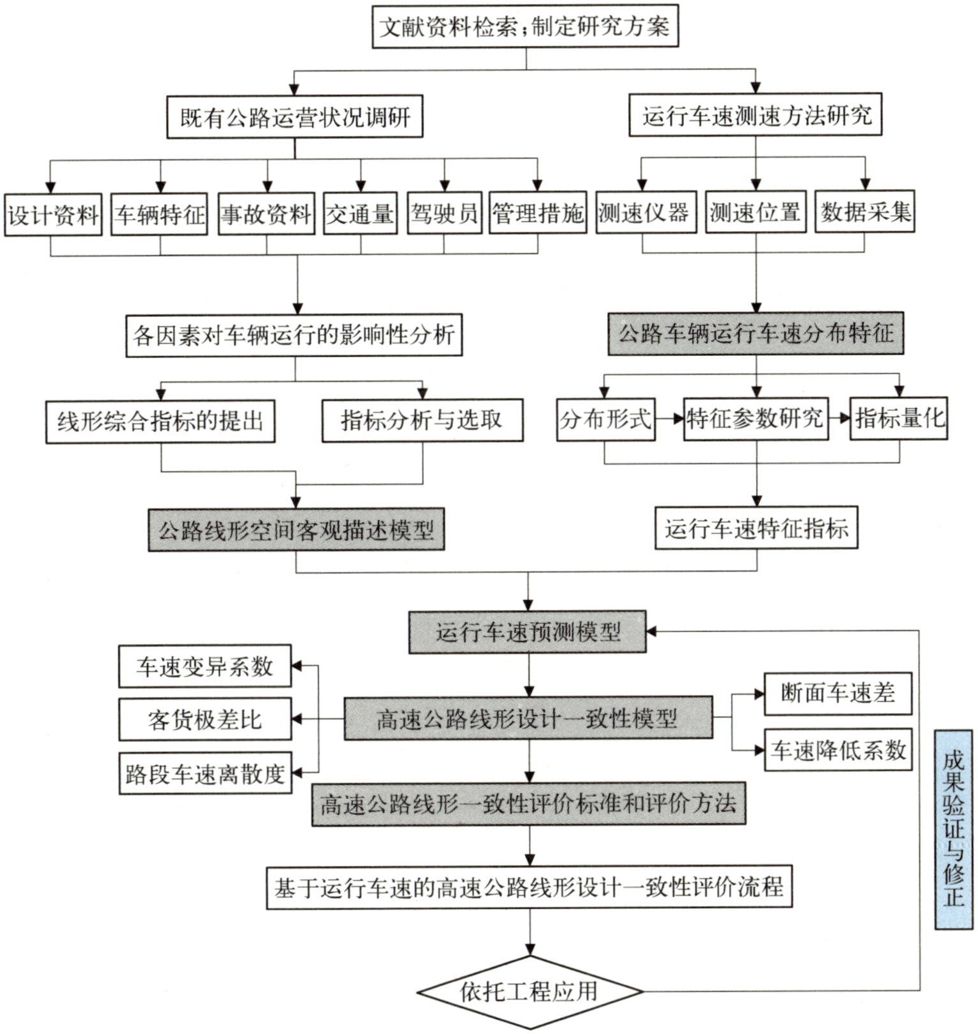

图1-11　技术路线框图

第2章 高速公路断面车速分布特征及分布形式

通过实地测试获得大量的基础数据，是进行道路安全工程各个方向研究非常宝贵的原始资料，也是制定与评价道路安全改善措施的依据。在实际基于运行车速的道路设计安全性研究中，主要通过对速度特征指标的研究建立运行车速预测模型，进而采用相关安全评价技术对道路安全性进行评价。由于车速测试数据的波动性，这些原始数据参差不齐，直观地看，常常难以看出其中的规律性，只有用科学的方法加以整理之后，才能发现寓于其中的规律性。显而易见，能否获取大量数据样本并进行合理的动、静态分析、筛选、准确量化，得到适合于进行研究的数据资料是运行车速理论科研成败的关键之一。

本章首先对运行车速及其特征指标的含义进行诠释，定性分析了特征指标对交通安全的影响机理(2.1节)，提出基础车速数据采集方法(2.2节)，然后对原始数据进行总体频率分布特性(2.3节)和分布形式与分布函数的研究(2.4节)，采用概率分布检验方法对车速数据进行分布形式的拟合检验，确定分布特征和分布形式(2.5节)，最后提出计算运行车速特征指标的方法(2.6节)，解决了运行车速基础理论中从对原始观测的车速数据的分析处理到准确量化特征指标这一关键技术。

2.1 运行车速特征指标的提出

2.1.1 运行车速及其特征指标的含义

目前国内外对汽车运行车速的定义都不尽相同，车辆的行车速度是一个随机变量，随着不同的驾驶员在行驶过程中所驾车辆及行车路段的不同，其实际运行车速是不相同的，然而并没有一个统一的定义可以准确描述运行车速的含义。有证据表明，驾驶员在一个路段上的自由车速通常约以0.14的变化系数分布。

在百分比上限内，车速随着频率的积累而均匀提高，直至后者达到 85%左右。从该点以后，向上的趋势必定更快地继续发展。这说明观测到的车速中有 15%是出奇地高。因此，公路设计的目的是创造条件满足近乎所有驾驶员，但不是全体驾驶员的速度要求，因为设计若也考虑占总数 15%的专爱高速飞车的驾驶员，则从经济上说是不可行的。所以，有必要选择一个有代表性的运行速度值。通常用自由交通流状态下各类小汽车在车速累计分布曲线上第 85 个百分点的车辆行驶速度作为运行速度。国外用 V_{85} 来代表运行车速的主要原因是因为认为在良好的行车环境下 85%的驾驶员都不会超过这一驾驶水平，而以小于 V_{85} 的速度行驶，通常情况下认为这是安全的。同时国外研究人员研究了 V_{85} 与事故率的关系，发现不同断面的 V_{85} 车速差以及 $|V_{85}-V_{设}|$ 与事故率关系密切，因此选用 V_{85} 这个统计值来表征运行车速。

为了便于进行运行车速预测模型及其应用的研究，进一步量化运行车速及其特征指标，明确实际数据处理的可操作性，本书定义：当交通处于自由流状态，且天气状况良好时，根据车速分布特征，不同类型车辆在特定断面上测算的第 85 个百分点上的车速作为该类型车辆在此断面上的运行车速。其他运行车速特征指标都是基于车速分布特征及运行车速 V_{85} 量化得到。

2.1.2　理论分析

国内外的统计研究表明，在所有的交通事故中与车速相关的事故约占事故总数的 1/3，在所有事故致因中排第二，仅次于驾驶员人为因素。人、车、路和环境对交通安全都有影响，无论哪方面的影响都会反映在车辆或车流的速度上。车速分布特征中的指标包括车速的样本均值、车速样本方差、样本标准差、标准差系数(标准差与均值之比)、偏度、峰值等均可用来表征运行车速特征，且影响并决定着道路特定位置的交通安全性能，各指标影响机理如下。

关于车速与事故的直观感觉是，速度越高，相应的事故数就越多，但很早就有研究表明二者之间并不是简单的线性关系，而是用“U”形曲线来描述。车速的样本均值即平均车速代表了路段上车辆整体运行水平，车速样本方差和样本标准差都是衡量车速样本波动大小的量，反映了相对于平均车速的偏离程度。样本方差或样本标准差越大，样本数据的波动就越大，表明车速越离散。行车速度接近于交通流速度平均值的车辆被卷入交通事故的概率最低；而随着一条道路上各车辆的车速与平均车速的差值的增大，无论是大于平均车速还是小于平均车速，即车速分布越离散，交通事故发生概率都呈增加趋势。事实上，随着车

速的提高，驾驶员超车的次数也随之增加；而车速降低后，驾驶员超车的次数也随之下降。交通事故发生概率的增加实际上是车辆超车或被超车次数增加的结果。对于以平均车速行驶的车辆而言，与其他车辆发生冲突的可能性更小。车速越离散，车流存在频繁的超车现象而使交通流不稳定，出现事故的可能性就越大。因此，以平均车速为基本指标，车速样本方差、样本标准差、速度梯度（断面车速与平均车速的差）、$|V_{高}-V_{低}|$等均可表征车速的部分分布特征。

一般情况下，事故率随着速度方差增大而增大，但是利用道路类别集计后的数据研究事故率和平均速度之间的关系，则发现二者之间没有必然联系。与此同时，其他一些学者通过研究发现，速度相对于平均速度的变化，对安全仅有较小的影响。究其原因，平均车速、车速样本方差、标准差属于绝对指标，当路段上车速水平有较大差异时，这些指标就不能直接反映出与事故率的相关性，为此可采用车速变异系数（离散系数）表征车速分布特征。变异系数是以相对数形式表示的变异指标，消除了路段平均车速高低的影响，反映单位平均车速的离散程度。

在车速累积频率分布曲线上，相应于纵坐标为$K\%$时的车速，即全数中$K\%$的汽车不致超过的车速，称为第K个百分位车速。累积频率分布曲线的斜率，一般在第85%位及第15%位附近而突变，表示超过第85%位和小于第15%位车速的汽车比例甚小，所以，一般常以第85%位车速作为制定设计车速的参考和确定最高限制车速的依据，而用第15%位车速作为确定高速道路最低限制车速的依据。若$V_{85}-V_{15}$差值越大，说明车辆间车速变化越剧烈，其也能从一定程度上反映车速分布特征。此外，鉴于多数交通事故是与超速行驶有关的，若在已确定车速分布形式的基础上，也可用V_{95}、V_{90}等作为特征值。

若实际的车速分布都集中在某一区域，即最大车速概率分布区间的累积频率越大，车辆间速度的离散性越小，车辆行驶越安全。车速观测值中频率最高的车速称为$V_{峰}$，则可取$V_{峰}$周围某个区域的$V_{平}$作为运行车速特征指标。

此外，与国外发达国家高速公路运行情况相比，我国高速公路交通量构成中，车辆种类繁多，小客车比重明显较低，而中型货车构成较高；同时，交通流流速比国外低，车辆类型间性能差大，各车型相互间的速度差距大，造成纵向干扰增大，这些都是造成事故的诱因。高速公路由于限制了低速车辆的驶入，缩小了行驶车辆的速度差异，减少了超车次数及不必要的减速、加速，降低了行驶中的纵向干扰，道路通行能力得以提高。但是，从目前建成通车的高速公路来看，通常在自由流状态下，小客车速度都在120 km/h左右；而大货车由于自身动力性能的影响，速度一般为70～90 km/h，二者的速度分布有很大差异，不同类型车辆间车速差值较大。从事故发生的机理来说，由于高速公路交通量大，不同类型的车辆混行于高速公路，速度差越大，车辆间相互干扰越严重，变换车道以满足超车需求的车辆比例增加，导致侧向事故和追尾事故比例较高。因此，从交通流组成的角度提出 $V_{客}-V_{货}$ 来表征运行车速特征具有一定的依据。

可以发现，根据车速样本数据的分布特征及其对交通安全的影响机理，可以提出不同的分布指标表征运行车速特征，为此，本章将进行断面车速分布特征的研究。

2.2　高速公路车速数据采集方法

为更好地研究我国高速公路不同类型车辆的车速分布特征及运行车速变化规律，建立运行车速模型，需对车辆在不同线形条件下的运行状况进行实地测试，科学合理的车速数据采集方法是关系到整个研究是否成功的关键。本节首先根据数据采集的要求和目的，分析各类仪器设备的优缺点及适用性，确定测速仪器；考虑线形及交通组成特点，选择测速地点及车辆类型，从而提出相应的数据采集方案；根据实际需求，同时确定其他测速条件。

2.2.1　测速仪器

目前国内外车速测试仪器设备种类较多，各有特点，主要包括 GPS 全球定位系统、雷达测速仪、视频检测系统、感应线圈检测系统、红外线断面检测、超声检测系统等。在对国内外先进测速仪器设备特点的分析和比较的基础上，根据采集运行车速数据的要求以及实地道路线形条件和安全需要，测速仪器主要采用对射式激光测速仪（图 2－1）和手持式雷达测速仪（图 2－2）。

图 2－1　对射式激光测速仪

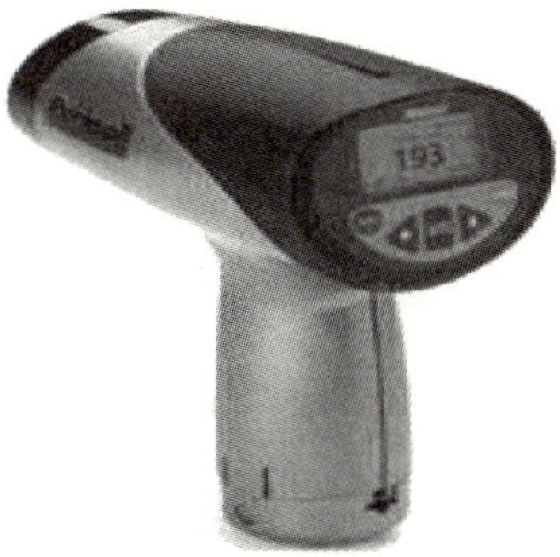

图 2－2　手持式雷达测速仪

对射式激光测速技术用于运行车速测量能有效地减少野外工作量，数据存储方便，不易受外界干扰，测量精度较高，特别是对于受地形条件限制较难使用雷达测速仪等仪器测量的路段，更是具有较好的效果。本书数据采集是在国内首次使用对射式激光测速仪进行运行车速测量。手持式雷达测速仪可以定点随机大量观测，并可人为控制测量时段，用人少、工作量小，且便于携带，因而目前多采用这种仪器观测。

2.2.2 测速路段

在测速地点选择时，综合考虑设计车速、地形特点、平面线形、纵面线形、横断面线形等多种因素，力争使收集的数据能够用于多种问题分析。本书主要对分别位于山岭重丘区和平原微丘区的沈阳—丹东（双向四车道）、沈阳—山海关（双向六车道）、沈阳—大连（双向八车道）等多条高速公路不同线形组合路段进行数据采集。路段类型主要包括：直线＋缓和曲线＋圆曲线；S形曲线；凸形竖曲线＋平曲线；凹形竖曲线＋平曲线；凸形竖曲线＋直线；凹形竖曲线＋直线。期望观测数如表2-1所列。

表2-1　线形组合的观测数

纵断面线形（坡度或类型）	平面线形—平曲线半径/m					
	直　线	>800	600～800	400～600	300～400	总　数
0～5%	5	3	2	3	2	15
−5%～0	5	3	2	3	2	15
凸曲线	3	3	2	3	2	13
凹曲线	3	3	2	3	2	13
总　计	16	12	8	12	8	56

2.2.3 测速车型

根据对我国高速公路上主要交通组成特征及车辆性能的初步分析，本书主要以高速公路路线设计的标准车型小客车及占有率高同时又是事故高发车型的大型载重车为观测对象，分车型进行数据采集工作。

2.2.4 测速方案

车辆在高速公路上行驶，其运行车速并不是一成不变的，而是随着公路线形、路面状况、天气条件以及交通状况、驾驶员状态等不断变化的。影响直线段上车辆运行速度的道路条件有：直线段的长度、直线段相邻平曲线半径大小和前后平曲线半径之差，缓和曲线的长度，直线段纵断面线形和道路横断面形式等。定性分析来看，在直线路段车辆一般会加速行驶，加速度的大小和在直线上的稳定速度取决于直线的长度以及驾驶员对该路段上行驶的速度期望即期望车速。直线段长度过短，车辆的运行速度不产生显著变化，随着直线长度的增加，车辆运行速度会随之增大；在达到驾驶员的期望值后，车辆会出现稳定行驶。在曲线路段，若曲线半径较大，则车辆在曲线上行驶与直线上基本上没有区别。当直线接小半径曲线时，车辆进入曲线前会提前减速行驶，在曲线上稳定行驶一段距离，再依前方线形选择速度离开曲线。缓和曲线的存在会影响驾驶员对平曲线的判断能力及舒适程度，从而影响车辆的运行速度。直线段纵坡的显著变化也会引起速度变化，尤其对于驾驶性能不良的车辆，其速度变化更为显著。道路横断面上行车道、路肩和路缘带宽度的不同也会对车辆运行速度产生一定程度的影响。

合适而恰当的观测地点是获得准确的车速观测数据的保证。车速观测的目的主要是获得各项适于运行规律分析的运行车速特征指标。根据以上定性分析，观测位置主要选择在车辆车速容易发生变化的线形特征点，仪器布设主要根据测量仪器特点，考虑线形条件的限制及数据精度要求，直线段及视距受限等路段测量全部采用激光测速仪，曲线段及纵坡段测量位置及仪器布设如图 2－3 所示，具体布设原则如下。

1. 直线路段

根据对高速公路直线路段车辆运行特性的分析，直线路段观测地点的布设

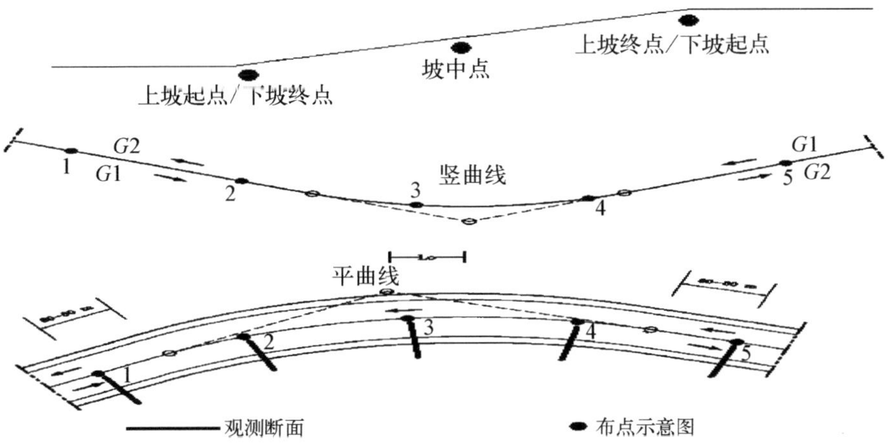

图 2－3　纵坡和平纵组合路段运行车速观测示意图

5 个位置，分别设在距直线起点 0 m、50 m、100 m、200 m 的地方，用以观测直线路段的加减速行驶特性，第 5 点设在距直线起点超过 300 m 的地方，用以测定驾驶员的大致稳定车速。

2. 曲线路段

考虑到曲线路段的运行车速受前后直线上车速以及线形本身的影响，为此，在与曲线相邻路段及曲线路段分别布设 5 个位置：

(1) 地点 1。曲线前接直线的路段，观测地点设在距缓和曲线起点之前 60～80 m，原则上考虑此位置驾驶员受前方线形影响将要改变车速而还未改变的地点。

(2) 地点 2。缓和曲线的终点即平曲线的起点，此处驾驶员可能完成从直线到曲线过渡的车速选择。

(3) 地点 3。平曲线的中点，车速主要受平曲线线形指标的影响。

(4) 地点 4。平曲线的终点及缓和曲线的起点，原则上考虑此位置驾驶员受前方线形影响将要改变车速而还未改变的地点。

(5) 地点 5。曲线后接直线的路段，观测地点设在距缓和曲线终点后 60～80 m，此处驾驶员可能完成从曲线到直线过渡车速选择，但仍受行驶过的曲线的影响。

对于曲线前后接曲线的路段，布设位置与单个曲线段布设相类似。

3. 纵坡路段

对于直线纵坡路段，观测位置以下坡为例，主要是下坡起点、坡中点、下坡终点。平纵组合路段，以上述曲线路段的观测地点为主。

2.2.5 其他条件

为使测量的数据更具有代表性以及可比性，更有利于分析研究，在测量车速时应具备以下基本条件：白天、天气晴好、路面干燥、自由流交通(车头间距 5 s 或车辆间距 120 m 以上)。

控制断面车速样本量的目的是控制观测速度值的精度。断面车速调查所需观测的最小车辆数，即样本量按下式计算：

$$n=\left(\frac{t\sigma}{E}\right)^2 \tag{2-1}$$

式中，n 为最小样本量；t 为置信度水平系数，一般取 95%的置信水平，即 t 取 1.96；σ 为断面车速的标准离差，一般取 8.5 km/h；E 为车速测定值的允许误差

(km/h)，一般可取 $E = 2$ km/h。

按照交通工程学上给出样本量计算方法，地点车速调研样本量应 100 左右，美国在实施基于交通工程研究方法的限速设置时，地点车速调查的样本量也通常规定为 100，以该样本量来确定各州统计量，如 V_{85} 速度、均值、方差等。由于调研采用分车型记录车速，因此，总样本量一般应达到 300 辆，基本上保证小客车、大型载重车等主要通行车辆达到 100 辆，满足统计学上的要求[46]。

此外，用雷达测速仪进行观测时，观测人员在保证自身安全的情况下，应尽可能隐蔽，减少车速观测对车辆驾驶员影响所致的测量数据失真；同时，要考虑雷达枪仪器射线方向与实际行车方向之间的夹角，并按 $V = V_0/\cos\alpha$ 对观测结果进行修正，其中，V 为修正后的实际运行车速，V_0 为测速仪测定车速，α 为仪器射线方向与实际行车方向之间的夹角。

数据采集除了测量不同类型车辆断面实际运行车速，还要采集交通量、公路概况、交通管理措施、事故数据等方面的资料，主要通过公路管理部门获得；道路线形资料主要通过公路设计单位获得，所需线形详细内容如表 2－2 所列。

表 2－2　所需线形设计要素

<table>
<tr><th>项　目</th><th>内　　容</th><th>备　注</th></tr>
<tr><td>平曲线</td><td>平曲线半径(R)、偏转角度(α)、坡度(G)、长度(LC)、平曲线起点桩号(PC)、中点桩号(PI)、终点桩号(PT)</td><td rowspan="4">主要从设计图纸中得到</td></tr>
<tr><td>竖曲线</td><td>驶入切线坡度(G1)、驶离切线坡度(G2)、长度(LV)、竖曲线起点桩号(VPC)、中点桩号(VPI)、终点桩号(VPT)、竖曲线曲率半径(K)、竖曲线凹凸类型</td></tr>
<tr><td>直线</td><td>长度(LT)、坡度(GT)</td></tr>
<tr><td>其他</td><td>车道宽度(LW)、车道数、超高(ih)、路肩宽度(SW)等</td></tr>
</table>

2.3　高速公路断面车速分布研究的统计学基础

2.3.1　随机变量与推论统计

高速公路断面车速同时存在着大量的确定性与随机性，这是由于一方面道路条件的连续性使得车速的变化也是一个连续的过程，可以通过研究车速随线形的连续变化找到其规律性，从而进行预测；另一方面，单个车辆通过断面时的速度由于受道路周围环境的影响，且因驾驶员自身差异的不同，从而表现出很大的随机性。统计学原理表明，经过大量的统计，随机现象会呈现一定的规律性。

车速数据是随机抽样得到的，在总体分布未知的情况下，可以用样本对车速总体分布进行统计推断。推论统计是以描述统计为基础，以解决由局部到全体的推论问题，即通过对一组统计量的计算分析，推论该组数据所代表的总体特征[47]。对断面车速分布的统计问题，任务就是依据样本对未知总体进行各种推断，由总体 X 的样本去估计总体未知参数的值。具体步骤如下：断面车速样本→样本数字特征≈总体待估参数→假设分布函数→假设分布检验→符合样本的分布函数→各项特征参数。通过研究车速样本的规律性，从而可以确定断面车速的各项特征。

2.3.2 车速样本的总体频率分布

数据的数字特征刻画了数据的主要特征，而要对数据的总体情况作全面的描述，就要研究数据的分布。对于数据分布，常用直方图进行描述[47]。

设 $X_1, X_2, \cdots, X_n$ 是来自具有概率密度 f 的总体 X 的一个样本，将样本数据取值的范围分成若干区间（一般是等间隔的），在等间隔区间的情况，每个区间的长度称为组距。考察数据落入每一区间的频数与频率，在每个区间上画一个矩形，宽度是组距，高度可以是频数、频率或频率/组距，在高度是频率/组距的情况，每一矩形的面积恰是数据落入区间的频率，这种直方图可以估计总体的概率密度。具体做法如下：

(1) 找出 $X_{(1)} = \min\limits_{1\leqslant i\leqslant n} X_i$，$X_{(n)} = \max\limits_{1\leqslant i\leqslant n} X_i$。取 a 略小于 $X_{(1)}$，b 略大于 $X_{(n)}$；

(2) 将 $[a, b]$ 分成 m 个小区间，$m < n$，小区间长度可以不等，设分点为

$$a = t_0 < t_1 < \cdots < t_m = b$$

在分小区间时，注意每个小区间中都要有若干观察值，而且观察值不要落在分点上。

(3) 记 $n_j =$ 落在小区间 $(t_{j-1}, t_j]$ 中观察值的个数（频数），计算频率 $f_j = \dfrac{n_j}{n}$，列表分别记下个小区间的频数、频率。

(4) 在直角坐标系的横轴上，标出 $t_0, t_1, \cdots, t_m$ 各点，分别以 $(t_{j-1}, t_j]$ 为底边，作高为 $\dfrac{f_j}{\Delta t_j}$ 的矩形，$\Delta t_j = t_j - t_{j-1}$，$j = 1, 2, \cdots, m$，即得直方图。实际上就是用直方图对应的分段函数 $\Phi_n(x) = \dfrac{f_j}{\Delta t_j}$，$x \in (t_{j-1}, t_j]$，$j = 1, 2, \cdots,$

m 来近似总体的密度函数 $f(x)$。

按照上述做法，绘制不同断面车辆车速频率分布直方图如图 2-4 和图 2-5 所示。

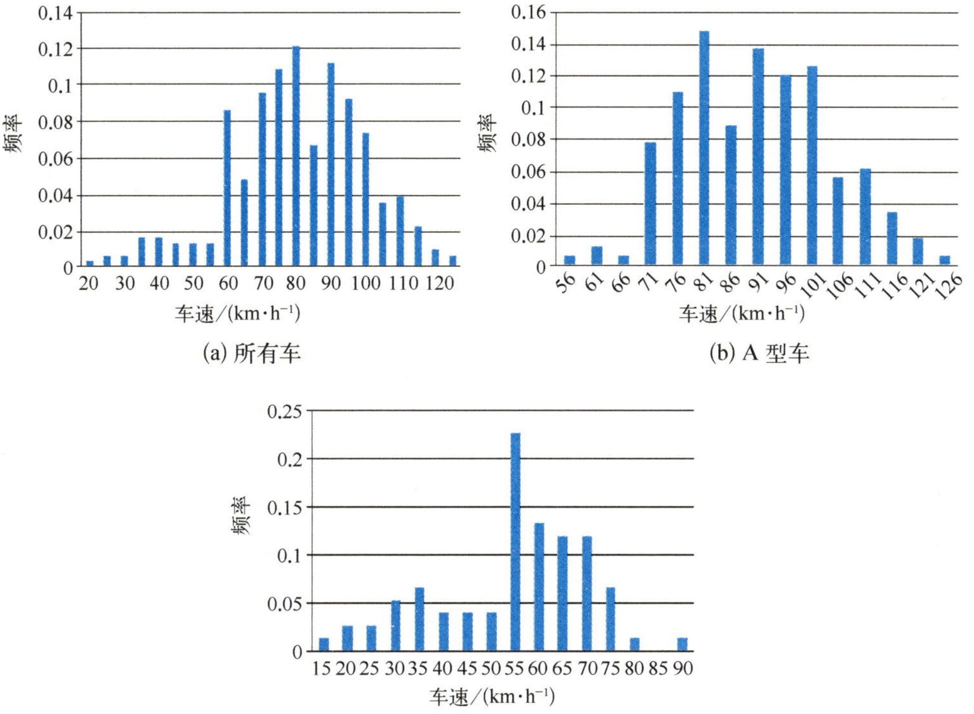

(c) D 型车

图 2-4　断面 1 不同类型车辆车速直方图

车速是一种连续型分布，受包括道路几何条件、交通状况、路侧环境、车辆以及驾驶员等多种因素的影响，是这些因素综合作用的结果。统计学原理表明[48]，由多种因素产生的测量随机误差近似服从正态分布，在相当一般的条件下，相互独立的随机变量的和渐近地服从正态分布，即当随机变量受到大量偶然因素的影响并且各因素单独作用相对均匀地小且相互独立时，随机变量近似服从正态分布。所以首先假设车速服从正态分布。

其次，从上述两个断面的车速分布直方图中可以看出，车速的频率分布都有中间较为集中，两边较为分散的特点，数据适用于有峰值的分布形式对其进行拟合。因此，本书提出用正态分布、威布尔分布、伽玛分布以及 Logistic 分布对车速数据进行分布拟合。

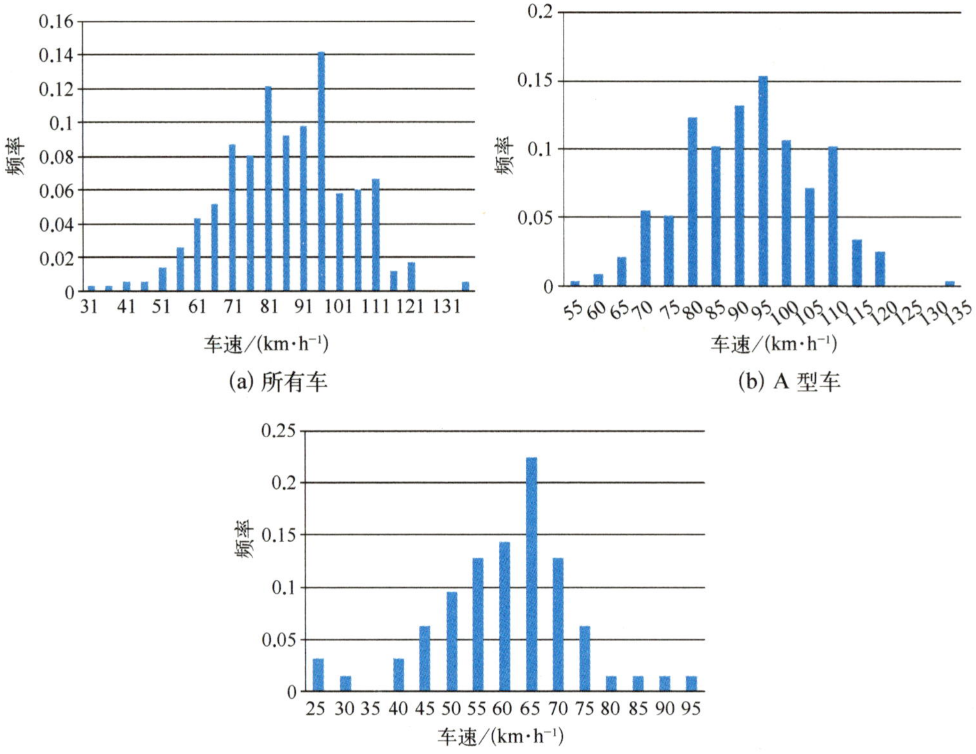

(a) 所有车　(b) A 型车　(c) D 型车

图 2-5　断面 2 不同类型车辆车速直方图

2.4　断面车速分布形式及分布函数

国外的相关研究表明[33]：在乡村公路和高速公路上，车速一般呈正态分布；在城市道路或高速公路匝道入口处，车速比较集中，一般呈偏态分布。然而，由于我国道路环境、车辆结构及组成与国外相差很大，公路断面车速分布特性还需进一步研究。以往相关的研究总是基于运行车速是正态分布的假设，从而通过统计计算得到表征实际运行车速特征指标。事实上，车速分布形式不同，速度分布特征指标的数值也会不同。而且一种断面车速分布可以用不同的分布形式描述，即使在不同的分布形式下若得到的特征指标恰巧相同，实际上，所描述的运行车速特征也是不同的。本节在前面章节对车速总体频率分布研究的基础上，对车速数据进行正态分布、威布尔分布、伽玛分布以及 Logistic 分布等分布形式的研究。

2.4.1　正态分布

正态分布又被称为高斯分布[49]，是 1809 年德国著名数学家在研究天文学的观测误差时推导出来的。若随机变量 x 的概率密度函数为

$$\varphi(x) = \frac{1}{\sqrt{2\pi}\sigma} e^{-\frac{(x-\mu)^2}{2\sigma^2}}, \quad -\infty < x < +\infty \tag{2-2}$$

则称 X 服从正态分布，式中 X 是从正态分布总体中随机抽取的样本值，μ 是正态分布总体的均值，σ 是正态分布总体的标准差。以均值为 μ、方差为 σ^2 的正态分布，简记为 $N(\mu, \sigma^2)$。如用图形表示，正态分布概率密度曲线如图 2－6 所示。如果以标准差 σ 为横坐标绘图，得到误差分布的概率密度曲线，如图 2－7 所示。

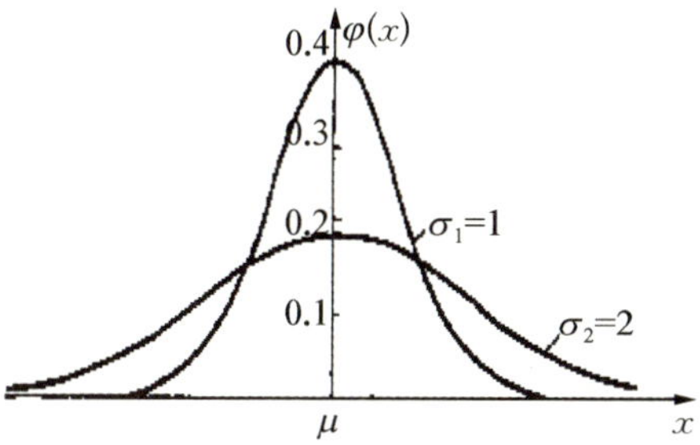

图 2－6　正态分布的概率密度曲线

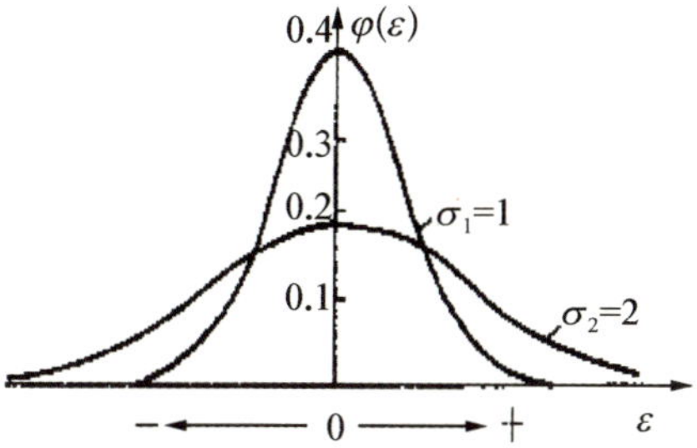

图 2－7　误差分布的概率密度曲线

正态分布概率密度曲线具有下列特性：

(1) 曲线关于 $X = \mu$ 对称。

(2) 它是单峰曲线，在 $X = \mu$ 处有极大值，$\varphi(x) = 1/\sigma\sqrt{2\pi}$。随 σ 增大，曲线变得平缓，当 $\sigma = 1$ 时，$\varphi(x) \approx 0.4$；当 $\sigma = 2$，$\varphi(x) \approx 0.4$。

(3) 在 $X = \mu \pm \sigma$ 处有两个拐点。

(4) 当 $X \to \infty$ 时，曲线以 X 轴为渐近线。

(5) 曲线与 X 轴所围面积为 1，代表各种样本值出现概率的总和。

(6) μ 决定分布曲线的中心位置，称为位置参数，σ 决定分布曲线的形状，称为形状参数。μ 的变化只导致分布曲线平移，而不改变分布曲线形状；σ 的变化只导致分布曲线形状的改变，而不改变分布曲线的中心位置。

正态分布的主要优点是计算方便，适用性强，可以通过 μ 和 σ 的改变来调整曲线的位置和形状而且均值和方差的计算也很方便；而此种分布的缺点就是由于曲线本身的对称性，对于具有数据分布有较大不对称性的，例如数据单边集中

或有双峰的数据，没有那么强的适应性。

2.4.2 威布尔分布

威布尔分布[49]是瑞典科学家威布尔(Weibull)1937年提出，是为失效分析而开发的，用于研究元件寿命与疲劳程度，许多研究领域已经逐渐引进Weibull分布作为探讨各种变量的分布的有力工具。1976年，贾斯特斯(Justus)及艾森万格(Essenwanger)用Weibull分布拟合风速取得好的效果，特别对于描述最大风速很有用；1981年，石原健二提出用复合型Weibull分布来拟合最大风速。随后，该分布逐渐在机械、电子、航空、航天等工程领域得到广泛应用。

其概率密度函数为

$$f(t)=\lambda\beta(\lambda t)^{\beta-1}e^{-(\lambda t)^{\beta}} \qquad t>0 \tag{2-3}$$

由上式可看出，威布尔分布包含有两个参数：λ 和 β。λ 称为刻度参数，决定该分布的分散度；β 称为形状参数，决定该分布的形态。当Weibull分布的形状参数 $\beta=1$ 时，Weibull分布变为指数分布；当 $\beta=2$ 时，Weibull分布变为Rayleigh分布；当 $\beta=3\sim4$ 时，Weibull分布近似于正态分布。正是由于Weibull分布涵盖面广的特性，Weibull分布在工程应用上具有独到的优越性，其在工程应用领域里的研究已备受关注。

如图2-8所示，威布尔密度函数的形状依赖于 β 值，当 λ 值相等时，不同 β 值的曲线形态是不同的。λ 值对曲线形状的影响，只是改变横轴刻度，不会改变曲线基本形状。当 β 相等时，λ 值大的曲线分布较离散，λ 值小的曲线分布较集中。

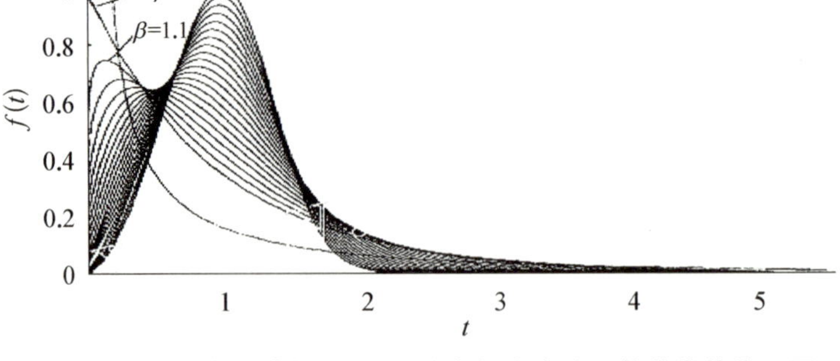

图2-8 形状参数 β 与Weibull分布概率密度函数曲线的关系图

(β=0.5, 1.0, 1.1, 1.2, …, 2.9, 3.0)

与正态分布不同，威布尔分布具有不对称性，这种不对称性使得威布尔曲线能够更好地描述具有单边拖尾现象的数据。通过研究本书采集的车速数据的频率分布，发现有一部分车速数据呈现单边现象，这也是选择此种分布的原因。

2.4.3　伽玛分布

伽玛分布和威布尔分布一样，其基本形式为一种双参数分布[49]。如果说威布尔分布是指数分布的一种扩展形式的话，则伽玛分布是指数分布的另一种扩展形式。伽玛分布的概率密度函数为

$$f(t)=\frac{\lambda^{\gamma}t^{\gamma-1}\mathrm{e}^{-\lambda t}}{\Gamma(\gamma)}\qquad t>0 \tag{2-4}$$

式中，t 表示自变量，λ 为刻度参数，γ 为形状参数。$\Gamma(\gamma)$ 为伽玛函数，其表达式为

$$\Gamma(\gamma)=\int_0^{\infty}t^{\gamma-1}\mathrm{e}^{-t}\mathrm{d}t \tag{2-5}$$

当 γ 为整数值时，计算可以表示为 $\Gamma(\gamma)=(\gamma-1)!$，由于在配合伽玛分布时的估计值 γ 通常不为整数，因此计算比较麻烦。伽玛分布的分布函数如下：

$$F(t)=\int_0^{t}\frac{1}{\Gamma(\gamma)}\lambda^{\gamma}T^{\gamma-1}\mathrm{e}^{-\lambda t}\mathrm{d}T \tag{2-6}$$

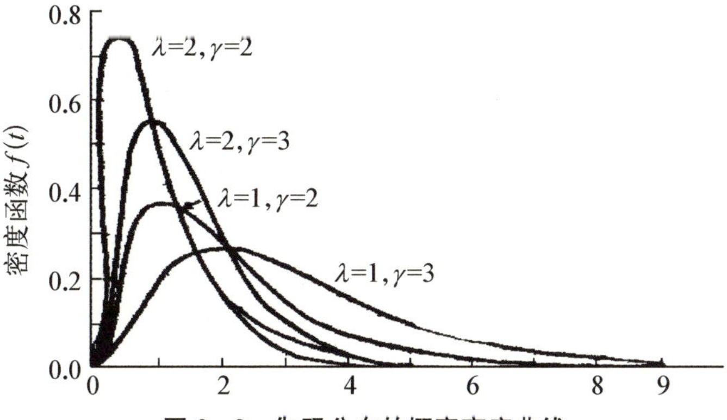

图 2-9　伽玛分布的概率密度曲线

伽玛分布的有关函数都是用积分形式表达的，故只能用数值解法来计算这些函数值。因此，虽然伽玛分布对资料具有很好的适应性，但由于计算复杂而限制了它的应用。故伽玛分布的应用远不如威布尔分布广泛。与威布尔分布一样，伽玛分布也具有不对称性，适合于描述单边分布的数据。

2.4.4 Logistic 分布

Logistic 函数[49]由比利时数学家 Veerhulist P F 于 1844 年创用，最早来自生长曲线的需要，后来用于经济和人口统计学中，从 19 世纪末以来已逐渐普及，近代又用于回归和判别之中。用分布函数来定义 Logistic 分布是最方便和最便于记忆的。若随机变量 X 的分布函数为

$$F(x)=\frac{1}{1+\exp\{-(x-\alpha)/\beta\}}\quad \begin{array}{l}-\infty<\alpha<\infty,\ \beta>0,\\ -\infty<x<\infty\end{array}\tag{2-7}$$

则称 X 服从参数为 α（位置参数）和 β（尺度参数）的 Logistic 分布，该分布函数叫作 Logistic 函数，如图 2-10 所示，对应的曲线称为 Logistic 曲线。其密度函数为

$$f(x)=\frac{\exp\{-(x-\alpha)/\beta\}}{\beta[1+\exp\{-(x-\alpha)/\beta\}]^2}\tag{2-8}$$

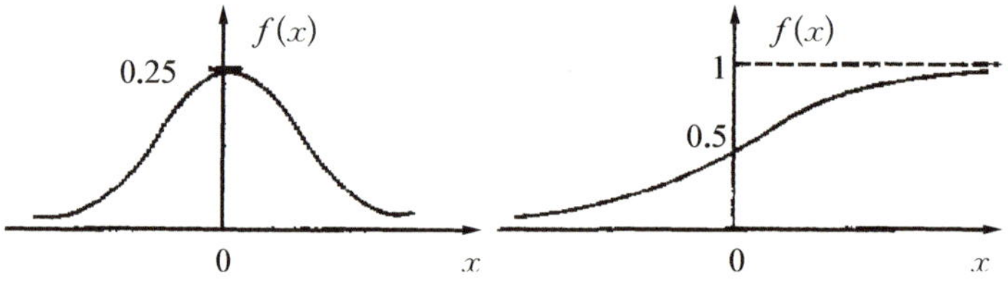

图 2-10　Logistic 分布函数(左)及密度函数(右)

由图 2-10 可知，$f(x)$关于 $\mu=0$ 对称。分布函数 $F(x)$在 $\mu=0$ 处等于 0.5，(0, 0.5)为曲线 $F(x)$ 的对称点（也是其拐点），在该点 $F(x)$的斜率 $m=0.25$，而 $F(x)=0$ 及 $F(x)=1$ 为其渐近线。

与正态分布曲线类似，Logistic 分布具有对称性，但从概率密度函数上可以看出，Logistic 分布的分布形式较为简单，对于复杂的车速数据是否能够较好地描述还有待进一步的研究以及对其进行检验的结果。

2.5 断面车速频率分布检验

在许多实际问题中，总体分布的类型往往不知道，或者知之甚少。例如，只知道总体分布是连续型分布或者离散型分布，因此需要引进另一些统计方法，要求这些方法不倚赖于关于总体分布的具体形式，这些方法称为非参数方法。分布拟合检验的方法很多，有的方法对一切分布都是适合，有的方法只适用于某些或某个特定的分布，本节首先采用 PP 正态概率图对车速频率分布函数做定性检验，初步确定分布形式；然后采用皮尔逊的 χ^2 拟合优度检验、柯尔莫哥洛夫-斯米尔诺夫(单样本 K－S)检验作进一步定量分布检验[49-52]。

2.5.1 PP 正态概率图

PP 正态概率图是一种检验变量是否服从某种分布的统计图。它根据变量分布的累积概率和假设概率分布的累积概率之比来生成曲线。当变量的分布和假定的分布形式很接近时，绘制的图形将大致为一条曲线。

2.5.1.1 检验原理

设随机变量 Y 服从位置—刻度参数分布，其分布函数为 $F_0\left(\frac{y-\mu}{\sigma}\right)$，$-\infty<\mu<\infty$，$\sigma>0$，其中，$\mu$ 称为位置参数，σ 称为刻度参数，并称 F_0 为标准分布，记 $U=F_0\left(\frac{y-\mu}{\sigma}\right)$，则 U 服从(0, 1)上的均匀分布，从而得到 $Y=\mu+\sigma F_0^{-1}(U)$。

设 $y_1\leqslant y_2\leqslant\cdots\leqslant y_n$ 为来自分布 $F_0\left(\frac{y-\mu}{\sigma}\right)$ 的容量为 n 的前 n_r 个次序统计量，$\mu_1\leqslant\mu_2\leqslant\cdots\leqslant\mu_{n_r}$ 为来自均匀分布 $U(0, 1)$ 的容量为 n 的前 n_r 个次序统计量，$x_i=F_0^{-1}(\mu_i)$，$i=1, 2, \cdots, n_r$，则平面上点 (x_i, y_i)，$i=1, 2, \cdots, n_r$，将落在直线 $y=\mu+\sigma x$ 附近，通常取 $\mu_i=\frac{i-1/2}{n}$，并称由这些点构成的散点图为 QQ 图。

QQ 图存在着较大的缺陷，主要是因为均匀分布的次序统计量的方差波动很大，特别是在极小和极大的次序统计量的端点处，这些会在平面上呈现较大起伏，为此作变换 $S=\frac{2}{\pi}\arcsin(U^{1/2})$，并称 S 具有正弦分布，其密度函数为

$$p(s)=\frac{1}{\pi}\sin(\pi s)\qquad 0\leqslant s\leqslant 1 \tag{2-9}$$

此分布具有一个显著的优点：它的容量为 n 的前 n_r 个次序统计量 $s_1\leqslant s_2\leqslant\cdots\leqslant s_{n_r}$ 的渐进方差相等，即对于 $1\leqslant i\leqslant n$

$$\lim_{n\to\infty}Var(nS_i)=\frac{1}{\pi^2}, \tag{2-10}$$

令
$$s_i=\frac{2}{\pi}\arcsin\left[F_0^{\frac{1}{2}}\left(\frac{y_i-\mu}{\sigma}\right)\right],\ i=1,2,\cdots,n_r \tag{2-11}$$

$$r_i=\frac{2}{\pi}\arcsin\left[\left(\frac{i-0.5}{n}\right)^{\frac{1}{2}}\right],\ i=1,2,\cdots,n_r \tag{2-12}$$

其中，参数 μ 和 σ 设为已知，否则，利用参数估计代替，则 (r_i,s_i)，$i=1,2,\cdots,n_r$，将落在直线 $y=x$ 的附近，由点 (r_i,s_i)，$i=1,2,\cdots,n_r$，所构成的散点图就是不完全样本的稳定化 PP 图，简称 PP 图。$n_r=n$ 时，为完全样本的 PP 图。

2.5.1.2 检验结果

以断面 1A 型车为例，车速频率分布 PP 图检验结果如图 2-11—图 2-14 所示。

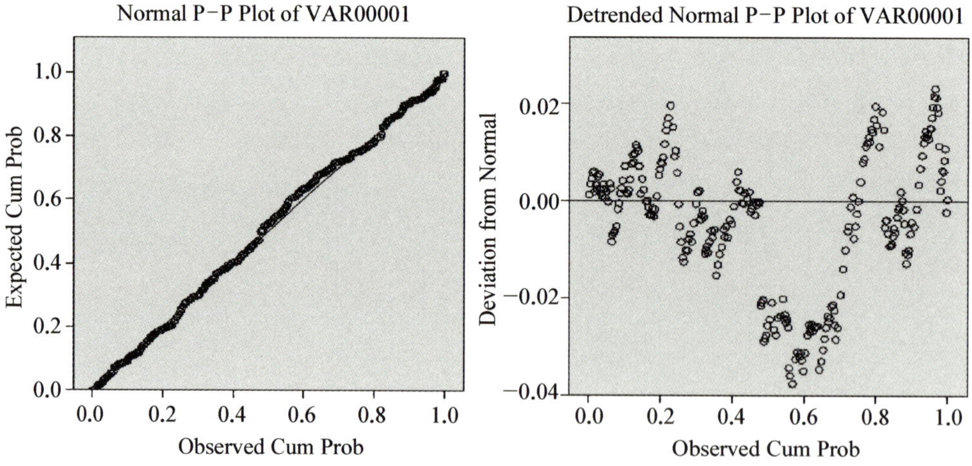

图 2-11 断面 1A 型车正态分布 PP 图

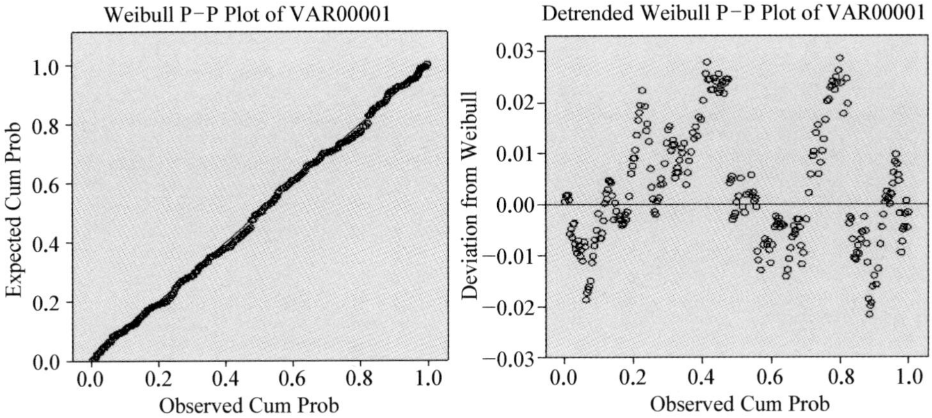

图 2-12　断面 1A 型车威布尔分布 PP 图

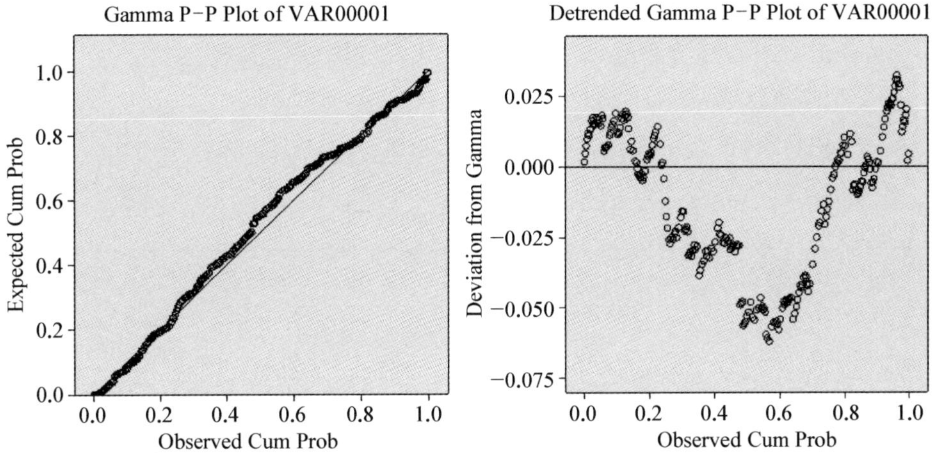

图 2-13　断面 1A 型车伽玛分布 PP 图

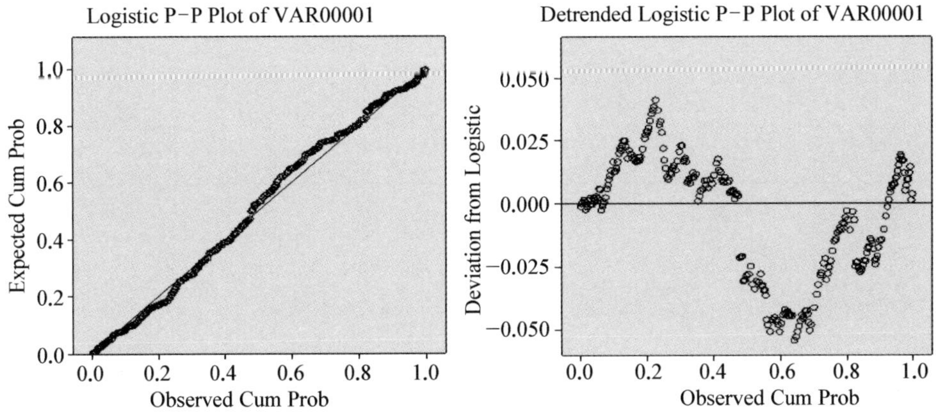

图 2-14　断面 1A 型车 Logistic 分布 PP 图

由以上正态分布、威布尔分布、伽玛分布、Logistic 分布的 PP 图可以直接观察出断面车速样本是否属于某种类型分布，但对所有数据采集路段不同车型车速分布进行 PP 图检验之后发现，并没有哪一种特定的分布都适用于描述各个断面、各类车型的车速数据，因此，下面采用系统分析与综合评价方法初步确定高速公路车速分布形式。

1. 排序并赋予指标值

对每个断面上各种分布的适用程度进行排序并赋予指标值，以序号 1 到 4 表示，标号为 1 的分布表示此种分布最适合于描述断面此种车型的车速数据，以此类推，标号为 4 的分布表示此种分布最不适合于描述断面此种车型的车速数据。

2. 排序指标值求和

对各个断面各种分布的适用程度的排序指标值进行求和。

3. 最优频数统计

对特定高速公路所有断面最优分布形式进行频数统计，统计结果见表 2－3。

表 2－3　PP 图检验统计指标

路段	指　标	Gamma		Logistic		Normal		Weibull	
		A 型车	D 型车	A 型车	D 型车	A 型车	D 型车	A 型车	D 型车
沈丹	排序求和	300	231	289	211	190	135	303	183
	最优频数	23	12	19	12	45	25	21	27
沈大	排序求和	109	86	77	101	74	74	130	129
	最优频数	7	13	13	10	15	14	4	2
沈山	排序求和	36	39	35	33	32	33	57	55
	最优频数	5	5	7	7	3	4	1	0

4. 检验参数

定义检验参数 W(路段上所有断面第 i 种分布标号的和与此分布获得最优的频数的比值)作为评价分布拟合优度的标准，参数值越小，说明对所有断面拟合程度越高，最后按检验参数的大小排序对分布形式进行优选。检验结果见表 2－4。

表 2-4　PP 图分布检验参数及检验结果

路　段	类　型	Gamma	Logistic	Normal	Weibull	优　选
沈　丹	A 型车	44.8	45.12	8.43	38.6	Normal
	D 型车	51.4	38.1	12.08	14.75	Normal
沈　大	A 型车	15.6	5.92	4.93	32.5	Normal
	D 型车	6.6	10.1	5.3	64.5	Normal
沈　山	A 型车	7.2	5	10.67	57	Logistic
	D 型车	7.8	4.71	8.25	∞	Logistic

从以上检验分析结果可以看出，不同高速公路车速分布形式存在着差异。沈山高速公路车速分布形式为 Logistic 分布，除此之外，正态分布都较其他分布形式更适合于描述断面车速的分布。PP 图检验属于定性分析，在此基础上，需要进一步定量讨论分布形式的适用性，也即定量的拟合优度检验，本书主要采用皮尔逊 χ^2 拟合优度检验和单样本的 K-S 检验的方法对所有断面进行检验。

2.5.2　皮尔逊 χ^2 拟合优度检验

拟合优度检验适用于具有明显分类特征的数据，根据这些样本数据来判断样本所属的总体分布与某一设定分布是否有显著差异。处理这种问题的一般原则是：设法确定一个能反映实际数据 $X_1, X_2, \cdots, X_n$ 与理论分布 $F_0(x)$ 的偏差的量，如果偏差量超过某个界限，则认为理论分布 $F_0(x)$ 与实际数值 $X_1, X_2, \cdots, X_n$ 不符。然而，问题的这种“非此即彼”的提法显得有点勉强。因为理论与实际一般说来没有截然的符合或不符合，更恰当的提法是：实际数据与理论分布符合程度如何。χ^2 检验构造 χ^2 统计量作为符合程度的数量刻画，这个统计量称为“拟合优度”。

2.5.2.1　检验原理

设总体 X 的分布函数为 $F(x)$，且未知，$X_1, X_2, \cdots, X_n$ 为其样本，理论分布 $F_0(x)$ 为一般的但完全已知的分布，则检验 $F(x)$ 是否与预先给定的分布函数 $F_0(x)$ 相同，即假设检验

$$H_0: F(x) = F_0(x) \tag{2-13}$$

若 X 为一维的，则适当选择常数 $a_1, a_2, \cdots, a_{k-1}$，满足 $-\infty < a_1 < \cdots < a_{k-1} < +\infty$ 以把 $(-\infty, +\infty)$ 分成 K 个互不相交的区间：

$$I_1 = (-\infty, a_1),\ I_2 = [a_1, a_2),\ \cdots,\ I_j = [a_{j-1}, a_j),\ \cdots,\ I_k = [a_{k-1}, +\infty)$$

若 X 是 m 维的，而 $m > 1$，则把 R^m 分解为 K 个彼此无公共点的区域 $I_1, I_2, \cdots, I_k$。

若 $F_0(x)$ 中有 $l(0 \leqslant l < k)$ 个未知参数，则用样本估计，并用估计值代入分布函数中。记

$$p_i = F_0(a_i) - F_0(a_{i-1}), \qquad i = 1, 2, \cdots, k \tag{2-14}$$

其中，$a_0 = -\infty$，$a_k = +\infty$，且 $a_1, a_2, \cdots, a_k$ 的选取使得 $p_i > 0\ (i = 1, 2, \cdots, k)$。$p_i$ 表示总体 X 落入 I_i 内的概率。以 n_i 记样本 $X_1, X_2, \cdots, X_n$ 中落入 I_i 的频数，落入 I_i 内的理论频数为 np_i，作 Pearson χ^2 统计量：

$$\chi^2 = \sum_{i=1}^{k} \frac{(n_i - np_i)^2}{np_i} \tag{2-15}$$

Pearson K 证明了在 H_0 成立的条件下，当 $n \to \infty$ 时，统计量 χ^2 的极限分布是 $\chi^2(k - l - 1)$。当 n 足够大时，对给定的显著性水平 α，检验规则为

$$\chi^2 > \chi^2_{1-\alpha}(k - l - 1)\ \text{时，拒绝}\ H_0;$$

$$\chi^2 \leqslant \chi^2_{1-\alpha}(k - l - 1)\ \text{时，接受}\ H_0。$$

显然有 $P(\chi^2 \geqslant \chi^2_{1-\alpha}(k - l - 1) \mid H_0) \to \alpha$，当 $n \to \infty$

统计量 χ^2 称为 Pearson χ^2 统计量，其对应的检验方法称为 Pearson χ^2 检验。

2.5.2.2 检验结果

根据皮尔逊 χ^2 检验原理，对断面运行车速进行指定分布的定量拟合优度检验。以断面 1 为例，车速数据经 PP 图分布检验后，初步确定为正态分布，首先对测量的车速数据从小到大进行排序，并确定分组数和组距，求出每个分组的组中值，计算车速位于该组的频数。然后用每组的组中值代表该组数据，计算均值 $\bar{X} = 78.13$ 和方差 $S = 19.42$，用样本参数构造分布，计算落在每个组的理论概

率和理论频数，合并理论频数较小的组并计算卡方统计量，$\chi^2=36.71$，自由度为 27，取 $\alpha=0.05$，在 χ^2 分布表中查 $\chi^2_{27}(0.05)=40.11>36.71$，则认为断面 1 车速分布服从正态分布。断面 1 计算结果及其他断面检验结果分别如表 2-5 和表 2-6 所列。

表 2-5　断面 1 χ^2 检验计算结果

车速组中值 x_i	频数 f_i	f_ix_i	$f_ix_i^2$	理论概率	理论频数	卡方统计量
16	1	16	256	0.000 822	0.258 145	0.09
18	0	0	0	0.000 341	0.107 214	
20	0	0	0	0.000 467	0.146 663	
22	1	22	484	0.000 632	0.198 512	
24	1	24	576	0.000 847	0.265 859	
26	0	0	0	0.001 122	0.352 302	
28	1	28	784	0.001 471	0.461 929	
30	3	90	2 700	0.001 909	0.599 285	
32	0	0	0	0.002 45	0.769 289	
34	3	102	3 468	0.003 112	0.977 111	
36	4	144	5 184	0.003 911	1.227 993	
38	1	38	1 444	0.004 863	1.527 024	
40	0	0	0	0.005 984	1.878 857	
42	1	42	1 764	0.007 285	2.287 387	
44	3	132	5 808	0.008 775	2.755 393	
46	3	138	6 348	0.010 459	3.284 168	
48	1	48	2 304	0.012 335	3.873 156	
50	1	50	2 500	0.014 394	4.519 628	
52	2	104	5 408	0.016 619	5.218 411	1.984 928
54	1	54	2 916	0.018 986	5.961 723	4.129 459
56	9	504	28 224	0.021 462	6.739 121	0.758 493
58	11	638	37 004	0.024 005	7.537 592	1.590 464
60	9	540	32 400	0.026 566	8.341 804	0.051 934

续　表

车速组中值 x_i	频数 f_i	$f_i x_i$	$f_i x_i^2$	理论概率	理论频数	卡方统计量
62	10	620	38 440	0.029 091	9.134 51	0.082 005
64	3	192	12 288	0.031 519	9.897 112	4.806 468
66	9	594	39 204	0.033 791	10.610 35	0.244 405
68	13	884	60 112	0.035 844	11.255 08	0.270 521
70	12	840	58 800	0.037 622	11.813 15	0.002 955
72	11	792	57 024	0.039 071	12.268 2	0.131 097
74	19	1 406	104 044	0.040 148	12.606 48	3.242 552
76	14	1 064	80 864	0.040 82	12.817 54	0.109 087
78	17	1 326	103 428	0.041 066	12.894 76	1.306 963
80	14	1 120	89 600	0.040 878	12.835 72	0.105 608
82	3	246	20 172	0.040 262	12.642 26	7.354 16
84	11	924	77 616	0.039 237	12.320 47	0.141 525
86	17	1 462	125 732	0.037 835	11.880 32	2.206 268
88	11	968	85 184	0.036 099	11.335 13	0.009 908
90	11	990	89 100	0.034 08	10.700 97	0.008 356
92	13	1 196	110 032	0.031 834	9.995 796	0.902 903
94	12	1 128	106 032	0.029 423	9.238 676	0.825 325
96	6	576	55 296	0.026 907	8.448 897	0.709 808
98	8	784	76 832	0.024 348	7.645 189	0.016 467
100	12	1 200	120 000	0.021 799	6.845 015	3.882 222
102	3	306	31 212	0.019 312	6.063 991	1.548 162
104	5	520	54 080	0.016 928	5.315 456	0.018 721
106	4	424	44 944	0.014 682	4.610 208	0.176 197
108	5	540	58 320	0.012 6	3.956 384	
110	4	440	48 400	0.010 699	3.359 497	
112	4	448	50 176	0.008 989	2.822 592	
114	2	228	25 992	0.007 473	2.346 496	

续　表

车速组中值 x_i	频数 f_i	$f_i x_i$	$f_i x_i^2$	理论概率	理论频数	卡方统计量
116	0	0	0	0.006 147	1.930 143	0.176 197
118	0	0	0	0.005 003	1.570 931	
120	4	480	57 600	0.004 029	1.265 093	
122	1	122	14 884	0.013 647	4.285 025	
合　计	314	24 534	2 034 980	1	314	36.706 96

表 2-6　χ^2 检验结果汇总

断　面	车　型	分　布	卡方值	自由度	临界值	是否符合
断面 1	A 型车	正态分布	34.49	31	44.99	√
	D 型车	正态分布	30.75	34	48.60	√
断面 2	A 型车	正态分布	29.96	29	42.56	√
	D 型车	正态分布	31.00	29	42.56	√
断面 3	A 型车	Logistic	29.54	37	52.19	√
	D 型车	Logistic	20.93	30	43.77	√
断面 4	A 型车	Logistic	31.55	36	51.00	√
	D 型车	Logistic	40.34	31	44.99	√

由表 2-5 和表 2-6 可看出，断面车速分布 χ^2 检验与 PP 图检验结果大致相同。

2.5.3　单样本 K-S 检验

柯尔莫哥洛夫-斯米尔诺夫检验也称为单样本的 K-S 检验，与皮尔逊 χ^2 拟合优度检验相比较，计算较为方便，主要运用某随机变量顺序样本来构造样本分布函数，使得能以一定的概率保证 X 的分布函数 $F(x)$ 落在某个范围内，用于检验变量是否服从某一分布。

2.5.3.1　检验原理

设 X_1，X_2，…，X_n 是从某总体 $F(x)$ 中抽取的样本，检验：

$$H_0: F(x) = F_0(x) \leftrightarrow H_1: F(x) \neq F_0(x) \tag{2-16}$$

其中，$F_0(x)$为已知的连续分布函数。记 $X_1, X_2, \cdots, X_n$ 的经验分布函数为 $F_n(x)$，当 H_0 成立且样本量 n 充分大时，经验分布函数 $F_n(x)$与总体分布函数 $F(x)$相当接近。定义统计量

$$D_n = \sup_{-\infty < x < +\infty} | F_n(x) - F_0(x) | \tag{2-17}$$

作为 H_0 的检验统计量，$\sqrt{n}D_n$ 的极限分布为

$$\begin{aligned} Q(z) &= \lim_{n\to\infty} P(\sqrt{n}D_n < z) = \sum_{k=-\infty}^{+\infty} (-1)^k \mathrm{e}^{-2z^2k^2} \\ &= 1 - 2\sum_{k=1}^{+\infty} (-1)^{k-1} \mathrm{e}^{-2z^2k^2} \end{aligned} \tag{2-18}$$

由于 $F_n(x)$与 $F_0(x)$都是 x 的单调非降函数，所以，偏差 $| F_n(x) - F_0(x) |$ 的上界可在 n 个点 $X_{(i)}$ 处找，因而柯尔莫哥洛夫检验是先在样本的每个顺序统计量 $X_{(i)}$ 上求样本经验分布函数和假设的分布函数之间的偏差中较大的一个，即求

$$d_i = \max\left\{ \left| F_0(X_{(i)}) - \frac{i-1}{n} \right|, \left| \frac{i}{n} - F_0(X_{(i)}) \right| \right\}, \qquad i = 1, 2, \cdots, n \tag{2-19}$$

而这 n 个 d_i 中最大的一个就是柯尔莫哥洛夫检验统计量 D_n 的取值，即

$$D_n = \max\{d_1, d_2, \cdots, d_n\} \tag{2-20}$$

若 $F_n(x)$ 与 $F_0(x)$ 拟合得好，则 D_n 的值应比较小；反之，当 D_n 较大时，$F_n(x)$ 与 $F_0(x)$ 拟合得不好。检验的规则是：对给定的显著性水平 α，若 $D_n > D_{n,\alpha}$，应拒绝 H_0，否则接受 H_0。

其中 $n < 100$ 时，可查表得临界值 $D_{n,\alpha}$，使 $P\{D_n \geqslant D_{n,\alpha}\} = \alpha$；

而当 $n \geqslant 100$ 时，可从检验统计量 D_n 的极限分布表查得 $\lambda_{1-\alpha}$，使

$$Q(\lambda_{1-\alpha}) = 1 - \alpha$$

即
$$P\{D_n \geqslant \lambda_{1-\alpha}/\sqrt{n}\} \approx 1 - Q(\lambda_{1-\alpha}) = \alpha \tag{2-21}$$

此时
$$D_{n,\alpha} \approx \lambda_{n,\alpha}/\sqrt{n} \tag{2-22}$$

当样本 $X_1, X_2, \cdots, X_n$ 中没有重复数据时，可按式(2-19)和式(2-20)计算 D_n 的值。而当样本 $X_1, X_2, \cdots, X_n$ 中有重复数据时，可如下进行：先将样本 $X_1, X_2, \cdots, X_n$ 从小到大排列成(重复数据合并为一个)

$$X_{(1)} < \cdots < X_{(m)},\ (1 \leqslant m \leqslant n) \tag{2-23}$$

设 n_i 为对应 $X_{(i)}$ 在样本中出现的频数，则有

$$n_i \geqslant 1,\ n_1 + n_2 + \cdots + n_m = n \tag{2-24}$$

$$F_n(X_{(i)}) = \frac{n_1 + n_2 + \cdots + n_{i-1}}{n},\ i = 1,\ 2,\ \cdots,\ m \tag{2-25}$$

令 $d_i = \max\{|F_0(X_{(i)}) - F_n(X_{(i)})|,\ F_n(X_{(i+1)})| - F_0(X_{(i)})|\},$

$$i = 1,\ 2,\ \cdots,\ m \tag{2-26}$$

此时　$D_n = \max\{d_1,\ d_2,\ \cdots,\ d_m\}$

2.5.3.2　检验结果

根据单样本 K－S 检验原理对车速数据进行指定分布的拟合检验[53]。检验结果见表 2－7 和表 2－8 所列。

表 2－7　断面 1A 型车 K－S 检验结果

样　本　数		234
正态参数	均　值	88.155 5
	标准差	13.744 06
极　差	绝对值	0.063
	正　值	0.063
	负　值	－0.033
K－S 检验统计量 Z		0.848
双尾检验系数 P		0.468

表 2－8　断面车速 K－S 检验结果统计表

检验参数	断面 1		断面 2	
	A 型车	D 型车	A 型车	D 型车
K－S Z 值	0.588	0.793	0.848	1.324
2－tailed（双尾系数）	0.880	0.555	0.468	0.060

2.6 断面运行车速特征指标的计算

2.6.1 频率及累积频率分布曲线

在确定高速公路不同断面车速分布形式后，绘制不同断面车速频率及累积频率分布曲线进行比较，如图 2-15 和图 2-16 所示。

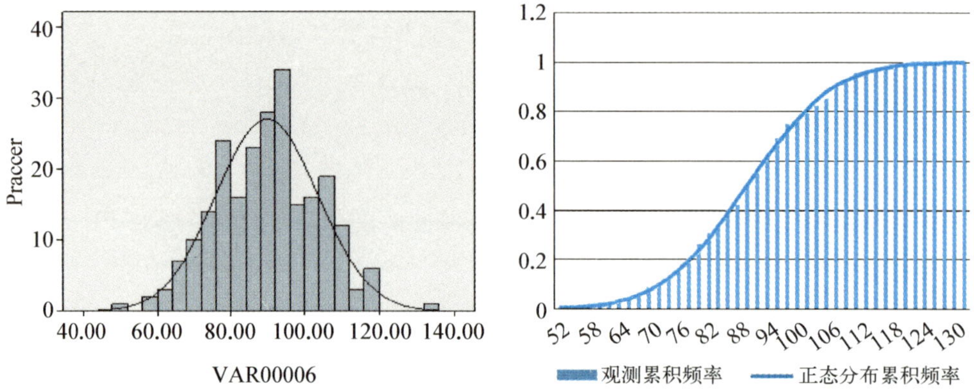

图 2-15 断面 1 A 型车车速正态分布频率及累积频率曲线

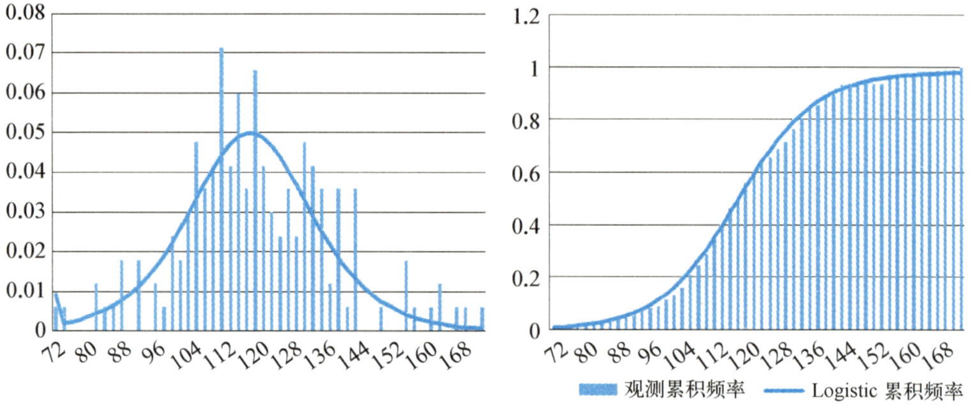

图 2-16 断面 4 A 型车车速 Logistic 分布频率及累积频率曲线

从图 2-15 和图 2-16 可看出，不同断面的车速数据都可以很好地用已确定的分布的频率和累积频率曲线进行描述，从而为运行车速特征指标的量化奠定理论基础。

2.6.2　特征指标量化

目前的实验手段决定了不可能采集路段上所有车辆车速数据，所以不能通过简单排序来获得任一路段百分位车速。传统的方法是根据已有数据计算出各车速所对应的累积频率，画出车速累积分布频率曲线，从图中直接得出特征指标；也就是根据在区间$[a, b]$上的有限个互异点 x_i 处对应的函数值 $f(x_i)$，求出一个简单的函数 $p(x)$来近似计算其真实的函数 $f(x)$，满足条件 $p(x_i)=f(x_i)=y_i$。那么，在计算特征指标时，就要用到代数插值方法。无论是线性插值、抛物线插值还是分段低次插值或样条插值，由于必须满足在插值节点上函数值相同，那么若测量数据有偏差，则插值点也会相应出现偏差，并且插值函数越逼近频率曲线，则偏离真实值越远，这样的计算方法存在较大误差。

车速数据是随机抽样得到的，可以用样本对车速总体分布进行统计推断，并对估计作假设检验，根据车速的总体分布来计算累积分布频率，从而量化特征指标，这样影响车速的因素随机作用的结果在计算中就得以体现，同时避免了线性插值、样条插值等所带来的弊端。

例如，可根据正态分布累积分布函数值[式(2-27)，式(2-28)]，对按照前面处理方法计算过的原始车速数据进行处理，令 $P=x\%$，即可得到 V_x 和其他特征指标。Logistic 分布及其他分布下特征指标的计算与正态分布计算方法相同，不再赘述。

$$V=F^{-1}(P\mid\mu,\sigma)=\{V: F(V\mid\mu,\sigma)=P\} \tag{2-27}$$

$$P=F(V\mid\mu,\sigma)=\frac{1}{\sigma\sqrt{2\pi}}\int_{-\infty}^{V}\mathrm{e}^{\frac{-(t-\mu)^2}{2\sigma^2}}\mathrm{d}t \tag{2-28}$$

为说明根据车速分布形式的频率分布函数量化特征指标的科学性，分别计算服从 Logistic 分布断面 3 和断面 4 的特征指标，并计算假定正态分布下的特征指标，将结果进行比较，如表 2-9 所列。从不同分布下特征指标的计算结果

表 2-9　断面 3 特征值对比　　单位：km/h

车辆类型	分布形式	V_{15}	V_{50}	V_{85}	V_{90}	$V_{85}-V_{15}$	$V_{客}-V_{货}$
所有车型	Logistic	59	92	124	133	65	49
	正态分布	63.89	91.27	120.65	127.6	56.76	53.48

续 表

车辆类型	分布形式	V_{15}	V_{50}	V_{85}	V_{90}	$V_{85}-V_{15}$	$V_{客}-V_{货}$
A 型车	Logistic	92	100	129	135	37	
	正态分布	92.49	111.59	133.68	138.2	41.19	
D 型车	Logistic	46	64	80	83	34	
	正态分布	48.23	62.71	77.2	80.63	28.97	

可看出，有些特征指标间的差异较大，因而通过车速数据的频率分布形式和特征计算特征指标的方法可有效保证计算结果的准确性，也是进行运行车速进一步研究的基础。

2.7 本章小结

运行车速是一个统计学指标，其基础理论及应用研究均以准确的车速数据分析为前提，然而如何确定合理的量化指标来表征运行车速特征无疑是进行运行车速理论研究的难点和关键技术，本章提出的运行车速数据分析处理思路和方法将对深入研究运行车速指标有重要意义，主要解决的问题如下。

(1) 提出运行车速及其特征指标的定义，并对特征指标与交通安全的相关性进行了理论定性分析。

(2) 通过分析大量车速样本数据的频率直方图，根据不同车型车辆、车速、频率分布具有不对称、中间集中、两边分散的特点，提出对车速数据进行正态分布、威布尔分布、伽玛分布、Logistic 分布等分布形式研究。

(3) 运用 PP 正态概率图对样本数据进行正态、威布尔、伽玛、Logistic 分布的定性拟合检验，采用系统分析和综合评价方法对检验结果进行判别；运用皮尔逊 χ^2 拟合优度检验和单样本 K－S 检验做进一步定量分布假设检验；确定测试路段断面车速服从正态分布和 Logistic 分布。

(4) 基于统计学原理，根据确定的车速总体分布形式的频率及累积分布函数，提出合理量化运行车速特征指标的方法，这一计算方法解决了运行车速基础理论中的关键问题，计算结果比传统的数据处理方法科学而精确。

第3章 高速公路线形综合指标描述模型

在人—车—路系统中，路作为整个体系的载体，起着至关重要的作用，而公路的各项线形指标决定了行车的安全性和舒适性。公路线形是平面线形、纵断面线形和横断面的集合体。在空间上，它是由长度、高度和宽度共同确定的三维立体线形；考虑时间因素，则是与行驶速度密切相关的四维线形。一条路的各个线形指标看似相互独立，实则共同影响与人、车的相互作用，而运行车速则是这一相互作用的直接表现。在实际行车过程中，车辆运行车速受众多线形指标的综合影响而连续变化，且不同线形指标对车辆运行车速影响的差异性很大，单个路段单元或单一线形指标的车速分析会模糊车辆运行车速的变化规律，这样的静态划分割裂了车速变化的连续性，并不适用于较为准确的运行车速预测。显而易见，建立单一线形指标与运行车速的关系并不能体现实际影响车速的主要要素的作用。然而，直接建立众多要素与运行车速的关系又存在很多困难。为此，首先建立描述公路线形空间几何特性的综合模型，为运行车速预测模型的研究奠定基础。

本章首先提出公路线形综合指标的概念，通过分析线形指标与车速、安全性的相关性，选取显著影响指标，分别建立平面线形、纵面线形描述模型及横断面修正模型，并进行参数标定及指标的敏感性分析，最后确定了公路线形综合指标描述模型。

3.1 公路线形综合指标的提出

3.1.1 公路线形综合指标的含义

线形作为公路的骨架，其平、纵、横线形是永久性的设计要素，目前我国仍采用设计速度进行公路几何设计。所谓设计速度(计算行车速度)[54]，是指在气候正常、交通密度小、汽车行驶只受到道路本身几何要素、路面、附属设施等条件影响时，具有中等驾驶技术的驾驶员能保持安全行驶的最大行驶速度。采用设计速度作为设计控制参数，实质上是规定了公路设计最低限度应采用的指标。一条道路的受限路段一般较少，而大多数路段为非受限路段，从设计控制的角度考虑，在这些非受限路段，路线的平、纵、横以及其他相关指标就没有依据确定，在实际设计中究竟选取多大的技术指标，则由设计人员根据自己的主观经验，并综合考虑实际地形、地物以及经济性等因素来做出适当的选择，以期设计出有效的线形。

公路线形是车辆运行的直接载体，一旦确定，无论优劣，很难改变，高速公路尤其如此，它将长期限制汽车的运行。公路的线形、汽车的性能以及沿线的自然环境都对驾驶员产生影响，进而影响到汽车行驶的安全性、舒适性，最终体现在影响汽车的运行速度上。另一方面，每个汽车驾驶员可以在车道宽度范围内以任意的速度行驶，其对车辆控制的自由度又是相当高。一项好的路线设计，既要尽量适应驾驶员的各种驾驶行为，又要努力确保行驶的安全性和舒适性。

从以上论述中可以看出，虽然公路线形设计中客观性和主观性并存，但就公路线形本身而言，是影响行车安全性最为客观的因素之一，而运行车速无疑是各种主客观因素综合作用的最直接表现。根据我国现行公路线形设计原则，平曲线半径、坡度、直线长度、曲线长度等设计指标决定着直线和曲线在道路线形中具有不同组合，这种不同组合使得道路行车安全性存在差异，即不同设计指标对道路的安全性和行车舒适性具有不同的影响，为了综合评判公路线形的客观安全性，进而研究公路线形技术指标对运行车速的综合影响，本书以公路线形设计指标的客观几何特征为基础提出了高速公路线形综合指标的概念。

公路线形综合指标定义为：以公路线形单个设计指标为基础，综合考虑公路线形平、纵、横三个方面的空间几何特性，能够全面表征不同设计指标对公路线形连续性和行车安全性的影响，并运用数学模型进行描述的综合性指标，用符号 f 表示(下文简称综合指标)。

公路线形综合指标，以道路任一断面(桩号)为基本单位，每个桩号对应一个 f 值，该值描述了该桩号对应的各项线形指标的综合特性，反映了驾驶员感知该断面道路信息量的大小，也可以理解为按照对驾驶员感知信息的影响构建的一个线形综合特征指标。f 值的大小以道路线形对驾驶员行车安全性的影响为判断依据，道路线形越好，影响驾驶员的信息量就越少，f 值就越小；反之亦然。

3.1.2　公路线形综合指标描述模型的建模思路

根据公路平、纵、横三个方面的线形技术指标对安全性的不同影响机理，选取显著影响的技术指标，分别构建平面线形描述模型、纵面线形描述模型和横断面线形修正模型，最后根据公路线形的空间几何特点，将这三个模型组合构建公路线形综合指标描述模型，并进行参数标定和敏感性分析，用以描述高速公路线形的客观安全性。

3.2　模型中指标的选取与分析

公路线形作为人—车—路—环境体系中最重要的客观因素，是车辆行驶的基础，根据我国《公路路线设计规范》[55]，与公路路线设计相关的技术指标包括平曲线半径、平曲线最大最小长度、直线最大最小长度、回旋线变化率、回旋线长度、平曲线转角、视距、竖曲线半径、竖曲线长度、纵坡最大最小长度、纵坡度、路基宽度、车道宽度、车道数、左右路肩宽度、中间带总宽度、中央分隔带宽度、左右路缘带宽度、路拱坡度、超高和加宽等因素。

公路线形综合指标描述模型的构建最终是为运行车速预测服务的，在众多公路线形技术指标中，各指标对安全性或者车辆运行车速的影响程度不同。现有的研究方法决定了不可能选取所有线形指标进行综合指标描述模型的构建，因素过多，反而影响模型的有效性和应用性，因此，首先对各单项线形与车速及安全性的相关性进行分析，以此作为模型中指标选取的依据。

3.2.1　线形指标与车速的关系

3.2.1.1　平面线形与运行速度的关系

平面线形是由直线、平曲线组合而成，平曲线又分为圆曲线和缓和曲线（回旋线）两种，它们都对行驶车辆的运行速度产生直接影响[56]。

1. 直线

直线具有方向明确、路线简短、视野开阔等优点，在以往公路平面线形设计中是最主要的设计线形，尤其适用于地形地势平坦、视线目标无障碍的地带。当车辆行驶在较小坡度的直线上时，直线长度是影响运行速度的主要因素，直线长度过短，其运行速度不会发生显著变化；随着直线长度的增加，车辆运行速度会随之增大，在达到驾驶员期望的行驶速度后，车辆会稳定行驶。过长的直线会使驾驶员感到简单乏味和厌倦，从而产生急于驶出该路段的冲动，便一味地加速，致使行驶速度过高，遇突发状况时容易导致交通事故的发生；此外，直线不易与地形、周围自然环境景观很好地协调，不易保证道路线形的连续性，从而影响驾驶员的视觉和心理状态，影响了车辆的运行速度。所以，直线对车辆运行速度的影响是显著的。

2. 圆曲线

圆曲线具有柔和的几何线形、灵活机动、自由度大、能够较好地适应地形、能自然地引导视线，避免了长时间不需要改变驾驶行为而造成的麻木和厌倦，所以是平面线形中最常用的要素。其对车辆运行速度的影响主要体现在曲线半径上，不同半径的圆曲线具有不同的允许行驶速度，致使车辆的运行速度不尽相同，曲线半径越小，对车辆的行驶要求越高，驾驶员的操作强度就越大，车辆的运行速度也就越低；半径越大，就越利于驾驶员操作，车辆的运行速度便越高，当半径增大到一定程度时，车辆在圆曲线上的行驶状态就如同直线段一样，此时，半径对运行速度的影响是非常小的。另外，曲线转角对运行速度也有一定的影响，转角越大，越不利于诱导驾驶员的视线，致使驾驶员降低速度行驶；但转角过小，又会使驾驶员对曲线长度、曲线指标产生错误的判断，造成不必要的减速。

3. 缓和曲线

缓和曲线是平面线形要素之一，设置缓和曲线是为了线形曲率的连续变化，使设计线形符合汽车行驶轨迹，来保证行驶车辆在进入圆曲线时不必过多地降低运行速度而安全、舒适、快速地行驶。车辆行驶在缓和曲线时，缓和曲线不同位置处的曲率半径大小和缓和曲线的长度是影响运行速度的主要因素，其曲率半径对运行速度的影响同圆曲线半径对运行速度的影响一样，半径越大，运行速度越高，反之运行速度越小。缓和曲线越短，越不利于行驶车辆驶入所接的圆曲线，会造成速度较大变化，反之，越利于车辆安全、舒适地行驶。

3.2.1.2 纵断面线形与运行速度的关系

公路纵断面线形主要由匀坡线和竖曲线组成，纵断面对运行速度有很大影响，特别是坡度和坡长[57]。

1. 坡度

在坡度方面，一般情况下，纵坡越陡，汽车沿上坡行驶时，因克服上坡阻力需增大牵引力，车辆的运行速度越低；反之，若沿下坡行驶，重力分量越大，则行驶动力越大，车辆运行速度越高。

2. 坡长

坡长对运行速度的影响依赖于纵坡度对运行速度的影响，主要起到一个对纵坡度影响的加强或削弱作用，主要表现为：当车辆在纵坡上减速行驶时，坡长越长，运行速度降低越大，反之，运行速度降低越小；当车辆加速行驶时，坡长越长，运行速度增大越大，反之，运行速度增长不高。

3. 竖曲线

竖曲线的设置主要是为了实现变坡点处坡度变化的过渡曲线。因此，竖曲线半径的大小主要对运行速度产生影响，主要表现为：半径越小，容易造成平纵曲线组合不合理而使视距不连续，尤其当为凸曲线时，运行速度便越低；反之，半径越大，所提供的行车视距也就越大，则运行速度越高。当竖曲线半径增大到一定程度时，其对运行速度的影响极小，可以忽略不计，可当成匀坡线处理。

3.2.1.3　横断面布置与运行速度的关系

公路横断面组成要素有行车道、路肩、中央分隔带、路缘带、超高、加宽等，这些因素都对运行速度产生一定的影响。

1. 车道

车道宽度直接影响运行速度。在较宽路面上，驾驶员的心理紧张程度没有窄路面那样紧张。尤其在会车时，如路面宽度较窄，车辆运行速度将减少很多。

2. 路肩

路肩的结构和宽度对行车的安全舒适也极其重要，当路肩较宽时，可以给驾驶员比较大的操作空间，这增加了驾驶员的安全感，给驾驶员提供了一个更加宽松、舒适的驾驶环境，有利于提高车辆行驶速度。

3. 中央分隔带

中央分隔带一般设置在高速公路和一级公路上，起分隔对向行车的作用，这样可以保证行驶车辆在纵向无干扰的条件下以较高的速度安全行驶，一般等级公路上采用画线分隔对向行车。所以，设中央分隔带的公路行车更安全，行驶速度更高。

4. 车道数

车道数对运行速度也产生影响。对于高速公路而言，一般情况下，车道数越大，车辆运行速度越高。

5. 超高

超高对运行速度的影响很明显。一般，一定半径的圆曲线对应一定的超高值，抵消车辆驶过曲线时所产生的离心力，从而保证车辆以一定的速度行驶。对于一定半径的曲线，超高值越大，则车辆的运行速度越高，但超高值不能大于规范规定的最大超高值。

3.2.2 线形指标与安全的关系

3.2.2.1 平面线形与安全的关系

1. 直线

一般来说，直线段过长或过短都会使事故率偏高[58]。直线段长度过短使得驾驶员转弯操作频繁，工作强度大，同时也会导致线形的过快变化，容易诱发事故。另外，长度过短在线形组合上不合理，容易形成引起驾驶员视线错觉的“断背曲线”，对安全极为不利。

直线段过长容易引起驾驶员疲劳，反应迟钝，判断出错，遇到突发情况，来不及反应而造成车祸。德国的研究成果表明，驾驶员在直线段上正常行驶超过 70 s 后就会感到单调。如果不需要超车，4.8 km 长的直线段就会使驾驶员感到烦躁，甚至打瞌睡，带来灾难性的后果。过长的直线段还容易使驾驶员产生想尽快驶出直线段的心理，不知不觉中造成超速行驶。因此，直线不宜过长，否则会带来不利影响。

美国联邦公路管理局(FHWA)的公路安全信息系统(HSIS)[59,60]对公路上平曲线和直线长度的安全性关系数据进行研究，分析发生在平曲线上的事故率是否随邻接直线长度的增加而增加以及其影响随平曲线半径的不同而变化的情况。在分析研究过程中，对研究数据按平曲线半径值和邻接直线长度进行分类，如表 3 - 1 所列。

表 3 - 1　平曲线半径和邻接直线长度分类

平曲线半径分类	范围/m	直线长度分类	取值/m
R_1	$0 < R \leqslant 200$	T_1	$0 < R \leqslant 150$
R_2	$200 < R \leqslant 340$	T_2	$150 < R \leqslant 300$
R_3	$340 < R \leqslant 500$	T_3	$300 < R \leqslant 500$
R_4	$500 < R \leqslant 880$	T_4	$500 < R \leqslant 1\,200$
R_5	$R \geqslant 880$	T_5	$1\,200 < R \leqslant 2\,400$

道路交通事故率用每百万车每年事故数来表示，并对应于半径和直线长度分类。图 3-1 给出了在各个半径分类下不同直线长度对应的百万车年事故率。从图中可以看出，半径在 200 m 以内，邻接直线长度在 300～500 m 的平曲线的事故率比其他曲线高约 50%；半径在 200～340 m 范围内，邻接直线长度在 150～300 m 的平曲线的事故率比其他曲线高约 10%。

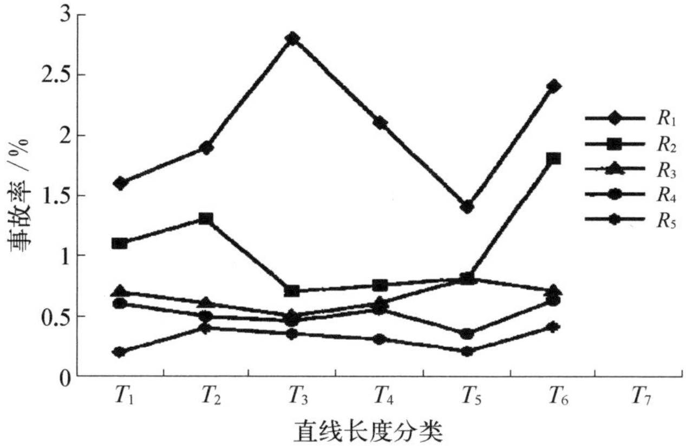

图 3-1　按直线长度分类的每百万车每年事故发生率

2. 平曲线

大量的事故数据显示，平曲线与道路安全关系重大[58]。Zegeer. et al. 在 1992 年提出，发生在平曲线上的事故率是直线的 1.5～4 倍，而且事故程度较直线更为严重，有 25%～30%的致死事故是在曲线上发生，一般在进入和驶出曲线时驾驶员最容易产生诱发事故的错误操作。车辆在曲线上行驶时速度会降低，速度降低得越大，发生错误操作和事故的可能性就越大，也就是说，速度差越大，事故率越高，后果越严重。

平曲线半径与高速公路运营安全关系密切。相关研究成果表明：交通事故通常发生在平曲线处，尤其是急弯（小半径平曲线）路段；交通事故的危险性（通常以交通事故率表示）和严重性随曲线半径的增加而降低；曲线半径低于 200 m 的路段，交通事故率较大；当曲线半径大于 2 000 m 时，继续增加半径对运营安全的改善效果并不明显；具有相同或相近曲线半径的路段的安全性高于曲线半径各不相同的路段，尤其是长直路段中突然插入一段小半径的平曲线，这对行车非常不利。另外，英国学者格兰维尔通过实验调查研究了道路平曲线曲率和道路交通事故率的关系，平曲线半径减小，事故率随曲率的增加而急剧增高，如表 3-2 所列。

表 3-2　曲率与公路交通事故率的关系[61]

曲　　率	0～1.9	2～3.9	4～5.9	6～9.9	10～14.9	>15
事故率/(次·百万车公里$^{-1}$)	1.62	1.86	2.17	2.36	8.45	9.26

由于由多个平曲线直接连接的路段要比传统的直线加平曲线路段的安全性高许多，因此，随着曲率变化率 CCR (Curvature Change Rate)的增加，交通事故数也会增加，但是这种事故增加值会相对较小。

当曲率变化率相同时，曲线越长，交通事故数越多。当曲线长度增加 4 倍时，事故数大约增加 3 倍，且这种对应关系对于任意曲率变化率值都成立。

与曲线长度相关的曲线转角也是影响高速公路运营安全的一个因素[61]。相关研究结论有：交通事故率与曲线转角呈抛物线关系，且抛物线具有极小值，即存在最优曲线转角；曲线转角的最佳安全值是 20°，安全范围是 15°～25°；小偏角曲线(转角小于或等于 7°)容易使驾驶员产生急弯错觉，对行车安全不利；转角较大的(大于 30°)曲线也会造成严重的交通安全隐患。

3. 缓和曲线

在线形中增加缓和曲线，会使车辆在正常转弯行驶时减少对道路摩擦力的需求，增强高速公路运营安全性。研究表明[61]：当曲线半径小于 200 m 时，在直线与圆曲线之间添加缓和曲线，行车安全性会大大提高；曲线半径小于 200 m 的路段采用缓和曲线后，交通事故率会大大降低；而对于曲线半径大于 200 m 的路段，设置缓和曲线对行车安全的改善效果并不明显。

3.2.2.2　纵断面线形与安全的关系

1. 坡度

国内外的研究一致认为，道路纵坡对交通安全的影响非常大，尤其当坡度比较大时，事故率明显增大。据莫斯科道路学院的调查资料分析表明[56]，发生在道路坡度路段的交通事故在平原地区占 7%，在丘陵地区占 18%，在山区占 25%，而且坡度越大，交通事故率越高，如表 3-3 所列。

表 3-3　纵坡度与道路交通事故率的关系

坡度	2%	3%	4%	5%	7%	8%
事故率/(次·百万车公里$^{-1}$)	1%	1.5%	1.75%	2.5%	3%	10%

2. 坡长

坡长对交通安全的影响，依赖于坡度对安全的影响。若陡坡过长，爬坡时会使汽车水箱出现沸腾、汽阻，导致行车缓慢无力，甚至发动机熄火；长陡坡下行时，由于需长时间减速、制动，也会造成制动器发热或烧坏，从而导致交通事故。如长而陡的下坡路段连接一段较平缓的下坡时，驾驶员会误认为下一路段坡度为上坡，从而采取加速行驶的错误操作。另外，长陡坡造成加速度或减速度的积累，使车速过高或过低而诱发事故。

3. 竖曲线

竖曲线主要包括凸曲线和凹曲线两种。研究表明[57]，凸曲线的交通事故率要比水平路段大；小半径凸曲线的事故率较高；在相同半径条件下，发生在凸曲线上的事故率比凹曲线大，而平曲线和竖曲线组合的路段事故率明显偏高。陡坡(大于 6%)路段上的凸曲线发生交通事故的可能性更高；竖曲线的频繁变换会影响行车视距，从而严重降低运营安全性，尤其在凸曲线路段，视距受限会大大增加交通事故率；视距不足的凹曲线路段，在夜晚没有照明的情况下，运营十分危险。

3.2.2.3　横断面线形要素与安全的关系

1. 车道

多数研究表明[58]，对双车道公路，随着车道宽度的增加，事故率随之下降，然而，这种增加是有一定限度的，具体表现如下：当车行道宽度由 4 m 增加到 7 m时，事故率下降明显，而当车行道宽度大于 7 m 时，再增加车道宽度对事故率影响不大。美国的研究表明，当车道宽度在 3.35 ～3.65 m 之间变化时，对事故率影响不大；交通量不大时，车道宽度大于 3.65 m 时，事故率会减少，但减少幅度不大。进一步研究表明，车辆通常需要一个极限宽度来保持正常行驶，然而车道宽度大于极限宽度时，驾驶员可以加速行驶并感觉到更加安全。

2. 路肩

研究表明[58]，对双车道公路，当路肩宽度由 0 增加到 2 m 时，事故率明显下降，而当路肩宽度大于 2.5 m 时，事故率明显变化；对多车道公路有中央分隔带的情况下，随着中央分隔带一侧路缘带宽度的增加，事故率也增加。

3. 中央分隔带

较宽的无护栏中央分隔带可为错误行驶的车辆提供一定的纠错空间，窄的中央分隔带尽管不能为错误的车辆提供纠正错误的空间，但可清楚地把两个方向的交通流分开，为横穿道路的行人提供安全的等待地。与无分隔带相比，使用窄的标线分隔可减少事故 30%，使用窄的突出路面分隔带可减少事故 48%，宽的分隔带可减少事故 54%。

3.2.2.4　线形组合与安全的关系

此外，道路交通事故也是多因素综合作用的结果，受道路平、纵、横线形指标的综合影响。图 3－2 所示为曲线半径、路面宽度、坡度、视距共同作用下交通事故率的变化情况。

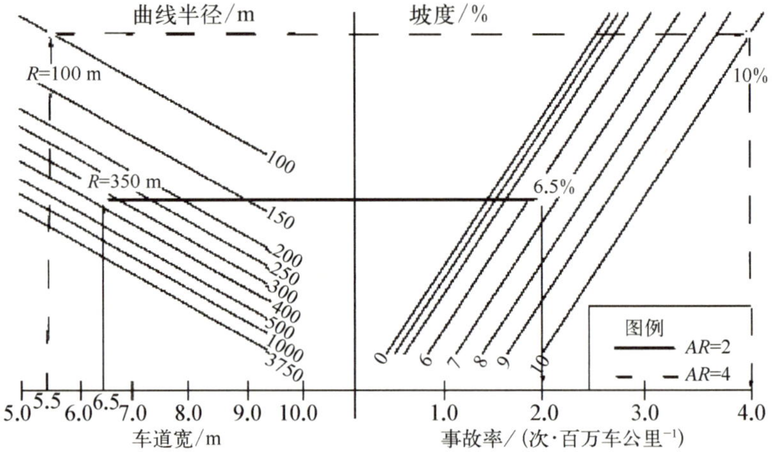

图 3－2　曲线半径、路面宽度、坡度、视距共同作用的影响

3.2.3　线形指标的选取

从设计人员的角度考虑，道路选线主要结合地形地势，在此基础上改造成行车安全、舒适的路线。无论是平原公路还是山区公路，每一条道路都需要很多设计指标来控制其线位及走向，合理地运用这些设计指标进行组合设计能够有效提高道路行车安全性。从前述分析中可以看出，在车辆实际运行过程中，这些设计指标对行车安全的影响程度是不同的，根据国内外的研究状况，选取影响程度较大的线形设计指标进行分析和线形综合指标模型的构建。

根据公路线形的特点，可将线形指标分为两大类，第一类是与桩号相对应的断面设计指标，主要有平曲线半径、平曲线转角、竖曲线半径、纵坡度、回旋线变化率、车道宽度、车道数、路肩宽度等；第二类是沿桩号长度上的设计指标，主要有直线长度、平曲线长度、竖曲线长度、回旋线长度等。从公路线形综合指标的概念可知，综合指标以公路断面为基础，因此模型中指标选取主要考虑第一类指标，而第二类指标将在运行车速预测模型建立时统一予以考虑。

综合考虑线形指标对车辆行驶的影响，遵守系统性、可比性、可行性、相关性等原则，确定以半径、纵坡度、缓和曲线曲率变化率、曲线转角、横断面宽度这些构造公路行车空间的主要指标建立公路线形综合指标描述模型。

3.2.4　单项线形指标与线形综合指标的一致性分析

本书以是否有利于驾驶员行车为标准，按照道路线形对行车越有利，综合指标 f 值越小的原则，界定各单项设计指标与综合指标的一致性关系。

曲率越大(半径越小)，代表受到的侧向力越大，对行车越不利，相应的 f 值越大，即综合指标随曲率增大而增大。

曲率变化率越大，代表缓和曲线变化得越快，驾驶员转动方向盘的幅度越大，对行车越不利，相应的 f 值越大，即综合指标随曲率变化率增大而增大。

曲线转角越大，代表驾驶员视野的转变角度越大，对行车越不利，相应的 f 值越大，即综合指标随道路的曲线转角增大而增大。

上坡时，坡度越大，对车辆爬坡性能要求越高，相应的 f 值越大；下坡时，坡度越大，越利于车速提高，相应的 f 值越小，即综合指标随着坡度增大而增大。

车道宽度越大、车道数越多、左、右路肩越宽，代表该行车方向上相邻车辆之间相互的影响越小，车辆的自由行车范围越大，前方行车视野越宽，对行车越有利，相应的 f 值越小，即综合指标随车道宽度、车道数、左、右路肩宽度的增大而减小。

各项设计指标随综合指标的变化规律如表 3 - 4 所列。

表 3 - 4　综合指标随各项设计指标的变化规律

线形设计指标	曲率	曲率变化率	转角	坡度	路面总宽度相关指标
线形设计指标变化	↑	↑	↑	↑	↑
综合指标变化趋势	↑	↑	↑	↑	↓

3.3　模型的建立

因模型中考虑的线形指标比较多，直接以这些指标构建模型较为困难，根据各项线形指标的空间几何特性和对驾驶员的影响方向，考虑指标的一致化及无量纲化，分为平、纵、横三个方面来构建公路线形综合指标模型。

3.3.1 平面线形描述模型

线形综合指标模型的平面线形描述模型主要包括曲率、曲率变化率和曲线转角三个影响因素。

3.3.1.1 理论基础

高速公路除因地形设计的需要外，为了增加对驾驶员的刺激，避免因道路环境单调而造成驾驶员疲劳，往往路线设计中有弯道。所以高速公路行车中，车辆经常要做曲线运动。由汽车的横向行驶稳定性可知[62]，车辆在平曲线上行驶时会产生离心力。根据离心力公式 $F=\dfrac{mV^2}{R}$，在一定车速下，离心力与曲率 $\dfrac{1}{R}$ 呈正比关系，曲率越大(半径越小)，离心力越大，车行驶横向稳定性越差，驾驶员感觉越不舒适。汽车在曲率变化不连续的路段上行驶，有时，因曲率的跳跃突变，行驶车辆的离心加速度大小及方向也随之突变，导致汽车稳定性差，交通事故不可避免。因此，认为 $\dfrac{1}{R}$ 是一项能够表征曲线部分安全性的指标。

根据车辆的转向特性可知[62]，驾驶员在直线段和圆曲线段行驶时，车辆通常做直线运动或稳定的圆周运动，即此时方向盘不需要随时转动，保持固定角度；而在缓和曲线段上，随着曲线半径的不断变化，驾驶员需要随路线的变化及时地转动方向盘，调整转向角，驾驶员的工作量比在直线段时增大。曲率变化得越快，方向盘转动角度越大，对驾驶员影响也就越大，发生危险的可能性也越大。因此，可用曲率变化率 $\left(\dfrac{1}{R}\right)'$ 表征驾驶方向盘转动幅度的大小。

一般情况下，车辆在曲线上通常沿着“最优曲率”轨迹行驶[63]，驾驶员受曲线转角的影响，随着行车轨迹的变化，需要转动眼睛或头部，视线主要集中在前方一点，以适应获取前方道路信息的要求，保证汽车行驶轨迹与预期轨道的误差小于安全行车所允许的数值，因此，可以用曲线转角 I 表示视野转动偏角的大小。

3.3.1.2 定性分析

由以上分析可以看出，曲率、曲率变化率和曲线转角可以表征平面线形的几何特点及对驾驶特性的影响。需要说明的是，虽然综合指标随各单项指标的一致性变化趋势已知，但定量关系无法直接确定，为此，采用中介变量与单项指标的关系转化的方法来统一各单项指标与综合指标的变化趋势，纵断面线形描述模型及横断面修正模型均采用相同的研究思路。

根据国内外一些研究成果显示，车辆在小于小半径曲线临界半径 R_0（所谓临界半径，就是指当曲线半径大于 R_0 时，可以当作直线段对待）时的平曲线内运行时，其车速与半径呈乘幂形式 $V=aR^b$ 和线性形式 $V=a-b/R$ 变化。结合本书调研数据，应用上述两个关系模型研究平曲线半径-车速的相关性如图 3 - 3 和图 3 - 4 所示。

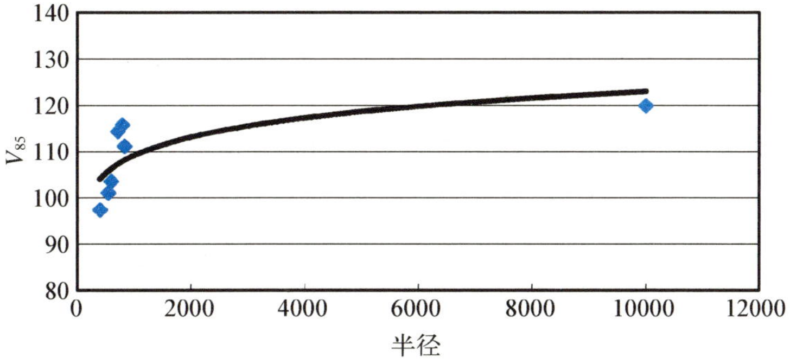

图 3 - 3　实测数据的 $V_{85}=aR^b$ 拟合形式

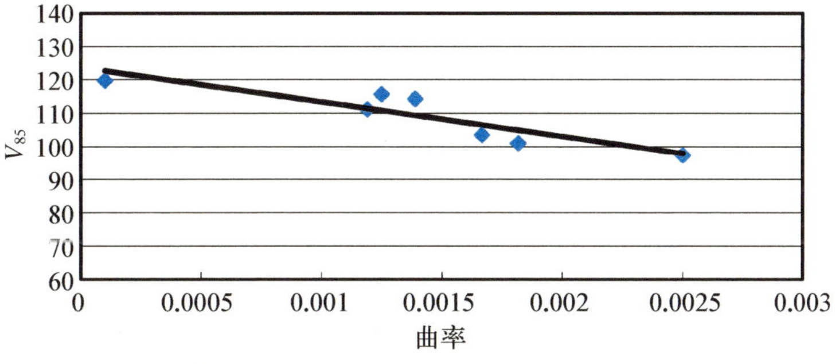

图 3 - 4　实测数据的 $V_{85}=a-b/R$ 拟合形式

由图 3 - 3 和图 3 - 4 可以看出，两种形式的实测车速数据与半径的相关性都较好，拟合度较高。进一步分析如图 3 - 5 所示的二者的关系可知，$V_{85}=aR^b$ 模型在半径小于 250 m 时存在缺陷，变化过于平缓不能反映出此种情况下半径对速度的影响，但对于高速公路而言，半径小于 250 m 的较少，因此，该模型可以表示速度随半径的变化趋势；$V_{85}=a-b/R$ 模型在半径小于 500 m 时变化过于强烈，甚至出现了负值的情况，对于高速公路而言，地形较差的山区高速公路存在 400 m 甚至更小半径的曲线，因此，速度与曲率的线性关系不能很好地表示半径对速度的影响。结合我国高速公路的实际情况和实测数据的分析，本书在线形描述模型中选定乘幂形式表示综合指标随半径的变化。

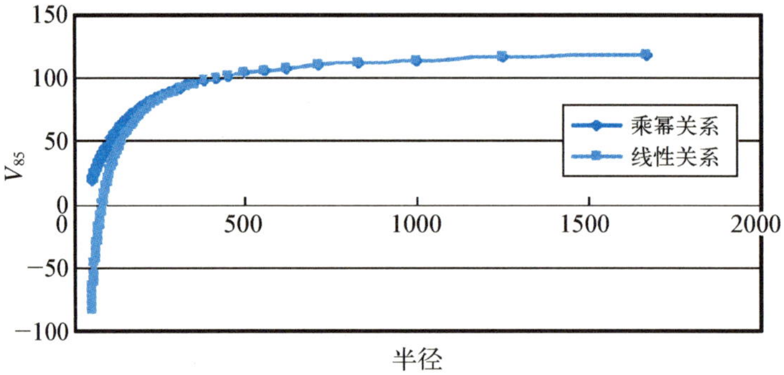

图 3-5　$V_{85} = aR^b$ 和 $V_{85} = a - b/R$ 两种形式随半径变化趋势

同时，借鉴美国运行车速预测模型研究中曲线转角与速度的关系及德国运行车速预测模型中曲线变化率与速度的关系研究，本书采用指数关系表示线形综合指标随曲线转角、曲率变化率的变化。

3.3.1.3　模型建立

在各单项指标定性分析基础上，构建平面线形描述模型：

$$f_{平} = mR^n \cdot \exp\left(k \cdot \left(\frac{1}{R}\right)' + l \cdot I\right) \tag{3-1}$$

式中，$\frac{1}{R}$ 为曲率；$\left(\frac{1}{R}\right)'$ 为曲率变化率（缓和曲线段）；I 为曲线转角；m，n，k，l 为参数。

3.3.2　纵断面线形描述模型

3.3.2.1　定性分析

纵断面线形描述模型以纵坡度为主，通过构造数学模型来表示纵断面线形综合指标的客观安全性。

上坡路段坡度越大，一般车速越低，但事故率越高，这时发生事故的原因主要是坡度较大视距得不到保证；下坡路段坡度越大，车速越高，事故率也随之增大，这时发生事故的原因主要是车速较高，车辆不易受驾驶员控制，稍有闪失，即会发生事故。因此，上下坡坡度过大，安全性都不好，事故率随着坡度绝对值的增大而增大，但车速的变化却与事故率不同，根据对实际调研数据的分析，如图 3－6 所示，从负坡度到正坡度，车速随坡度的变化单调减小，因此，本书首先采用如图 3－6 所示的线性形式建立坡度与综合指标相对应的描述模型。

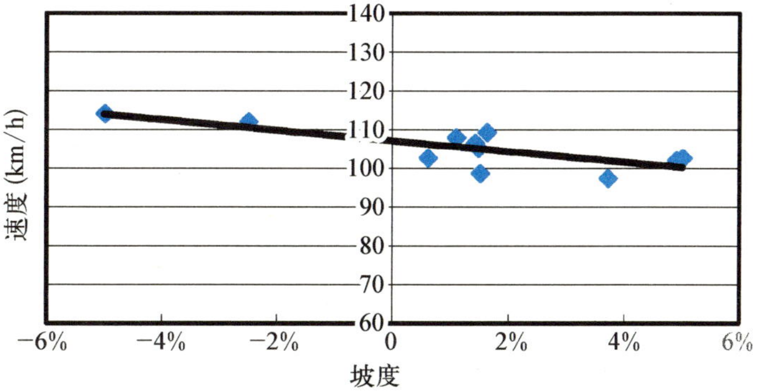

图 3－6　速度与坡度关系图

这样处理带来的问题是，在实际行驶过程中，无论是速度还是行车安全性，随坡度的变化都不是绝对线性的。例如坡度介于－2％～＋2％之间时，速度变化很小；坡度大于＋3％和小于－3％时，速度变化开始增大并呈非线性增长，且正负坡度对应的线形指标综合值 f 取值范围不同。为此，对线性形式进行改进，本书最终采用如图 3－7 所示形式的纵面线形描述模型，并且根据上下坡坡度对车速的影响原理不同，在敏感性分析和建立速度模型时分类讨论上下坡对应的线形指标综合值。

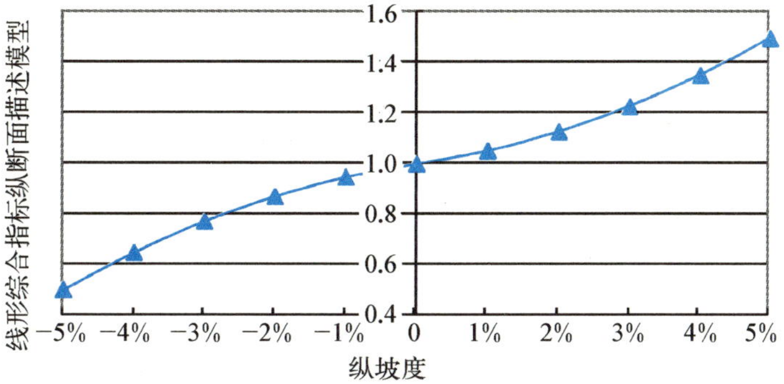

图 3－7　纵断面线形描述模型

3.3.2.2 模型建立

根据上述分析，构建纵断面线形描述模型数学关系式如下：

$$f_{纵} = a \cdot i \cdot ABS(i) + b \cdot i + c \tag{3-2}$$

式中，i 为坡度（%）；$ABS(i)$表示坡度的绝对值；a，b，c 为参数。

3.3.3 横断面线形修正模型

3.3.3.1 定性分析

横断面线形修正模型主要包括车道宽度、车道数、左、右侧路肩宽度几个线形指标的影响。根据德国学者的研究数据及实测直线段上的不同路面宽度对应速度数据[58]（表 3-5），绘制运行车速随路面宽度的变化趋势图，如图 3-8 所示，随着路面宽度的逐渐增大，车辆运行车速随之升高。

表 3-5 路面宽度与 A 型车运行车速对应关系

路面宽度	m	5.5	6.0	7.0	8.0	10.25	14.75	19.25
运行车速	km/h	92	96	102	107	117.3	124.5	129.7
数据来源	—	德国规范				实　测		

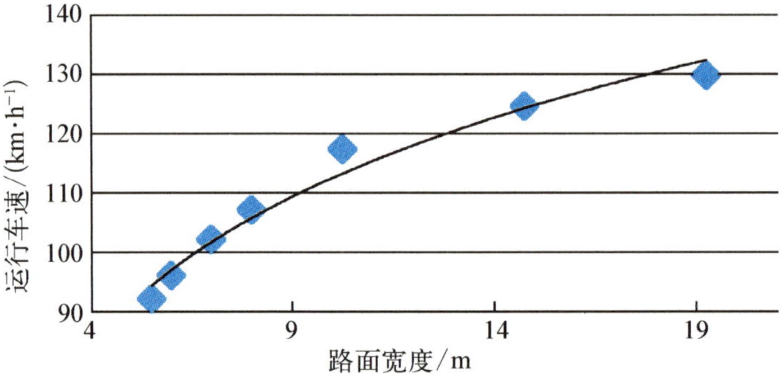

图 3-8 路面宽度与运行车速关系图

3.3.3.2 模型建立

根据对我国高速公路车道宽度的实际调查，以双向八车道公路宽度为标准，按照速度随宽度的减小或增大的百分比，构造线形综合指标的横断面描述模型数学关系式如下：

$$f_{横} = \beta \cdot \ln(a \cdot B^2 + b \cdot B + c) + \xi \tag{3-3}$$

$$B = n \cdot L + w_1 + w_2 \tag{3-4}$$

式中，β，a，b，c 为参数；ξ 为桥隧修正系数（当公路从普通路段连接到桥隧路段时路面宽度及视野宽度的变化对行车安全性产生影响）；B 为行车道单幅横断面总宽度；L 为单车道宽度；n 为车道数；w_1，w_2 分别为左、右侧路肩宽度。

3.3.4　公路线形综合指标描述模型

车辆在三维带状的高速公路上行驶时，将发生径向、法向、竖向的三维平动，有时伴随以上述三方向为轴的转动。研究表明，车辆平、转动的某种突变，或是车辆运动的某种方式的累加与延续，是造成车辆发生交通事故的根源之一。而在高速公路上，能够造成车辆运动突变的，往往位于线形的某种衔接方式的过渡点；而造成车辆运动的不良累加与延续的，又往往是多种线形组合的区段和衔接区段。因此，高速公路线形的衔接、组合方式，对于行车安全的潜在影响，更显著于单一的设计要素。

一般情况下，驾驶员感知的道路信息的变化不仅与道路线形本身有关，还与车速密切相关。在进行公路线形综合指标描述模型研究时，需要对道路线形信息进行量化表达，即把驾驶员能够感受到线形变化的大小用数字表示出来。目前，这方面的研究还很少，基本上都处在定性的研究上，因此很难真正实现有效的标识。这是因为，人对真实空间里的物体的距离、形状和速度的感受都是通过不断的学习和实践获得的，具有一定的经验性，而这种经验性难以用数字来表达。

当车辆在平直的道路上行驶时，道路线形在驾驶员的视野里表现为由灭点展开的放射状射线。这是驾驶员最容易识别的最简单的形状，驾驶员对其他线形的认识都是基于对该形状的比较而获知的。通过当前曲线与直线的比较，驾驶员可以获知曲线信息的表征量，以便采取适当的驾驶操作。图 3-9 所示是半径为 4 000 m的平曲线与直线的比较。此外，道路纵断面线形对驾驶员的影响也较为显著，当前方出现凸曲线时，由于视距原因，驾驶员可能看不见前方道路的走向，对于前方的信息驾驶员首先将会预测前方的道路的平面线形和目前的道路的平面线形保持一致，注意力主要集中在对车速的操作而不是方向的把握上，而道路纵断面线形信息，驾驶员则通过视距的不断变化逐渐获取。横断面线形要素在驾驶员视野里表现为宽度的变化，由于一条高速公路横断面线形很少发生变化，因此驾驶员对不同横断面线形要素的感知基本一定，不太依赖于道路平、纵线形的变化。

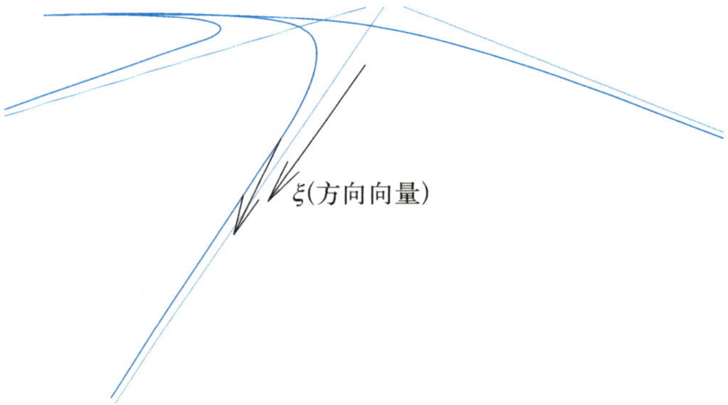

图 3-9 曲线与直线的比较

综上所述，道路几何线形是一条三维曲线，根据空间几何学原理把道路线形对驾驶员及行车的影响分成平、纵、横三个方面，考虑公路线形设计特点，并借鉴国外的研究成果[64]，以平面综合指标、纵断面综合指标为主，横断面综合指标作为修正系数的方式构建公路线形综合指标描述模型：

$$f = f_{平} \cdot f_{纵} + f_{横} \tag{3-5}$$

即构建得公路线形指标综合描述模型为

$$f(l) = mR^n \cdot \exp\left[k \cdot \left(\frac{1}{R}\right)' + l \cdot I\right] \cdot [a \cdot i \cdot ABS(i) + b \cdot i + c] + [\beta \cdot \ln(a \cdot B^2 + b \cdot B + c) + \xi] \tag{3-6}$$

3.3.5 试算与参数标定

3.3.5.1 比例标定

在公路线形综合指标描述模型中，平面线形综合指标、纵断面线形综合指标和横断面线形综合指标的影响范围各不相同，但由于横断面采用修正的方式，因此主要根据平、纵线形对行车的影响程度，首先初定各项影响范围，这个影响范围按照平、纵主要指标对车速影响制定。平面线形主要指标选取半径，纵断面线形选取坡度。根据对调研数据的分析，确定平、纵综合指标影响比例为 1∶0.4。

3.3.5.2 平面模型参数标定

根据平面线形描述模型的形式和特点，结合同济大学孔令旗等人的研究，认为半径大于 3 000 m 时，平曲线对车辆行驶的影响已基本近似直线，因此，平面线形描述模型在半径大于 3 000 m 时，半径影响分量 mR^n 取值定义为 1。

根据规范对高速公路一般最小半径为 400 m 的规定，定义半径大于 400 m 时对应的半径影响分量取值范围为[1～5]；经过反复试算，标定各项参数 $m=430$，$n=-0.757$，$k=3\,000$，$l=0.000\,5$。参数调整后平面线形综合指标模型为

$$f_{平}=430\cdot R^{-0.757}\cdot \exp\left[3\,000\cdot\left(\frac{1}{R}\right)'+0.000\,5\cdot I\right] \tag{3-7}$$

3.3.5.3 纵断面模型参数标定

经过试算，根据规范中对高速公路坡度最大最小值的限制及参照比例标定中坡度对车速的影响比例，确定公式 $f_{纵}=a\cdot i\cdot ABS(i)+b\cdot i+c$ 中的参数为：$a=0.012$，$b=0.04$，$c=1.0$。参数调整后纵断面线形综合指标模型为(上坡为正，下坡为负，比如 5%的下坡按照 −5 代入)

$$f_{纵}=0.012\cdot i\cdot ABS(i)+0.04\cdot i+1.0 \tag{3-8}$$

3.3.5.4 横断面模型参数标定

根据表 3-5 中所列路面宽度与速度的数据，按照不同路宽与车速的折减关系求出 $f_{横}=\beta\cdot\ln(a\cdot B^2+b\cdot B+c)+\xi$ 关系式中的参数。对于 A 型车，参数选取为 $\beta=-28.57$，$a=-0.001\,89$，$b=0.071\,9$，$c=0.318$，对于 D 型车，参数选取为 $\beta=-20.57$，$a=0$，$b=0.007\,8$，$c=0.847$。当道路上遇到桥梁、隧道等结构物存在或者道路宽度突然变窄时，$\xi=0.03$，其他情况，$\xi=0$。

综合平纵横各线形指标，可将公路线形综合指标评价模型描述为

$$f(l)=\left\{430\cdot R^{-0.757}\cdot \exp\left[3\,000\cdot\left(\frac{1}{R}\right)'+0.000\,5\cdot I\right]\right\}\cdot f_{纵}+f_{横} \tag{3-9}$$

$$f_{纵}=0.012\cdot i\cdot ABS(i)+0.04\cdot i+1.0 \tag{3-10}$$

$$f_{横A}=-28.57\cdot\ln(-0.001\,89\cdot B^2+0.071\,9\cdot B+0.318)+\xi \tag{3-11}$$

$$f_{横D}=-20.57\cdot\ln(0.007\,8\cdot B+0.847)+\xi \tag{3-12}$$

式中各参数含义如前，平面线形综合指标值随着曲率、曲率变化率、曲线转角的增大而增大，纵断面线形综合指标随着纵坡度的增大而增大，横断面线形综合指

标随着路面总宽度的减小而增大，均满足 3.2.4 节中单项指标与线形综合指标的一致性关系，因此能够反映公路线形平面、纵断面及横断面几何特性。

3.4 敏感性分析

为了进一步研究不同设计指标对综合指标 f 的影响及二者的相关程度，以及不同设计指标组合情况下，综合指标 f 的变化趋势，需对公路线形综合指标进行敏感性分析，以便确定公路线形综合指标描述模型是否能准确反映不同线形设计指标的差异。

3.4.1 单指标分析

选取一个单项线形设计指标作为变量，令线形综合指标模型中的其他因素固定不变，分析线形综合指标 f 随此单项指标的变化趋势。

从图 3-10 中可以看出，综合指标 f 随曲率的变化而较为敏感的变化，当曲率在 0.001～0.005(即半径小于 1 000 m)时，平曲线对车辆和驾驶员的影响较大，此时综合指标对曲率具有很强的敏感性；当曲率小于 0.001(即半径大于 1 000 m)时，随着半径的增大，平曲线对车辆和驾驶员的影响逐渐降低，综合指标对曲率的敏感性也逐渐降低，例如半径为 4 000 m 和 5 000 m 的平曲线对车辆行驶的影响已经非常小，接近于直线的影响。

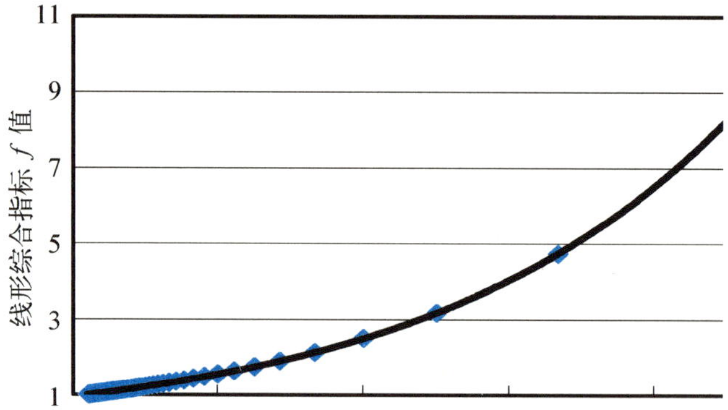

图 3-10　曲率与线形综合指标

从图 3-11—图 3-13 可以看出，线形综合指标随着曲率变化率、曲线转角和路面宽度的变化近似呈线性变化，具有一定的敏感性，从一定程度上体现了这

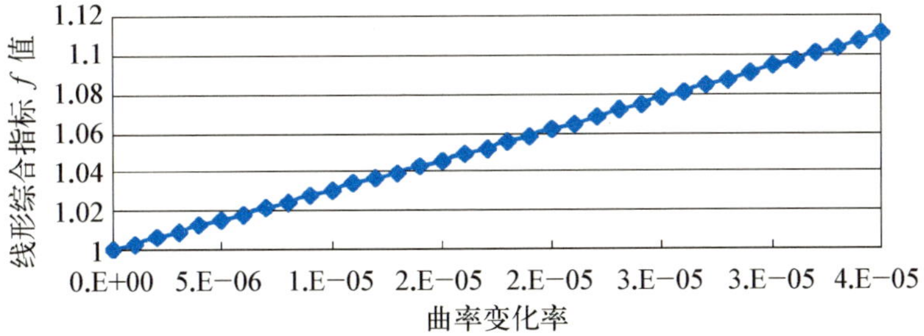

图 3-11　曲率变化率与线形综合指标

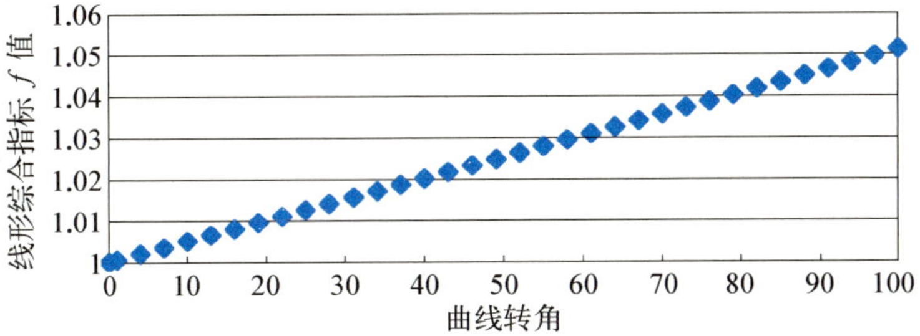

图 3-12　曲线转角与线形综合指标

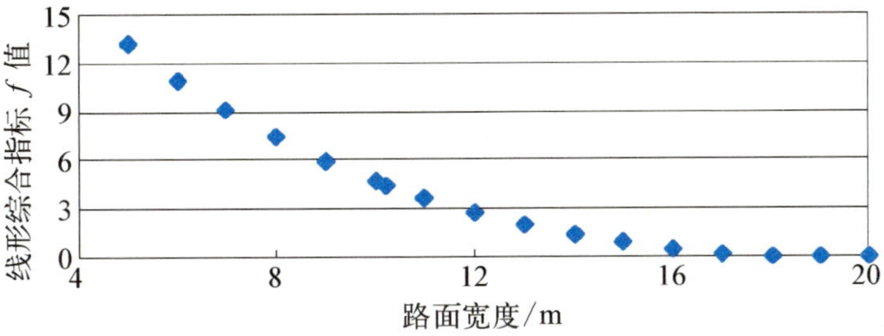

图 3-13　路面宽度与线形综合指标

些单项线形指标对综合指标的影响。

图 3-14 表示综合指标 f 随着纵坡度的增大单边呈抛物线式增大。不同坡度对综合指标 f 的影响程度也不同，坡度越大，对综合指标的影响越大。在上坡路段，坡度越大，对车辆动力性能的要求越高，综合指标变化越明显，对坡度的敏感性较强；在下坡路段，随着下坡坡度的增加，车辆以加速状态行驶，即当坡度介于−5%～−1%时，敏感性较好；当坡度处于−1%～+1%之间时，实际行驶中驾驶员对坡度的感觉不明显，相对应线形综合指标模型中综合指标对坡度的敏感性较弱；整体而言，线形综合指标对坡度的变化是比较敏感的。

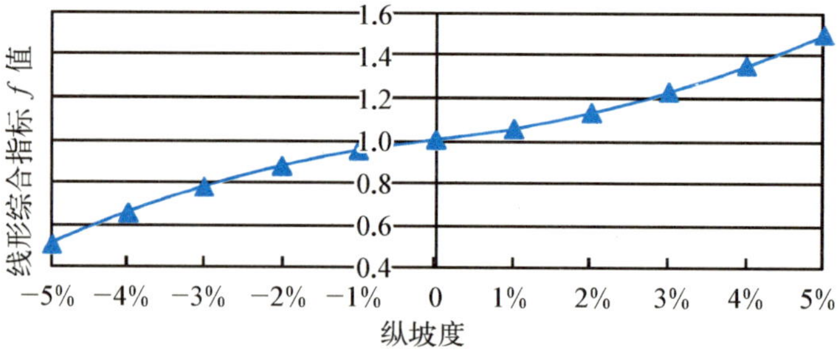

图 3-14　纵坡度与线形综合指标

3.4.2　多指标组合分析

在实际的道路中，所有的道路线形设计指标都不是单独存在的，通常都是多种因素共同作用，根据单一指标的敏感性分析结果选取敏感性较强的曲率和纵坡度作为典型的组合进行多指标组合分析，即通常所说的弯坡组合路段，比较不同线形组合情况下综合指标 f 值的差异性。分别计算不同平、纵组合情况的综合指标值，见表 3-6。

表 3-6　半径、坡度组合与线形综合指标

半径/m \ 坡度	-5%	-4%	-3%	-2%	-1%	0	1%	2%	3%	4%	5%
400	2.30	2.98	3.55	4.02	4.37	4.61	4.85	5.20	5.66	6.23	6.91
500	1.94	2.52	3.00	3.39	3.69	3.89	4.09	4.39	4.78	5.26	5.84
600	1.69	2.19	2.61	2.95	3.21	3.39	3.56	3.82	4.16	4.58	5.08
700	1.50	1.95	2.33	2.63	2.86	3.01	3.17	3.40	3.70	4.08	4.52
800	1.36	1.76	2.10	2.37	2.58	2.72	2.87	3.07	3.35	3.68	4.09
900	1.24	1.61	1.92	2.17	2.36	2.49	2.62	2.81	3.06	3.37	3.74
1 000	1.15	1.49	1.77	2.00	2.18	2.30	2.42	2.59	2.82	3.11	3.45
1 100	1.07	1.38	1.65	1.86	2.03	2.14	2.25	2.41	2.63	2.89	3.21
1 200	1.00	1.30	1.54	1.75	1.90	2.00	2.11	2.26	2.46	2.71	3.01
1 300	0.94	1.22	1.45	1.64	1.79	1.88	1.98	2.13	2.32	2.55	2.83
1 400	0.89	1.15	1.37	1.55	1.69	1.78	1.87	2.01	2.19	2.41	2.67
1 500	0.84	1.09	1.30	1.47	1.60	1.69	1.78	1.91	2.08	2.29	2.54
1 600	0.80	1.04	1.24	1.40	1.53	1.61	1.69	1.82	1.98	2.18	2.42

续　表

半径/m \ 坡度	−5%	−4%	−3%	−2%	−1%	0	1%	2%	3%	4%	5%
1 700	0.77	0.99	1.19	1.34	1.46	1.54	1.62	1.73	1.89	2.08	2.31
1 800	0.73	0.95	1.14	1.28	1.40	1.47	1.55	1.66	1.81	1.99	2.21
1 900	0.70	0.91	1.09	1.23	1.34	1.41	1.49	1.59	1.74	1.91	2.12
2 000	0.68	0.88	1.05	1.18	1.29	1.36	1.43	1.53	1.67	1.84	2.04
3 000	0.50	0.65	0.77	0.87	0.95	1.00	1.05	1.13	1.23	1.35	1.50
4 000	0.50	0.64	0.77	0.87	0.94	1.00	1.05	1.12	1.22	1.35	1.50
5 000	0.50	0.64	0.77	0.87	0.94	1.00	1.05	1.12	1.22	1.35	1.50
6 000	0.50	0.64	0.77	0.87	0.94	1.00	1.05	1.12	1.22	1.35	1.50
7 000	0.50	0.64	0.77	0.87	0.94	1.00	1.05	1.12	1.22	1.35	1.50
8 000	0.50	0.64	0.77	0.87	0.94	1.00	1.05	1.12	1.22	1.35	1.50
9 000	0.50	0.64	0.77	0.87	0.94	1.00	1.05	1.12	1.22	1.35	1.50
10 000	0.50	0.64	0.77	0.87	0.94	1.00	1.05	1.12	1.22	1.35	1.50

从综合指标随半径、纵坡变化趋势图 3－15 中可以看出：

上坡情况下：① 小半径曲线与较大坡度组合路段的综合指标 f 值较大，属于线形设计指标的较差组合，如半径 400 m 与纵坡度 5%的组合对应综合指标 f 值为 6.915，属于比较危险的路段；② 大半径曲线与较小坡度组合路段综合指标

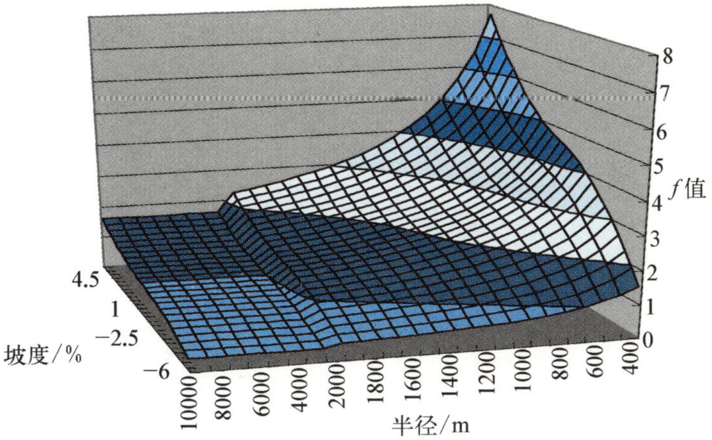

图 3－15　半径、纵坡度与线形综合指标

f 值较小，属于线形设计指标的较好组合，如半径 3 000 m 与纵坡度 2%的组合对应综合指标 f 值为 1.13，属于比较安全的路段；③ 小半径与较小坡度组合、大半径与较大坡度组合对应的综合指标 f 值介于中间，属于较为一般的组合，如半径 600 m 与纵坡度 1%的组合对应综合指标 f 值为 3.56，半径 3 000 m 与纵坡度 5%的组合对应综合指标 f 值为 1.50，属于较为一般的线形组合。

下坡情况下：① 小半径曲线与较大坡度组合路段的综合指标 f 值较大，属于线形设计指标的较差组合，如半径 400 m 与纵坡度−5%的组合对应综合指标 f 值为 2.30，大纵坡对应车速较高，加之小半径曲线影响，容易导致交通事故；② 大半径曲线与较大坡度组合路段综合指标 f 值较小，属于线形设计指标的较好组合，如半径 3 000 m 与纵坡度−5%的组合对应综合指标 f 值为 0.50，大纵坡可能对应车速较高，由于大半径平曲线对车辆行驶影响较小，因此便于驾驶员采取措施保证行驶安全；③ 小半径与较小坡度组合路段综合指标 f 值较大，属于较为危险路段，如半径 400 m 与纵坡度−1%的组合对应综合指标 f 值为 4.37；④ 大半径与较小坡度组合对应的线形设计指标 f 值介于中间，如半径 3 000 m与纵坡度−1%的组合对应综合指标 f 值为 0.95，车速可能较高，安全性一般，属于一般的组合。

通过上述分析可知，所建立的公路线形综合指标模型能够反映出不同弯坡组合情况的差异，为研究运行速度与公路线形指标的关系奠定了基础。

3.4.3 试算结果

以实际调查的沈丹高速公路中 K63＋000—K83＋000 共 20 km 的路段为例，检验该模型的有效性。图 3－16 所示为该路段逐桩线形综合指标分布情况，结合公路线形设计图纸和该图中的线形综合指标变化曲线分析可知，与直线段

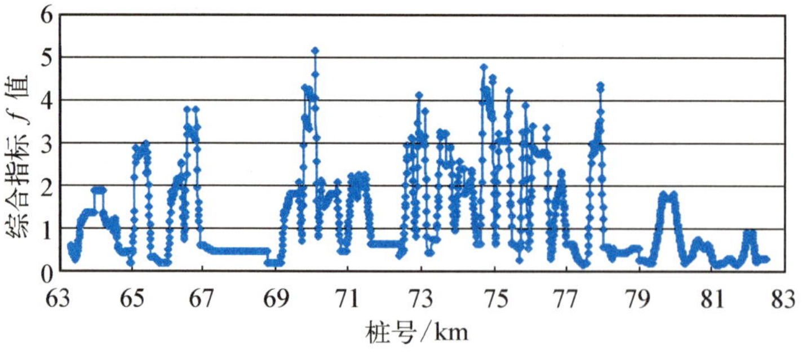

图 3－16 沈丹高速公路 K63＋000—K83＋000 逐桩线形综合指标

相比，平曲线路段的线形综合指标值较大，半径越小的曲线线形综合指标越大；相同平面线形条件下，纵坡大的路段较纵坡小的路段综合指标值大；相同纵断面线形条件下，缓和曲线对线形综合指标也有一定的影响。

为进一步验证综合指标对线形条件的敏感性，选取 K63＋300—K65＋100 段进行路段线形特征与线形综合指标的相关性分析。如图 3－17 所示，图形的第一部分是线形综合指标值沿桩号分布图，第二部分是累积线形综合指标值沿桩号分布图，第三部分是该路段平曲线与竖曲线情况图。

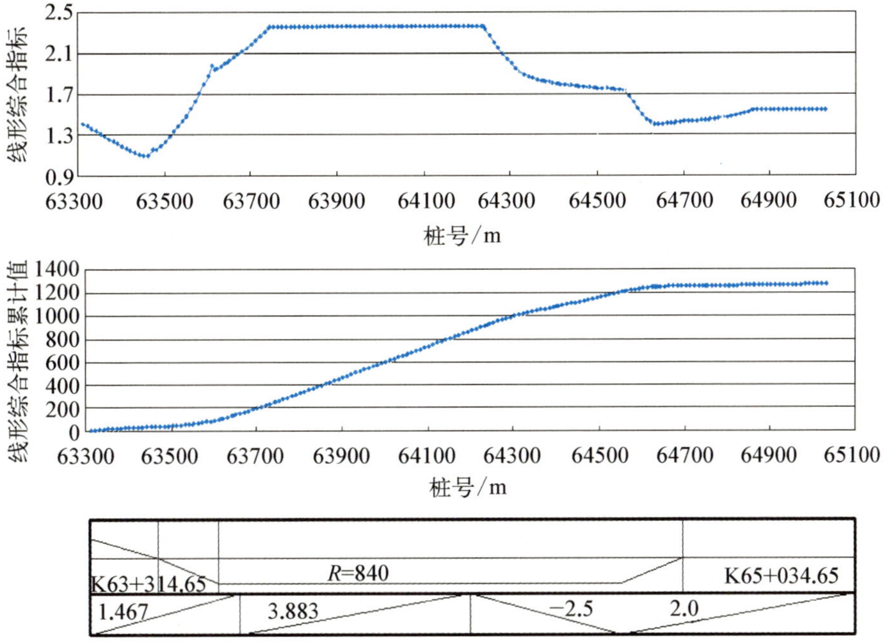

图 3－17　沈丹高速公路 K63＋300—K65＋100 段线形综合指标分析图

该路段为半径 840 m 的平曲线与纵坡分别为 1.467％、3.883％、－2.5％、2.0％的平纵组合路段。从线形综合指标沿桩号分布图上可以看出，K63＋314—K63＋474 位于缓和曲线和 1.467％的纵坡上，随着曲率的减小，线形综合指标逐渐减小；K63＋474—K63＋533 位于另一缓和曲线和 1.467％的纵坡上，纵坡不变，随着曲率的增大，线形综合指标逐渐增大；K63＋533—K63＋620 位于缓和曲线和凹型竖曲线上，曲率和坡度逐渐增大，线形综合指标也随之快速增大；K63＋620—K63＋746 位于圆曲线和凹型竖曲线上，随着坡度增大，综合指标值逐渐增大；K63＋746—K64＋240 位于圆曲线和 3.883％的纵坡上，半径和纵坡均不变，综合指标也保持不变且达到最大值；K64＋240—K64＋484 位于圆曲线和凸型竖曲线上，曲线半径不变，坡度减小，线形综合指标值逐渐减小；K64＋484—K64＋559位于缓和曲线和凸型竖曲线上，随着曲率和纵坡的减小，线形综合指标逐渐减小；K64＋559—K64＋630位于缓和曲线和－2.5％的纵坡上，纵坡不变，随着曲率的减小，综合指标逐渐随之减小；K64＋630—K64＋854位于直线和凹型竖曲线上，随着纵坡增大，综合指标缓慢增大；K64＋854之后位于2.0％的纵坡直线段，逐桩线形综合指标图变得平稳且值较小。分析结果符合敏感性分析的结论。

此外，由K63＋300—K65＋100段累积线形综合指标值沿桩号分布图可以看出，在逐桩线形综合指标较大的路段，线形综合指标累积曲线的变化比较明显，斜率较大，说明该路段线形指标条件较差，存在小半径曲线或大纵坡等线形；在逐桩线形综合指标较小的路段，线形综合指标累积曲线的变化较为平稳，斜率较小，说明该路段线形指标条件较好。因此线形综合指标的累积变化也与线形特征有较好的对应关系，可以从某种程度上反映线形条件的差异。

3.5 本章小结

各种设计车速及各种地形条件下的公路线形都有不同的特征，而平面、纵断面及横断面线形指标就直接反映了公路线形的空间几何特征。不同交通条件下，车辆运行车速受具有不同几何特征的众多线形指标的综合影响，为有效进行运行车速的预测，本章对公路线形指标进行了深入研究和探讨，主要解决的问题如下。

(1) 对反映公路线形空间几何特征的平、纵、横技术指标进行了全面深入的分析，提出表征公路线形客观安全性的公路线形综合指标的概念；

(2) 选取显著影响指标，采用系统建模的方法，分别构建表征线形平、纵、横几何特征的函数，对线形描述函数中各参数进行了标定；

(3) 考虑空间几何学原理及公路线形设计特点，以平、纵线形综合指标为主，横断面线形指标作为修正的方式，并考虑桥梁、隧道等结构物的影响，建立包括曲率、曲率变化率、曲线转角、纵坡度、车道宽度等指标的三维公路线形综合指标描述模型，对各线形指标对综合指标的敏感性进行了分析，同时对模型进行了有效性验证。

从公路线形综合指标描述模型入手，将转变传统运行车速预测的研究思路，从而为准确进行基于公路线形综合指标的运行车速预测模型研究奠定基础。

第4章 高速公路运行车速预测模型

运行车速是公路路线设计中最重要的控制参数。运行速度设计方法适应了公路路线设计的发展趋势，弥补了现时在公路设计中采用计算速度所带来的不足，以车辆的实际行驶速度作为路线几何要素的“设计速度”。建立运行车速预测模型，用以推算车辆在各个路段的运行速度，为路线设计阶段或线形优化阶段提供重要的定量指标，无疑是基于运行速度的路线一致性评价及设计方法推广应用的前提和关键。

本章在第 3 章公路线形综合指标描述模型研究的基础上，着重分析公路线形综合指标与运行车速的相关性，考虑车速变化的连续性及驾驶员视觉需求，进行基于线形综合指标的高速公路运行车速预测模型研究。

4.1 运行车速影响因素分析

运行车速受道路线形、路侧环境、车辆性能以及驾驶员心理等多方面因素的共同影响，各因素对运行速度的影响不尽相同，有些因素会起主导作用，有些则起次要作用，甚至可以忽略不计。如何从这些繁杂的影响因素中找出起关键作用的信息，成为能否准确地进行车辆运行车速预测的关键问题。

4.1.1 线形因素

车辆在公路上行驶，其行驶速度直接受公路本身几何条件的影响，影响因素主要是公路平、纵、横要素指标以及平纵组合。第 3 章中已对公路几何线形对车辆运行车速的影响进行了分析，并提出表征公路线形空间几何特性的公路线形综合指标的概念，以此作为研究线形因素对运行车速综合影响的量化指标。

4.1.2 车辆因素

车辆在公路上行驶，车辆本身的动力性能必然会影响到汽车的运行速度。不同车型具有不同的动力性能，其运行速度也大不相同，动力性能越好，则运行速度越高。反之，运行速度越低。公路上行驶的汽车类型繁多，作为公路的代表车型(设计车辆)，《标准》中规定一般分为小客车、载重汽车、拖挂车三种类型[65]。根据我国当前高速公路上的主要交通组成情况，本书主要针对小客车和载重汽车进行运行车速预测模型的研究。

4.1.3 驾驶员因素

4.1.3.1 驾驶员驾驶操作过程

在道路交通系统内，对行驶车辆运行车速影响因素的分析，不管是公路几何条件还是车辆本身对运行速度的影响，最终都是通过驾驶员的心理生理特性并操纵车辆体现出来的。

驾驶员在驾驶操作过程中，首先通过视觉、听觉、触觉等获取道路交通信息，接着对信息进行处理并据此产生自己的预测行为，最后作出决策，从而操纵汽车行驶[66-67]。由于驾驶员本身的能力限制以及与道路交通环境的互动，驾驶操作过程中会产生一些由驾驶员视觉特性、疲劳、情绪等造成的行为能力过失以及由于道路交通信息不充分产生的误导等，从而影响车辆运行规律的变化。

4.1.3.2 视觉特性

驾驶员在车辆行驶过程中要不断注视前方，观察环境变化，其视觉会随着运行速度和运行环境的变化而变化的特性成为视觉特性[68]。

研究表明，当驾驶员驾驶汽车高速行驶时，会感到车外的树木、房屋等固定物体不断地向后移动。越近的物体移动的速度越快。这是因为这些物体的映像在人眼视网膜上停留的时间太短，人眼来不及仔细分辨物体的细节。因此，随着车速的提高，驾驶员眼睛的有效视野会越来越窄，如图 4－1 所示。

视野随车速的变化而变化，但是反过来解释同样成立，车速随视野的变化而变化，即驾驶员总是根据视野的大小来选择驾驶速度。当前方由于转弯或者纵坡使视野变小时，会相应地降低速度；当前方为长直线或者大半径平曲线通视良好时，视野增大，驾驶员会提高速度。一个正常的驾驶员绝对不会在高速行驶时看着近处，或者在低速行驶时长时间看着远处，即视野的大小和速度的高低存在对应

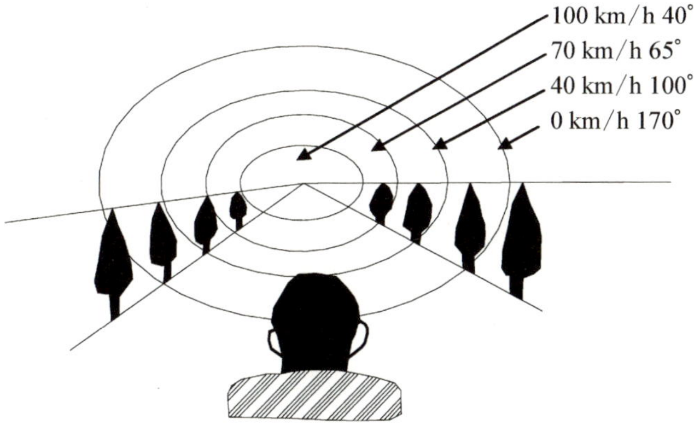

图 4 - 1　驾驶员的有效视野随车速变化

关系，高速行车时，驾驶员主要注意力是用来观察视点较远路段的线形状况。

驾驶员在车辆行驶过程中，有 80%～90%以上的信息是依靠视觉获得的，这些信息直接影响着驾驶员的判断、操作。为了保证车辆安全快速地运行，驾驶员必须具有良好的视力。驾驶员视力与安全运行速度的关系见表 4 - 1。

表 4 - 1　驾驶员视力与安全运行速度的关系

视　力	安全运行的极限速度	安 全 感	视　力	安全运行的极限速度	安 全 感
1.0	50 km/h 以上	安全、舒适	0.5	20～30 km/h	产生危险感、小心驾驶
0.75	30～50 km/h	产生不安全感、不舒适	0.25	20 km/h 以下	有显著危险感、无法驾驶

另外，视力检查的结果表明，人眼在注视点处的分辨能力很强，偏离注视点的视力大大下降，如图 4 - 2 所示。因此，人们为了看清物体必须转动头部和眼球，使自己的注视点对准要看的目标。

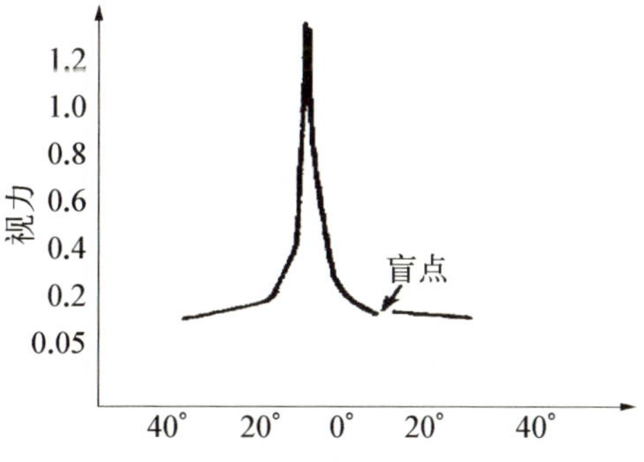

图 4 - 2　人眼注视点附近视力的变化

在视野 12°以内的目标，能够清晰可见。当视野角度增大时，视力下降，视物能力降低。因此，驾驶员在路上行车，经常移动自己的视线，总是把目标置于视力清晰的视野范围之内。驾驶员在驾驶过程中，最关心的是前方的路况，始终会把视力的最清晰部分集中在路上，而不会用眼睛的余光去扫视前方路段，即前方的路段始终处于视野最清晰的 12°范围以内。

除视野、视力外，明适应和暗适应对行车安全也有很大的影响，尤其是暗适应需要的时间较长，对运行速度的影响较大。

4.1.3.3 心理生理特性

在车辆行驶过程中，驾驶员受到自身一系列生理、心理因素的制约和外部环境的影响，如遇紧急状况或长时间驾驶，容易出现情绪紧张、反应迟钝、注意力下降、思维缓慢、判断力降低等生理心理性疲劳，直接危及交通安全[69]。

4.1.3.4 主观期望因素

车辆在公路上行驶时，驾驶员一般都会主观地根据道路等级、交通状况、车辆性能及天气条件等因素来决定自身驾驶车辆的最高速度。

Mclean 是第一个定义期望车速的人，随后国内外学者对期望车速进行了深入研究[70]。“期望车速”主要是指驾驶员驾车时考虑道路等级、车辆性能状况后存在于自身心目中并认为是可以实现的一种目标车速(希望达到的最高“安全”车速)，而非道路交通意义上的真正安全行驶速度。一般来说，期望运行车速与实际行车速度并不一致，当二者相差一定数值时，驾驶员便会采取相应措施改变当前行车速度直至达到期望车速。虽然期望车速存在于驾驶员心目中，但一直会影响实际运行车速的高低。若条件许可，期望车速越高，实际运行车速也越高。

4.1.3.5 动态预知

动态预知[71]主要是指在动态条件下驾驶员对距离和运行速度的判断认知，它不但可以帮助驾驶员驾驶车辆进行超车、会车以及避让障碍物或行人时正确地判断距离和车速，避免交通事故发生，而且还可以减少不必要的减速或加速。

4.1.4 其他因素

除线形条件、车辆因素、驾驶员因素外，路侧自然景观环境、交通流组成、气候条件以及交通组织管理水平等对运行速度均有一定程度的影响。

4.2　建模思路与基本框架

为了较准确地进行运行车速预测，道路安全研究人员从道路环境、汽车性能以及驾驶员心理等方面进行了大量的研究，建立了一系列的道路运行车速预测模型[71-75]。国外的研究也从建立单一线形指标与车速的关系逐步过渡到系统建模。事实上，运行速度由很多因素决定，建模的方法也值得进一步研究。

4.2.1　车辆运行特性初步分析

4.2.1.1　不同线形条件下运行车速的变化

通过高速公路运行速度实际调查，发现对于设计车速一定的路段，车辆在不同线形组合条件下表现出不同的运行规律，图 4－3—图 4－7 所示分别为直线段、直线接曲线、反向曲线、直线下坡、平纵组合路段不同类型车辆运行车速变化趋势。

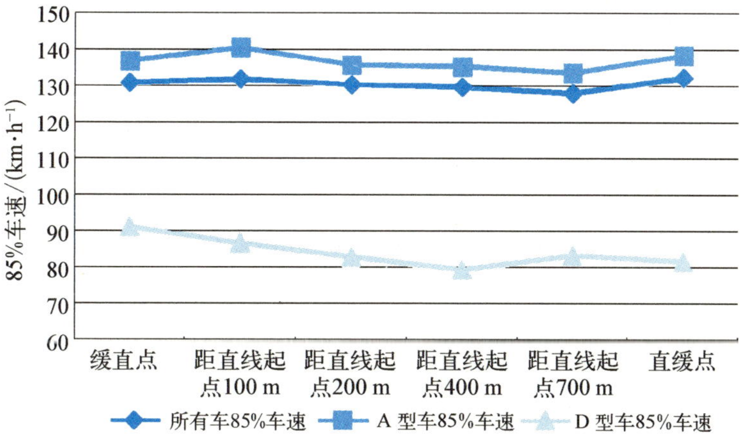

图 4－3　直线段上运行车速变化趋势

结合运行车速的调研数据，分析车辆的运行特性大致有如下特点：

(1) 在直线段上的驾驶行为主要取决于车辆的加速性能、初速度及直线路段的长度，直线较短时，驾驶可能不采取加速行为，而是保持原速行驶；当直线段较长时，驾驶员会加速，直至稳定车速；出直线时，驾驶员根据前方线形对速度进行调整；不同类型车辆运行规律大致相同，但车速相差较大。

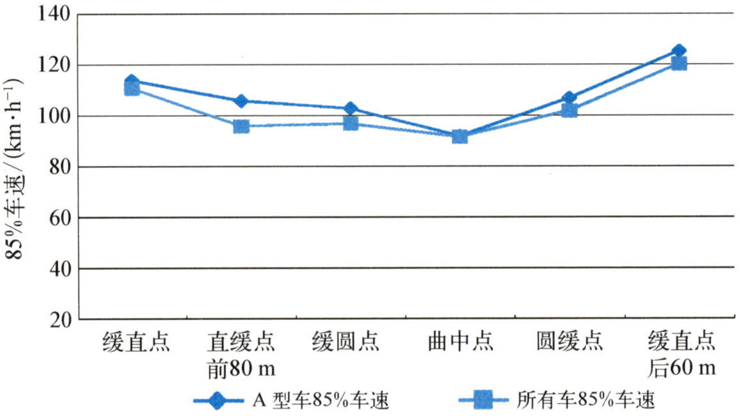

图 4－4　直线接曲线的运行车速变化趋势

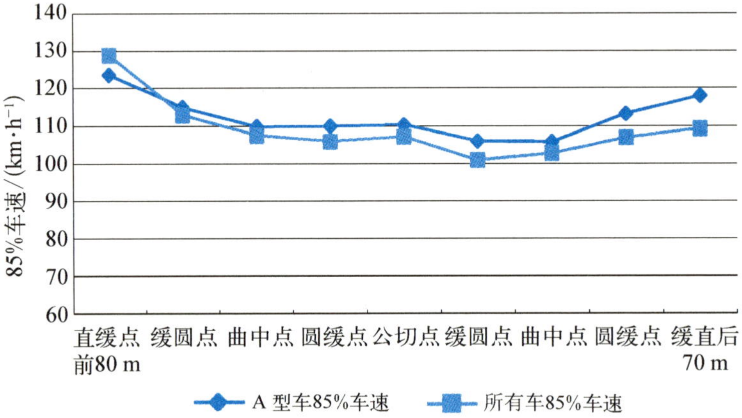

图 4－5　反向曲线上运行车速变化趋势

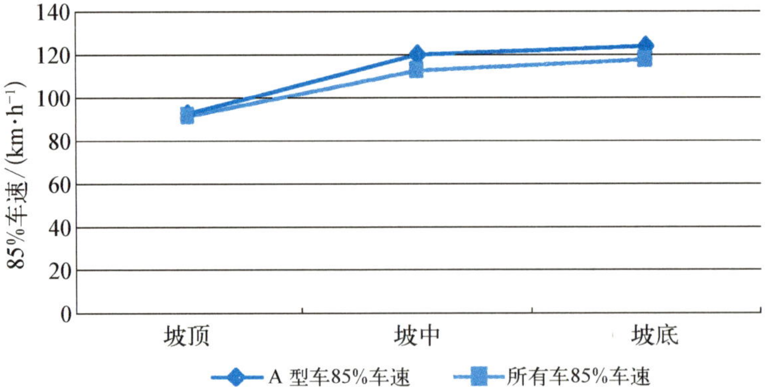

图 4－6　直线下坡路段运行车速变化趋势

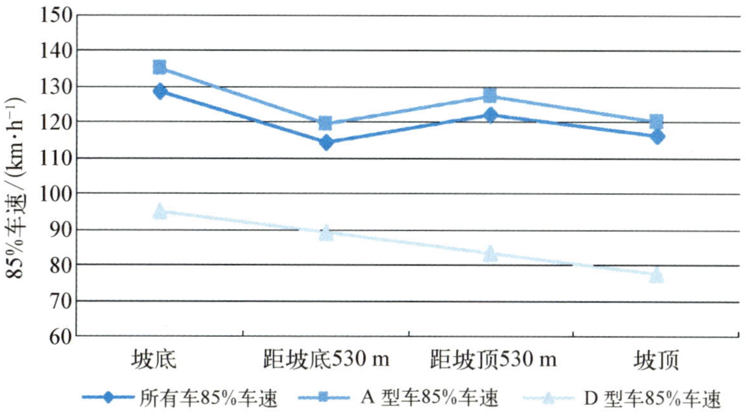

图 4－7　平纵组合路段运行车速变化趋势

(2) 车辆从直线进入缓和曲线，车速一般会逐渐降低，但降低幅度不同，这主要是缓和曲线长度及前方圆曲线的影响；从缓和曲线进入圆曲线后，车速并不保持匀速不变，但曲中点附近车速普遍最低；车辆出圆曲线后车速普遍升高，但升高幅度不同。

(3) 车辆在反向曲线上行驶时，第一圆曲线曲中点之前和第二圆曲线曲中点之后的路段，车速的变化与单一曲线段基本一致；二者之间的路段上车速受两曲线半径和长度的限制，具体是加速还是减速取决于视野是否足够开阔，从调研数据看，这一段的速度通常略有起伏，规律不明显。

(4) 下坡行驶时，车辆车速一般会逐渐升高，升高幅度受纵坡大小的影响；弯坡组合路段，车速则受平纵组合的影响表现出不同的规律性。

综上所述，车辆运行车速的变化是连续的，即使平或纵断面线形指标相同的路段的不同断面处的车速也具有一定的差异，这说明运行车速受公路线形指标的综合影响，同时，驾驶员会根据前方线形的变化来调整当前位置的车速。

4.2.1.2　公路线形综合指标与车速相关性分析

公路线形综合指标能够反映出公路平、纵、横方面的几何特性及不同线形间的差异和变化，由前面的分析可知，运行车速受公路线形指标的综合影响，那么，本书构建的公路线形综合指标是否与车速有一定的相关性，还需要进一步分析。

根据公路线形综合指标的定义及定性分析，当线形综合指标值比较大时，对应公路线形设计指标中半径较小、上坡坡度较大、缓和曲线变化较快、曲线转角较大的情况。往往这些情况下车速也较低，如小半径曲线上车速通常低于直线段上，大上坡路段速度低于平缓路段，等等；当线形综合指标值比较小时，对应的公路线形设计指标中半径较大(或者直线段)、下坡坡度较大、曲线转角较小的情况。往往在这些情况下车速较高,如大半径曲线或者直线段车速高于小半径曲线、大下坡路段速度高于平缓或者上坡路段等。

选取调研的沈丹高速公路 K65+980—K66+513 段进行公路线形综合指标与运行车速的初步相关性分析。

该路段的线形指标情况如下:半径 600 m 的圆曲线前接 479.23 m 的直线,直线段桩号 K65+570—GK66+049,第一段缓和曲线起终点桩号 GK66+049—GK66+139,长 90 m。缓和曲线和圆曲线位于半径为 7 000 m 的凹型竖曲线上,变坡点桩号 GK66+180,其中,K65+570—K65+760 纵坡为 3.7%,K65+760—GK66+049 纵坡为 1.474%,缓和曲线段 GK66+049—GK66+139 纵坡为 1.474%,圆曲线段 GK66+139—GK66+423 纵坡为 4.9%。半径 600 m 的圆曲线后接半径 420 m 的圆曲线,缓和曲线长 87.38 m,第二圆曲线中点位于 4.9%和 3.5%纵坡的变坡点处,出圆曲线有桥梁。整理结果见表 4-2。

表 4-2　沈丹高速公路 K65+980—K66+513 段线形指标

地点桩号	特　　征	线形指标综合值 f	A 型车 85%车速
K65+980	直缓点前 70 m	1.719	111.82
K66+049	直缓点	2.333	123.76
K66+094	缓和曲线上点	3.925	122.34
K66+139	缓圆点	5.244	109.14
K66+214	圆曲线上点	5.770	116.76
K66+281	曲中点	6.293	110.35
K66+324	圆曲线上点	6.446	114.63
K66+423	圆缓点	8.75	98.94
K66+464	缓和曲线上点	5.327	98.76
K66+513	缓直点	3.650	92.63

根据表 4-2 中的数据,分别绘制出线形综合指标值与速度沿桩号方向的变化趋势,如图 4-8 和图 4-9 所示。

对比图 4-8 和图 4-9,可以看出,在 K66+000 附近,车速较高,沿桩号方向随着线形综合指标值的增大车速逐渐降低;K66+150—K66+400 段的线形综合指标值较为平稳且值比较大,对应车速也比较平稳;K66+400—K66+600 段线形综合指标值变化较大且值较大,对应车速更低,因此可以认为,线形综合

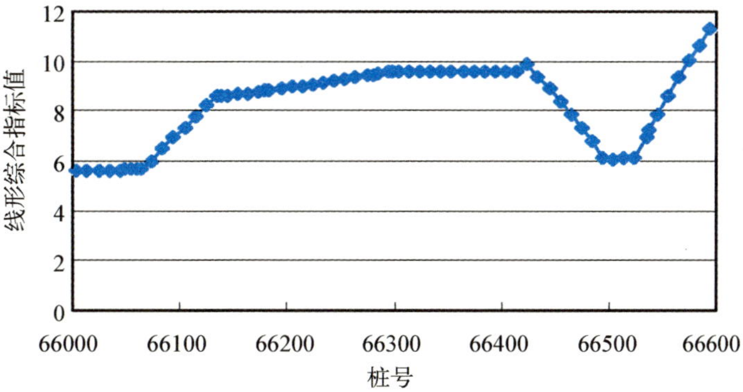

图 4－8　线形综合指标值变化

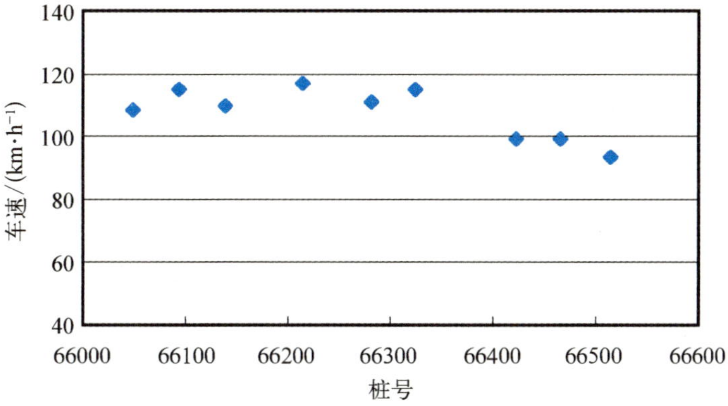

图 4－9　调查路段的运行车速变化

指标与车速具有一定的相关性。

4.2.2　建模思路与基本框架

4.2.2.1　模型的假设

在运行车速影响因素分析及公路线形综合指标与车速的相关性分析基础上，对运行车速预测模型作出如下假设：

(1) 公路上运行车速随道路交通条件的变化沿车辆行驶方向连续变化；

(2) 公路线形对运行车速的综合影响不是相互独立，也不等同于简单的线性叠加，公路线形综合指标作为表征公路线形平、纵、横几何特性的量化指标与车速变化相关；

(3) 公路上某个断面的运行车速 V_{85} 不仅仅与该断面的线形特征相关，而且受车辆驶过路段以及前方路段一定长度范围内线形的影响。

以上三个假设，符合高速公路车辆实际行驶的一般规律，注重前、后线形对运行车速的影响，考虑了运行车速在时间和空间上的连续性变化特点，为运行车速预测模型的构建创造了条件。

4.2.2.2 建模思路与基本框架

在运行车速预测模型的研究方面，国外学者作了大量的研究工作，尽管由于条件所限，研究方法和手段都不可避免地存在一些不足之处，但随着认识的深入，研究方法也得到不断的改进和完善。本书以期通过建立运行车速预测新的研究思路，尽可能弱化不利因素的影响，科学合理地进行运行车速准确预测。

主要的建模思路是在公路线形综合指标建立的基础上，以公路前后线形共同影响车速变化为基本点，根据驾驶员视觉需求，用前方视野范围内的公路线形综合指标累积值表示前方线形对当前运行车速的影响；根据车辆的加减速性能，用后方一定的速度变化范围内的公路线形综合指标累积值表示车辆驶过路段对当前运行车速的影响。通过研究这两个长度范围内公路线形综合指标累积值与当前断面运行车速的关系模型，以此类推，即可以预测路线上各个断面的运行车速。模型的基本框架如图 4－10 所示。

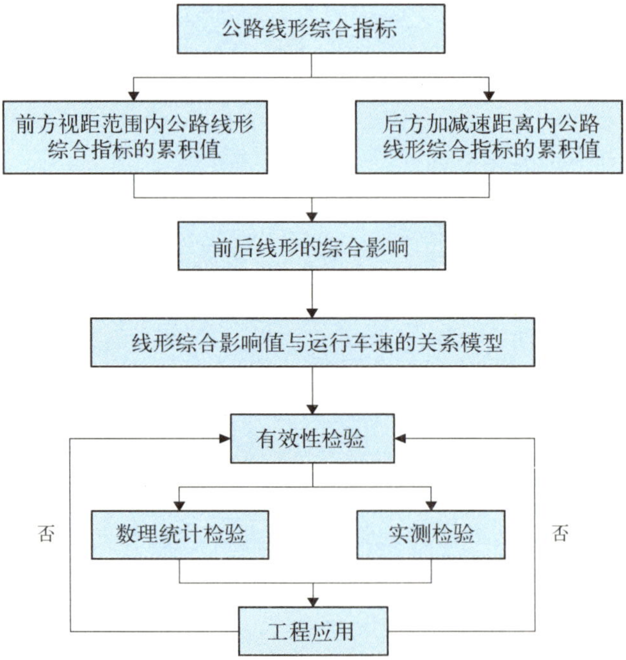

图 4－10　模型构建框架示意图

4.3　车速影响范围的确定

根据建模思路可知，本书的运行车速预测研究所强调的一个重要事实是车速变化的连续性，这较以往与单一线形单元技术指标对应的运行车速预测研究更为精确。在实际车辆行驶过程中，驾驶员总是根据前方道路交通环境的状况提前做出驾驶员行为预判而及时调整车速。为了便于研究，将运行车速这一连续型随机变量离散化，以断面运行车速作为研究对象。可以这样理解，尽管公路线形综合指标和运行车速都是以断面(点)进行划分，但公路上某断面运行车速与该断面前后一定长度范围内的公路线形相关，因此，采用一定长度范围内(车速影响范围)公路线形综合指标的累积影响车速变化的思路既便于分析研究，又遵从了车速连续性变化这一客观事实。

例如，如图 4-11 所示，在路线 AB 上，车辆行驶到 C 点时，其速度主要取决于两个方面：一方面，C 点的车速是 AC 段车速变化的结果，即后方驶过的道路线形决定了驶过路段上车速累积的大小，从而影响着当前点的速度；另一方面，前方一定范围内的线形对驾驶员的加减速判断造成一定的影响，决定着驾驶员加速还是减速的期望，这两方面因素共同决定了 C 点的车速。因此，为建立基于公路线形综合指标的运行车速预测模型，首先要确定前、后线形对当前断面运行车速的影响范围。

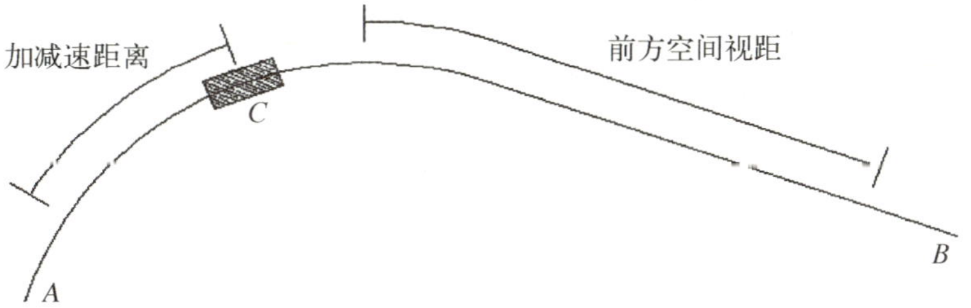

图 4-11　车速影响分析

4.3.1　前方线形影响范围

车辆的驾驶受车辆性能的影响，同时也受驾驶员的控制，所以驾驶员因素和车辆性能都需要考虑。在驾驶过程中，所有正常的驾驶动作及心理生理特性、主观期望、动态预知等反应特性的变化都是以驾驶员看到的视觉信息为基础。外界道路交通环境首先在人的眼睛中成像，然后大脑按照人的生理特点，对这些视觉信息进行处理，最后才采取适当的驾驶行为。因此，驾驶员的视觉特性是影响运行车速变化的最重要的因素。前方线形影响范围确定的关键就是根据驾驶员的视觉特性，将视觉信息中的环境因素量化，成为一个数值化的指标，然后用于前方线形对运行车速的影响分析。

车辆在道路上行驶时，面临着跟踪轨道和避开前方可能障碍物的两个任务。从跟踪轨道的角度来看，要想获得精准的轨迹跟踪，驾驶员的前视时间应该短一些，而从驾驶的舒适性和处理前方突发事件的角度来看，驾驶员有希望能看到较远的地方。因此，道路线形在驾驶员的视窗里形成了一个视觉敏感区域，一般称为“注视范围”[76]。从某种角度来讲，注视范围可以表征驾驶员注视前方线形距离的远近，距离是一个很明确的量化的概念，并且由于公路线形的影响，必定有一个最小值和最大值。如图 4－12 所示，驾驶员的注视范围包括不可见区域、前注视区域和后注视区域。不可见区域一般不会对驾驶员行车造成影响，后注视区域主要用于轨迹跟踪，前注视区域用于前方道路条件的预判断，是影响车辆运行车速的主要范围。

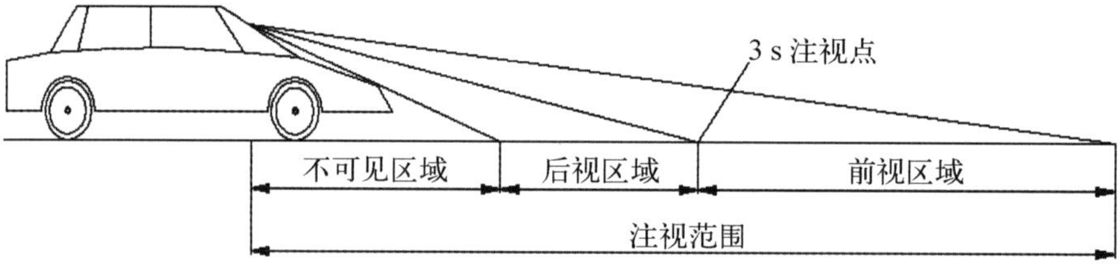

图 4－12　前方线形影响范围确定示意图

加拿大 Ryerson 大学的 Easa 教授等人对平纵线形组合下驾驶员视觉要求的研究结果表明，驾驶员的视觉需求时间间隔一般在 3 s 左右。因此可以将 3 s 认为是驾驶员正常行驶状态下的驾驶操作适应时间。同济大学潘晓东课题组的研究[77]认为，3 s 行程是前、后注视区域的分界点。借鉴上述研究成果，本书将 3 s 行程作为驾驶员在行驶过程中视觉最敏感位置的起点，即前方线形影响范围的最近点。

对于驾驶员前注视区域最远点的取值，国外相关研究成果主要是针对直线路段得到的。而且通常车速越高，驾驶员的注视点越远，但实际上由于地形高低起伏及曲线上视距的影响，驾驶员曲线上最大注视距离可能比直线上近。由于曲线路段的线形设计要保证一定的停车视距，因此出于一般性考虑，取 1.2 倍的停车视距作为驾驶员最远端注视点，即前方线形影响范围的最远点，表 4－3 为《公路路线设计规范》规定的停车视距要求[55]。

表 4-3　《规范》中停车视距的要求

设计车速/($km \cdot h^{-1}$)	120	100	80	60	40	30	20
停车视距/m	210	160	110	75	40	30	20

取高速公路设计车速为 120 km/h,确定前方线形影响范围为

$$\left[\frac{120}{3.6}\times 3 = 100\ \text{m},\ 210\times 1.2 = 250\ \text{m}\right] = [100\ \text{m},\ 250\ \text{m}]$$

4.3.2　后方线形影响范围

公路上某当前断面的运行车速是后方驶过路段车速累积变化的结果,前、后断面间存在的速度差是通过车辆的加减速来完成的,因此,后方线形影响范围可近似用车辆的加减速距离来表征。车辆类型不同,加减速性能也不相同,因此,将 A 型车和 D 型车加减速距离分别进行计算。

对于 A 型车,根据高速公路运行车速调查结果,绘制整个路段的运行车速累积频率曲线,如图 4-13 所示,取累积频率曲线上 15%～85%的速度区间[102, 123]作为加减速速度差,总是偏于安全的,因为车辆在一段曲线上从整个路段的 15%运行车速连续加速到 85%运行车速的概率是很小的。

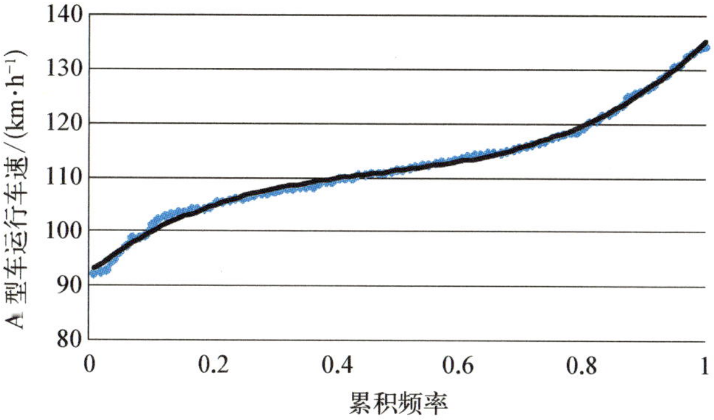

图 4-13　A 型车速度分布累积频率曲线

根据同济大学郭忠印课题组杨志清等人[72,78]关于小汽车加减速性能的研究,取 A 型车加速度为 0.9 m/s²,按照加减速距离公式 $2as = V_2^2 - V_1^2$ 得出加减速距离为 200 m,即后方线形影响范围。

对于 D 型车,根据实地调研结果,绘制整个路段的运行车速累积频率曲线,通常 D 型车运行速度较低,并且速度变化较小。如图 4-14 所示,取累积频率曲

线上15%～85%的速度区间[69, 81]作为加减速速度差,总是偏于安全的,因为同样的道理,车辆在一段曲线上从整个路段的15%运行车速连续加速到85%运行车速的概率是很小的。

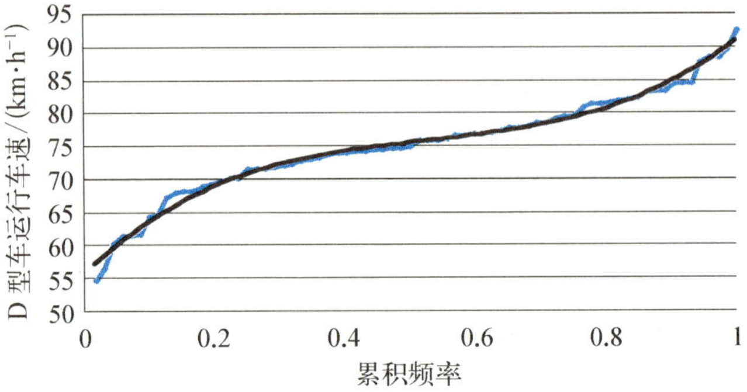

图4-14 D型车速度分布累积频率曲线

查阅相关资料后选取D型车加速度为0.35 m/s^2,根据加减速距离公式 $2as = V_2^2 - V_1^2$ 得出后方线形影响范围为198 m。为建立模型时计算方便,将A型车和D型车后方线形影响范围近似都取200 m。

4.3.3 不同路段线形综合指标累积值的计算方法

根据前、后线形的影响范围即可计算这两个长度范围内线形综合指标的累积值,对于任何一条公路,直线、曲线、纵坡及竖曲线的变化都是连续的,而且足够短的距离内车速不会发生过大的变化。从积分学原理来看,以足够小的间距为单位计算一定长度范围内线形综合指标的累加值就等于一定长度范围内线形综合指标的积分。因此,为便于计算,可根据预测精度需求,调整计算各线形综合指标值的间距,然后计算前、后线形影响范围内的线形综合指标累加值来近似代表线形综合指标的累积效果。

4.4 运行车速预测模型的建立

根据本书第2章的定义,运行车速指当交通处于自由流状态,且天气状况良好时,根据车速分布特征,不同类型车辆在特定断面上测算的第85个百分位上的车速。不同车型的运行速度大小不同,选取高速公路上典型运行车辆,按照A

型车(小客车)和 D 型车(大型载重车)分别建立运行车速预测模型。

考虑到纵断面线形描述模型里上、下坡取值对运行车速影响差异较大,不适宜建立统一的车速预测模型。因此,本书按照上坡与其他线形指标构造的线形综合指标为Ⅰ类线形综合指标,下坡与其他线形指标构造的线形综合指标为Ⅱ类线形综合指标,分别建立Ⅰ类指标 A 型车速度预测模型、Ⅱ类指标 A 型车速度预测模型、Ⅰ类指标 D 型车速度预测模型、Ⅱ类指标 D 型车速度预测模型。

4.4.1　A 型车运行车速预测模型

4.4.1.1　Ⅰ类指标 A 型车速度预测模型

通过上述分析可知,公路上某断面后方 200 m 加减速长度范围内速度的累积为当前断面运行车速提供了初始速度 V_1,前方 100 ～250 m 有效注视范围内线形的优劣为驾驶员提供了加速或减速量 ΔV,这二者共同决定了当前断面的运行车速 V_2,三者的关系类似于 $V_2 = V_1 + \Delta V$, 而 V_1和 ΔV 又是由前、后线形影响范围内线形综合指标的累积值决定的;同时,前、后线形对运行速度的影响程度是不同的。因此,基于以上定性分析,参考速度叠加原理,经过反复的关系调整和试算,提出运行车速与线形综合指标关系模型的形式如下:

$$V = f[bF_{后200\,\mathrm{m}} + c(F_{前250\,\mathrm{m}} - F_{前100\,\mathrm{m}})] \tag{4-1}$$

式中,$F_{前250\,\mathrm{m}} - F_{前100\,\mathrm{m}}$为前方线形影响范围内逐桩线形综合指标 f 的累积值;$F_{后200\,\mathrm{m}}$为后方线形影响范围内逐桩线形综合指标 f 的累积值;b,c 分别为前、后线形的影响系数;模型中其他参数含义如前。

根据线形设计资料、运行车速测试结果分别计算建模所需数据,部分整理结果见表 4-4。为便于分析和建模,可首先假设前、后线形对车速影响程度相同,计算线形综合指标综合值 $= [F_{后200\,\mathrm{m}} + (F_{前250\,\mathrm{m}} - F_{前100\,\mathrm{m}})]$,绘制线形综合指标综合值与车速的关系曲线如图 4-15 所示。

表 4-4　Ⅰ类线形综合指标与 A 型车速度的计算数据

线形特征	桩　号	纵　坡	$F_{后200\,\mathrm{m}}$	$F_{前250\,\mathrm{m}} - F_{前100\,\mathrm{m}}$	A 型车速度/($\mathrm{km \cdot h^{-1}}$)
HZ(ZH)	K63+475	1.47%	1 166.04	1 138.47	113.03
HY	K63+620	2.30%	1 222.98	1 208.08	114.13
	K64+335	2.00%	1 584.43	974.83	111.51

续 表

线形特征	桩 号	纵 坡	$F_{后200\,m}$	$F_{前250\,m}-F_{前100\,m}$	A 型车速度/(km·h^{-1})
HZ	K65+570	3.70%	1 717.91	845.04	102.36
	K65+675	3.44%	1 325.16	831.42	103.42
	K65+775	2.44%	1 139.51	827.53	107.61
	K65+875	1.47%	1 121.04	909.35	109.86
	K65+985	1.47%	1 106.47	1 252.86	111.82
ZH	K66+049	1.47%	1 103.77	1 354.53	108.15
	K66+095	1.97%	1 125.53	1 393.17	114.22
HY	K66+139	2.61%	1 228.09	1 419.28	109.14
QZ	K66+281	4.64%	1 705.29	1 203.53	110.35
YH	K66+423	4.90%	1 890.35	1 488.18	98.94
	K66+465	4.90%	1 878.74	1 617.33	98.76
HZ(ZH)	K66+513	4.90%	1 740.86	1 624.97	92.63
	K69+105	1.09%	1 099.20	1 162.30	113.32
HY	K69+263	2.42%	1 191.36	1 330.58	113.03
	K69+565	5.00%	1 778.82	1 160.20	106.55
YH	K69+664	5.00%	1 790.49	1 554.80	101.46
HZ(ZH)	K69+752	5.00%	1 646.05	1 626.90	97.16
HY	K69+829	4.68%	1 642.82	1 585.98	99.02
	K69+900	4.20%	1 817.33	1 556.34	96.14
QZ	K69+974	3.71%	2 129.76	1 276.69	92.91
YH	K70+119	3.40%	2 114.19	1 183.25	94.90
	K76+370	1.50%	1 866.46	1 056.80	103.44
YH	K76+469	1.50%	1 908.52	981.25	105.93
HZ(ZH)	K76+575	1.17%	1 718.65	1 112.75	108.10
	K76+645	0.01%	1 456.53	1 062.38	104.18
	K77+555	1.62%	1 090.20	1 346.95	110.63
ZH	K77+592	1.62%	1 096.66	1 336.88	112.39

续　表

线形特征	桩号	纵　坡	$F_{后200\,m}$	$F_{前250\,m}-F_{前100\,m}$	A 型车速度/(km·h^{-1})
ZH	K79+366	1.39%	1 112.55	1 061.81	114.87
HY	K79+657	0.60%	1 450.03	1 240.57	110.63
	K79+725	0.60%	1 570.39	1 240.58	105.58
QZ	K79+808	0.60%	1 644.95	1 196.11	106.98
	K79+885	0.60%	1 654.10	1 087.42	109.76
YH	K79+959	0.60%	1 654.24	952.85	107.44

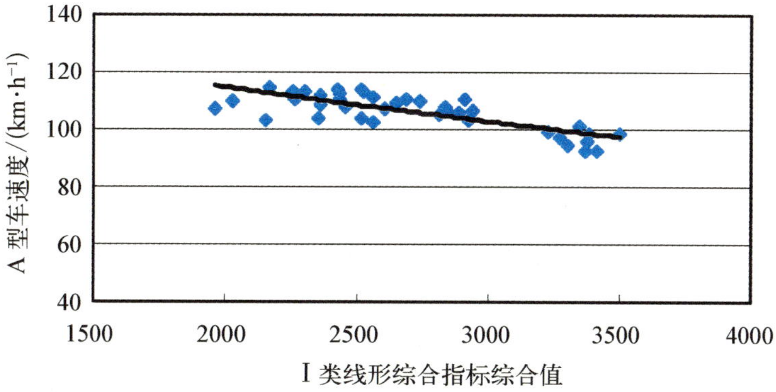

图 4-15　Ⅰ类线形综合指标综合值与 A 型车速度的关系曲线

观察图 4-15 可以看出，A 型车车速大致随线形综合指标综合值呈指数关系变化，因此，确定运行车速预测模型形式为

$$V = a\exp[b \times F_{后200\,m} + c(F_{前250\,m} - F_{前100\,m})] \qquad (4-2)$$

采用数学建模的方法对表 4-4 中的数据进行回归分析，标定系数 $a = 141.03$、$b = -0.000\,135$、$c = -0.000\,067\,8$，最终建立Ⅰ类指标 A 型车速度预测模型如下：

$$V_{Ⅰ,A} = 141.03 \cdot \exp[-1.35 \times 10^{-4} \cdot (F_{后200\,m}) - 6.78 \times 10^{-5} \cdot (F_{前250\,m} - F_{前100\,m})] \qquad (4-3)$$

式中，

$$F_{前250\,m} = \left| \int_0^{250} f(l) \cdot dl \right| \qquad (4-4)$$

$$F_{前100\,m} = \left| \int_{0}^{100} f(l) \cdot \mathrm{d}l \right| \tag{4-5}$$

$$F_{后200\,m} = \left| \int_{-200}^{0} f(l) \cdot \mathrm{d}l \right| \tag{4-6}$$

$$f(l) = \left\{430 \cdot R^{-0.757} \cdot \exp\left[3\,000 \cdot \left(\frac{1}{R}\right)' + 0.000\,5 \cdot I\right]\right\} \cdot f_{纵} + f_{横}$$

$$f_{纵} = 0.012 \cdot i \cdot ABS(i) + 0.04 \cdot i + 1.0$$

$$f_{横A} = -28.57 \cdot \ln(-0.001\,89 \cdot B^2 + 0.071\,9 \cdot B + 0.318) + \xi$$

4.4.1.2 Ⅱ类指标 A 型车速度预测模型

建模方法和原理同前。

计算各测试断面相对应的所需数据，包括逐桩的线形综合指标值、前、后计算长度范围内的线形综合指标累积值，部分结果见表 4-5。

表 4-5 Ⅱ类线形综合指标与 A 型车速度的计算数据

特　征	桩　号	纵　坡	$F_{后200\,m}$	$F_{前250\,m} - F_{前100\,m}$	A 型车速度/(km·h^{-1})
YH	64485	−1.00%	1 465.744	798.936	115.15
HZ	64630	−2.50%	1 248.774	822.132	116.57
HZ(ZH)	75972	−1.90%	1 571.779	1 354.102	103.16
HY	76078	−1.42%	1 445.027	1 392.451	106.87
	76175	−0.45%	1 605.313	1 428.372	104.61
HY	76712	−1.11%	1 315.971	951.712	108.25
	76835	−3.16%	1 454.313	754.245	107.85
	76935	−4.83%	1 375.570	739.512	121.75
HZ	77005	−5.00%	1 215.905	746.997	113.16
	77055	−5.00%	1 111.401	759.885	116.09

续　表

特　征	桩　号	纵　坡	$F_{后200\,m}$	$F_{前250\,m}-F_{前100\,m}$	A 型车速度/(km·h^{-1})
	77155	−5.00%	991.221	792.811	119.00
	77255	−3.60%	993.354	813.887	115.90
	77355	−1.60%	1 024.558	828.563	119.80
HZ	80250	−0.58%	1 242.926	787.709	109.70
	76750	−1.75%	1 328.042	874.012	116.90

根据数据统计结果进行回归分析，经过反复试算，调整前、后线形的影响比例，并进行参数标定，最终建立如下Ⅱ类指标 A 型车运行车速预测模型：

$$V_{\mathrm{II},\mathrm{A}}=140.79\cdot\exp[-9.44\times10^{-5}\cdot(F_{后200\,m})-1.07\times10^{-4}\cdot(F_{前250\,m}-F_{前100\,m})]$$

式中，

$$F_{前250\,m}=\left|\int_0^{250}f(l)\cdot dl\right|$$

$$F_{前100\,m}=\left|\int_0^{100}f(l)\cdot dl\right|$$

$$F_{后200\,m}=\left|\int_{-200}^{0}f(l)\cdot dl\right|$$

$$f(l)=\left\{430\cdot R^{-0.757}\cdot\exp\left[3\,000\cdot\left(\frac{1}{R}\right)'+0.000\,5\cdot I\right]\right\}\cdot f_{纵}+f_{横}$$

$$f_{纵}=0.012\cdot i\cdot ABS(i)+0.04\cdot i+1.0$$

$$f_{横A}=-28.57\cdot\ln(-0.001\,89\cdot B^2+0.071\,9\cdot B+0.318)+\xi$$

由图 4-16 所示线形综合指标与车速的关系曲线可以看出，线形综合指标值越大，车速越低，这与前面章节的理论分析也是一致的。

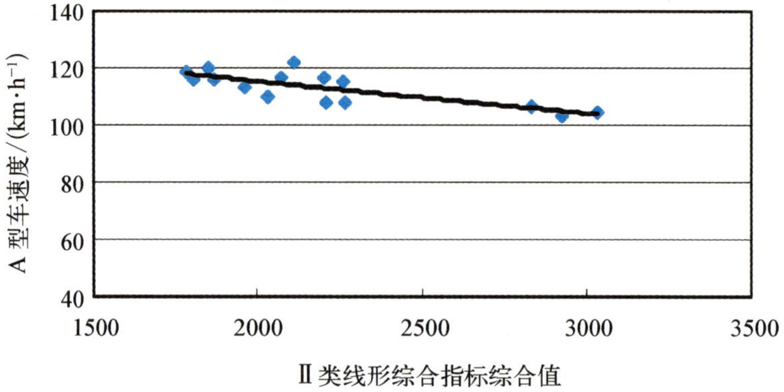

图 4-16　Ⅱ类线形综合指标综合值与 A 型车速度拟合示意图

4.4.2　D 型车运行车速预测模型

4.4.2.1　Ⅰ类指标 D 型车速度预测模型

建模方法和原理同 A 型车速度预测模型，建模所需部分数据整理如表 4-6 所列。首先假定前、后线形对运行车速的影响程度相同，线形综合指标综合值按照 $[F_{后200\,m}+(F_{前250\,m}-F_{前100\,m})]$ 计算，根据其与运行车速的关系曲线(图4-17)大致确定函数 $V=f[bF_{后200\,m}+c(F_{前250\,m}-F_{前100\,m})]$ 的形式，然后对数据进行统计回归建模，标定模型中的参数。

表 4-6　Ⅰ类线形综合指标与 D 型车速度的计算数据

特　征	桩　号	纵　坡	$F_{后200\,m}$	$F_{前250\,m}-F_{前100\,m}$	D 型车速度/(km·h^{-1})
QZ	64052	3.88%	1 039.30	766.56	70.03
HZ	65570	3.70%	1 144.27	414.81	73.68
	65955	1.47%	535.51	728.86	73.79
	65985	1.47%	532.83	822.63	74.79
ZH	66049	1.47%	530.13	924.30	76.77
	66095	1.97%	551.89	962.94	74.90
HY	66139	2.61%	654.45	989.05	74.62
	66215	3.68%	895.96	975.57	69.05
	66325	4.90%	1 231.60	720.33	64.40
YH	66423	4.90%	1 316.71	1 057.95	61.51

续　表

特　征	桩　号	纵　坡	$F_{后200\ m}$	$F_{前250\ m}-F_{前100\ m}$	D型车速度/(km·h^{-1})
	66465	4.90%	1 305.10	1 187.10	67.69
HZ(ZH)	66513	4.90%	1 167.22	1 194.74	61.42
	69105	1.09%	525.56	732.07	71.54
HY	69263	2.42%	617.72	900.35	74.35
	69365	4.12%	897.68	911.86	68.06
QZ	69463	5.00%	1 132.78	870.95	71.32
	69565	5.00%	1 205.18	729.97	64.09
YH	69664	5.00%	1 216.85	1 124.57	60.19
HZ(ZH)	69752	5.00%	1 072.41	1 196.67	71.32
HY	69829	4.68%	1 069.18	1 155.75	68.84
	69900	4.20%	1 243.69	1 126.11	54.50
QZ	69974	3.71%	1 556.12	846.46	67.97
YH	70119	3.40%	1 540.55	753.02	61.30
YH	76469	1.50%	1 334.88	551.02	73.76
HZ(ZH)	76575	1.17%	1 145.01	682.52	74.01
	76645	0.01%	882.89	632.15	72.61
	77555	1.62%	516.56	916.72	81.48
ZH	77592	1.62%	523.02	906.65	78.47
	79515	0.60%	595.84	804.05	76.09
HY	79657	0.60%	876.39	810.34	74.37
	79725	0.60%	996.75	810.35	75.70
QZ	79808	0.60%	1 071.31	765.88	76.40
	79885	0.60%	1 080.46	657.19	73.97
YH	79959	0.60%	1 080.60	522.62	74.47
	80105	0.60%	977.37	379.17	77.21
ZH	79366	1.39%	538.91	631.58	71.50
	65775	2.44%	565.87	397.30	72.79
	65875	1.47%	547.40	479.12	69.50
QZ	66281	4.64%	1 131.65	773.30	76.60

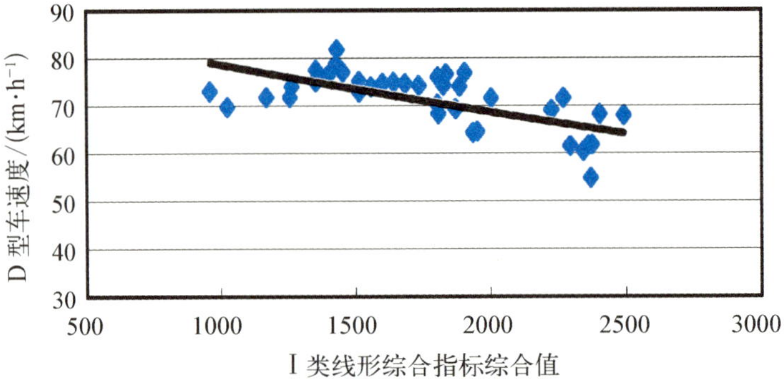

图 4－17　Ⅰ类线形综合指标综合值与 D 型车速度拟合示意图

调整前后线形比例、标定各参数后，最终建立Ⅰ类指标 D 型车运行车速预测模型如下：

$$V_{\mathrm{I},\mathrm{D}} = 89.73 \cdot \exp[-1.42\times 10^{-4}\cdot F_{后200\,\mathrm{m}} - 1.24\times 10^{-4}\cdot (F_{前250\,\mathrm{m}} - F_{前100\,\mathrm{m}})] \tag{4-7}$$

式中，

$$F_{前250\,\mathrm{m}} = \left|\int_0^{250} f(l)\cdot \mathrm{d}l\right|$$

$$F_{前100\,\mathrm{m}} = \left|\int_0^{100} f(l)\cdot \mathrm{d}l\right|$$

$$F_{后200\,\mathrm{m}} = \left|\int_{-200}^{0} f(l)\cdot \mathrm{d}l\right|$$

$$f(l) = \left\{430\cdot R^{-0.757}\cdot \exp\left[3\,000\cdot\left(\frac{1}{R}\right)' + 0.000\,5\cdot I\right]\right\}\cdot f_{纵} + f_{横}$$

$$f_{纵} = 0.012\cdot i\cdot ABS(i) + 0.04\cdot i + 1.0$$

$$f_{横\mathrm{D}} = -20.57\cdot \ln(-0.007\,8\cdot B + 0.847) + \xi$$

4.4.2.2　Ⅱ类指标 D 型车速度预测模型

建模方法和原理同前。建模所需部分数据见表 4－7，线形综合指标与运行车速的关系曲线如图 4－18 所示。

表 4-7　Ⅱ类线形综合指标与 D 型车速度的计算数据

特　征	桩　号	纵坡	$F_{后200\,m}$	$F_{前250\,m}-F_{前100\,m}$	D 型车速度/(km・h^{-1})
HZ	64630	−2.50%	675.13	391.90	75.75
HZ(ZH)	75972	−1.90%	998.14	923.87	67.50
HY	76078	−1.42%	871.39	962.22	71.20
	76175	−0.45%	1 031.67	998.14	71.18
HY	76712	−1.11%	742.33	521.48	70.04
	76750	−1.75%	754.40	443.78	75.84
QZ	76790	−2.42%	821.84	371.32	76.86
	76835	−3.16%	880.67	324.02	78.33
YH	76868	−3.72%	887.10	311.19	76.60
	76935	−4.83%	801.93	309.28	81.30
HZ	77005	−5.00%	642.27	316.77	76.35
	77055	−5.00%	537.76	329.66	81.31
	77255	−3.60%	419.71	383.66	83.23
HZ	80250	−0.58%	669.29	357.48	79.40

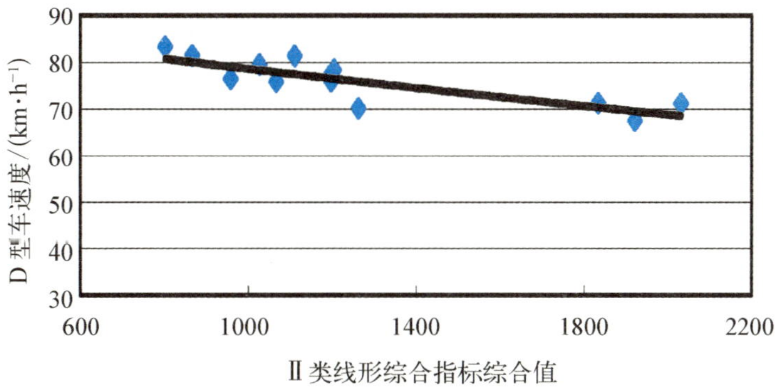

图 4-18　Ⅱ类线形综合指标综合值与 D 型车速度拟合示意图

调整前、后线形比例、标定各参数后，最终建立Ⅱ类指标 D 型车运行车速预测模型如下：

$$V_{Ⅱ,D}=89.26\cdot\exp[-1.20\times10^{-4}\cdot F_{后200\,m}-1.41\times10^{-4}\cdot(F_{前250\,m}-F_{前100\,m})]\qquad(4-8)$$

式中，

$$F_{前250\,\mathrm{m}} = \left|\int_{0}^{250} f(l) \cdot \mathrm{d}l\right|$$

$$F_{前100\,\mathrm{m}} = \left|\int_{0}^{100} f(l) \cdot \mathrm{d}l\right|$$

$$F_{后200\,\mathrm{m}} = \left|\int_{-200}^{0} f(l) \cdot \mathrm{d}l\right|$$

$$f(l) = \left\{430 \cdot R^{-0.757} \cdot \exp\left[3\,000 \cdot \left(\frac{1}{R}\right)' + 0.000\,5 \cdot I\right]\right\} \cdot f_{纵} + f_{横}$$

$$f_{纵} = 0.012 \cdot i \cdot ABS(i) + 0.04 \cdot i + 1.0$$

$$f_{横D} = -20.57 \cdot \ln(-0.007\,8 \cdot B + 0.847) + \xi$$

4.5 运行车速预测模型的有效性验证

基于公路线形综合指标的高速公路运行车速预测模型反映了公路线形对车辆行驶的综合影响，但所建模型是否能有效地用于运行车速预测，需对模型进行有效性验证。一方面，作为一个单独数学问题，预测模型要满足数学理论与方法上的要求，即满足统计检验原理[79-83]；另一方面，作为工程应用问题，还要通过工程实例的应用验证其适用性。

4.5.1 模型的统计检验

1. 拟合优度检验

拟合优度检验，是检验模型对样本观测值的拟合程度。定义

$$TSS = \sum_{i} (y_i - \bar{y})^2 \tag{4-9}$$

$$ESS = \sum_{i} (f_i - \bar{y})^2 \tag{4-10}$$

$$RSS = \sum_{i} (y_i - f_i)^2 \tag{4-11}$$

TSS 为总体平方和，反映样本观测值总体离差的大小；ESS 为回归平方和，

反映模型中解释变量所解释的那部分离差的大小；RSS 为残差平方和，反映样本观测值与估计值偏离的大小，也是模型中解释变量为解释的那部分离差的大小；f_i 是实测变量 y_i 的估计值，$\bar{y}$ 是实测变量 y_i 的均值。采用复相关系数 R 或 Adjusted R Square 来检验模型的拟合程度：

$$R^2 = \frac{ESS}{TSS} = 1 - \frac{RSS}{TSS} = \frac{\sum_i (f_i - \bar{y})^2}{\sum_i (y_i - \bar{y})^2} \tag{4-12}$$

2. 模型的显著性检验

方程的显著性检验，旨在对模型中被解释变量与解释变量之间的关系在总体上是否显著成立做出判断。应用最为普遍的是 F 检验。根据数理统计学中的定义，构造统计量

$$F = \frac{ESS/k}{RSS/(n-k-1)} \tag{4-13}$$

则该统计量服从自由度为 $(k, n-k-1)$ 的 F 分布。对于给定的显著性水平 α，如果 $F > F_\alpha(k, n-k-1)$，则拒绝原假设 H_0 即模型通过方程显著性检验；反之，则接受 H_0，模型未通过显著性检验。

3. 模型的残差分析

残差分析即方差齐性，所指残差的分布是参数分布，与自变量或因变量无关。一般用绘制因变量预测值与残差的散点图来检验，如通过直方图和 P - P 正态概率图来实现。残差应随机的分布在一条穿过零点的水平直线两侧。

4. 变量的显著性检验

对于回归模型，方程总体回归关系是显著的，并不能说明解释变量对被解释变量的影响是否显著，t 检验是对每个解释变量进行显著性检验，基本思想是利用样本回归系数与总体回归系数进行比较来判断回归方程是否成立。

根据以上原理对 Ⅰ 类指标 A 型车运行车速预测模型进行统计检验，结果如表 4 - 8—表 4 - 10 和图 4 - 19 所示。

表 4 - 8　模型拟合优度检验结果

Multiple R	0.807 7	标准误差	0.036 2
R Square	0.652 3	观测值	39
Adjusted R Square	0.633 0		

表 4-9 模型显著性检验结果

	df	SS	MS	F	Significance F
回归分析	2	0.088 7	0.044 4	33.774 6	5.51E−09
残 差	36	0.047 3	0.001 3		
总 计	38	0.136 0			

表 4-10 变量显著性检验结果

	Coefficients	标准误差	t Stat	P-value	下限 95.0%	上限 95.0%
Intercept	4.949 0	0.038 1	129.975 8	1.04E−49	4.871 8	5.026 2
X Variable 1	−0.000 1	1.86E−05	−7.238 5	1.6E−08	−0.000 2	−9.7E−05
X Variable 2	−6.8E−05	2.46E−05	−2.754 81	0.009 2	−0.000 1	−1.8E−05

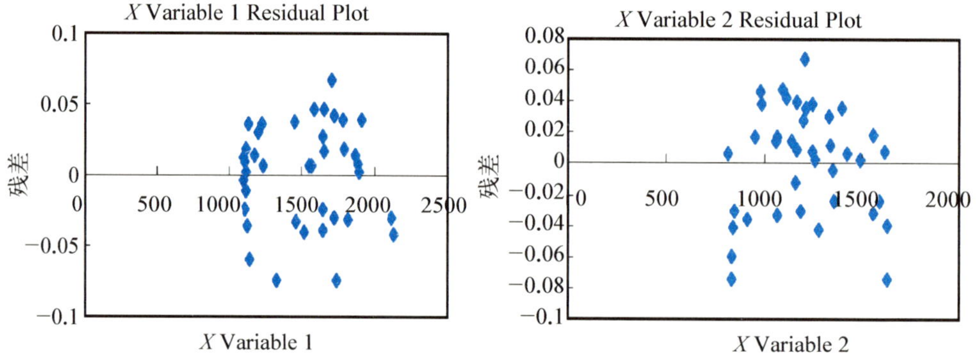

图 4-19 模型残差分析

统计结果表明：

(1) R Square 约为 0.652 3，说明线形综合指标与车速相关性较好；

(2) 根据 F 统计量得到的 P 值 5.59E−9 远小于显著性水平 0.05，说明模型通过显著性检验；

(3) 模型中各变量的回归系数分别为 4.949、−0.000 13 和−0.000 068，其相应的 t 检验值表明变量通过显著性检验，回归系数显著不为零，因此能够解释速度随线形综合指标综合值的变化；

(4) 残差分析图上点位分布在 X 轴两侧且残差值介于±2 之间，表明该回归方程能够较好地反映规律。

从其他预测模型的统计检验结果可以看出预测模型均较为有效，检验结果见附录。

4.5.2　预测与实测数据的比较

按照运行车速预测模型计算预测车速值，将预测值与路段实测车速值进行比较，从而评定运行车速预测模型在实际工程应用中的有效性。图 4-20—图 4-23 为预测车速与实测车速的对比图。

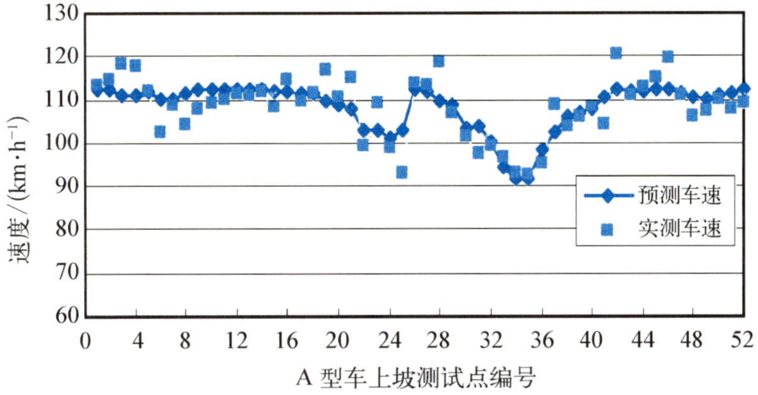

图 4-20　Ⅰ类指标 A 型车模型预测速度与实测速度对比

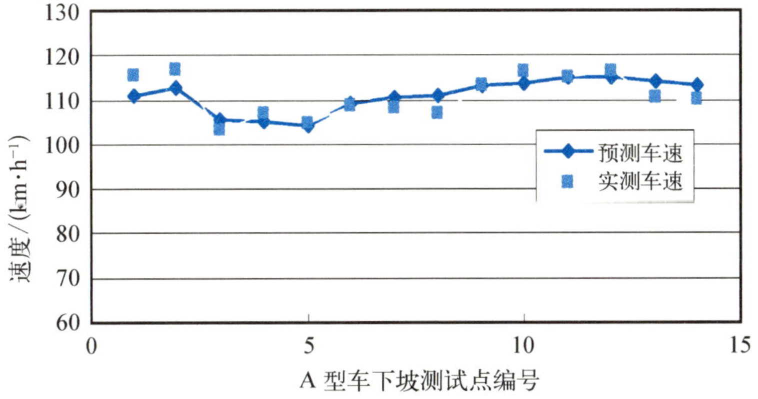

图 4-21　Ⅱ类指标 A 型车模型预测速度与实测速度对比

从图 4-20—图 4-23 中可以看出，预测车速与实际车速的变化趋势具有较好的一致性，并且大部分都与实测车速较为接近，个别情况相差稍大，但也都能够控制在10 km/h以内，因此预测模型较为有效，也说明了调研数据的科学性。

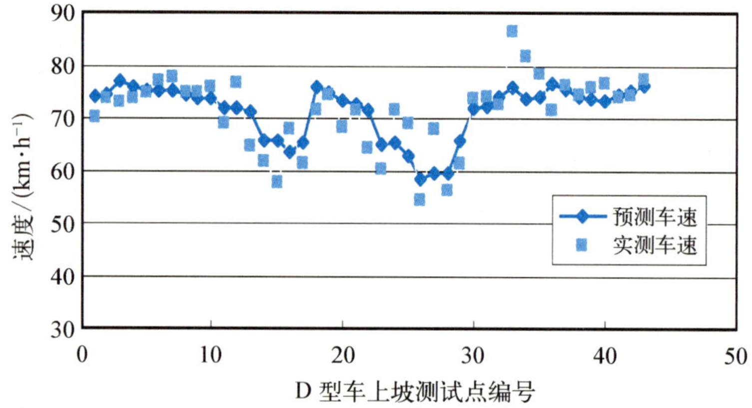

图 4 - 22　Ⅰ类指标 D 型车速度模型预测与实测速度对比

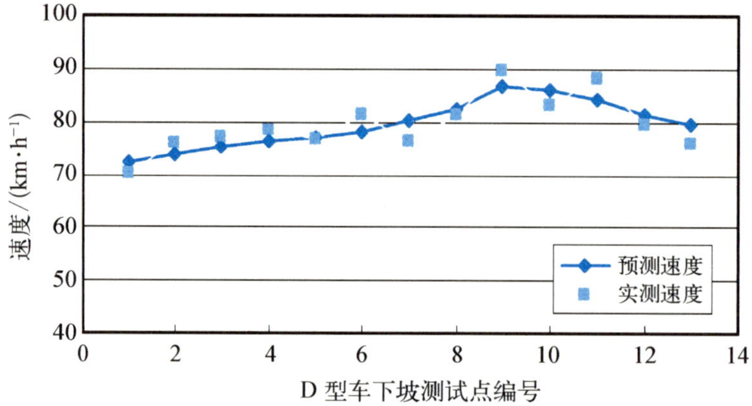

图 4 - 23　Ⅱ类指标 D 型车速度模型预测与实测速度对比

4.5.3　横断面修正模型的检验

我国现有的高速公路主要分为双向四车道、双向六车道和双向八车道三种，而上述车速预测模型主要是基于双向四车道高速公路调研数据建立的，因此有必要检验模型在双向六车道及八车道高速公路上的适用性，此外还可验证横断面修正模型是否正确。图 4 - 24—图 4 - 27 为沈山高速公路(双向六车道)和沈大高速公路(双向八车道)预测车速与实测车速的对比图。

如图 4 - 24—图 4—27 所示，不同高速公路运行车速预测值与实测值之间差异较小，因此，预测模型对于双向六车道和八车道高速公路也较为有效，可以认为所建模型具有一定的广泛适用性。

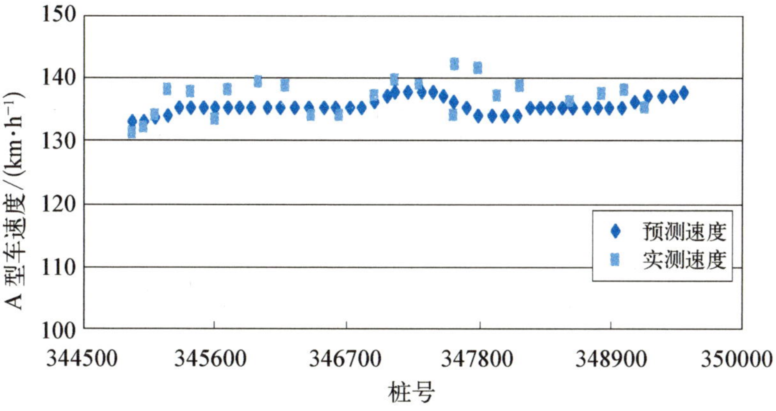

图 4 - 24　沈山高速公路 A 型车速度预测与实测对比

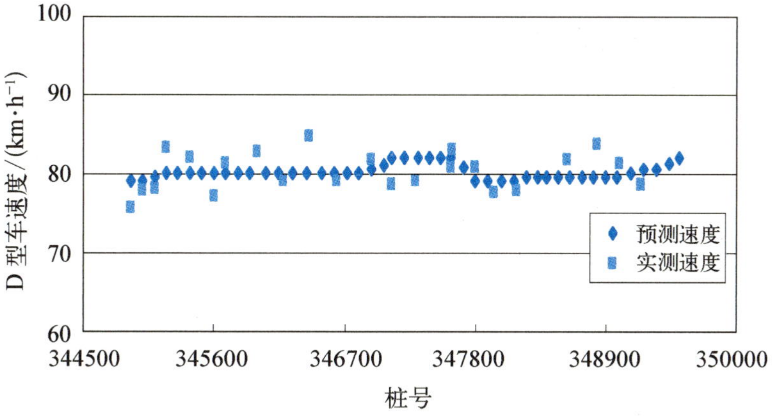

图 4 - 25　沈山高速公路 D 型车速度预测与实测对比

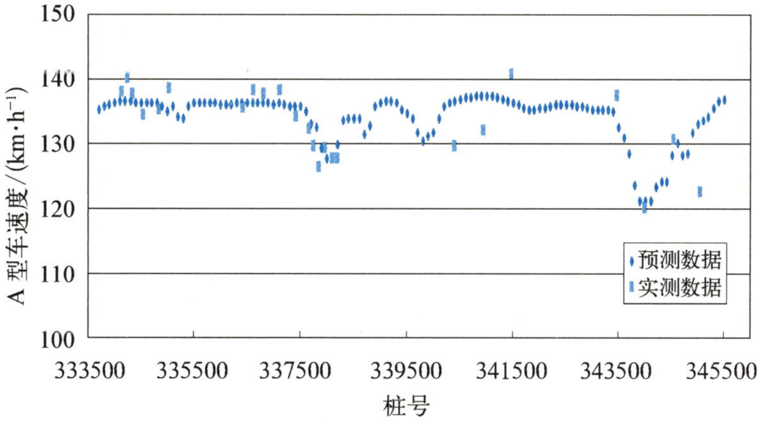

图 4 - 26　沈大高速公路 A 型车速度预测与实测对比

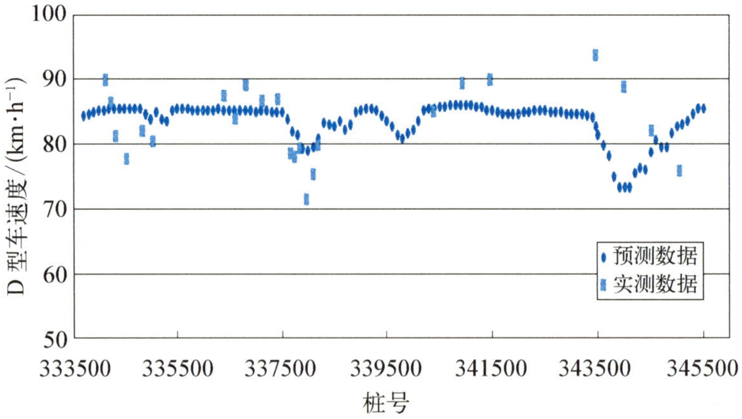

图 4-27 沈大高速公路 D 型车速度预测与实测对比

4.5.4 模型的适用条件

本章关于运行车速预测模型的研究都是建立在实测数据的基础之上，实测路段包括分别位于山岭重丘和平原微丘的设计车速为 60 ～120 km/h 的四车道、六车道以及八车道高速公路。在实测数据的分析中发现，对于设计车速为 60 ～100 km/h 的高速公路，特别是设计车速较低、线形指标较差的高速公路，车辆车速变化较为明显；而设计车速为 120 km/h 的高速公路，由于线形指标较好，车速均较高且变化不大。为便于研究，建模所采用的实测数据对于设计车速在 60 ～100 km/h 的高速公路具有一定的偏向性，因此预测模型广泛适用于设计车速在此范围的四车道和六车道高速公路；同时，鉴于预测模型考虑了横断面的影响，且建模中也采用了设计车速为 120 km/h 的八车道高速公路车速实测数据，结合模型的有效性检验结果可以看出，预测模型对于此类高速公路也有一定的适用性。但由于实测数据样本量的局限以及各影响因素对运行车速的影响将可能因地域的不同而有所区别，模型的有效性及成果应用还需进一步完善，特别是随着我国高速公路的快速发展，对于线形指标良好的高速公路，其运行车速的准确预测也将会成为另一研究热点。

4.6 本 章 小 结

本章在详细分析运行车速影响因素的基础上，针对高速公路不同类型车辆运行规律进行了深入研究，主要完成的内容如下。

(1) 根据车辆运行特性的初步分析，针对公路前、后线形影响运行车速连续性变化的特点，提出基于公路线形综合指标的运行车速预测模型建模新思路。

(2) 考虑驾驶员的视觉需求，确定车辆行驶中前方 100 ～250 m 有效注视范围为前方线形对车速的影响范围；根据不同类型车辆的加减速性能，确定后方 200 m 加减速长度范围为后方线形对车速的影响范围。

(3) 通过对前、后线形影响范围内公路线形综合指标的累积效果与运行车速的相关性分析，分别构建高速公路Ⅰ类指标、Ⅱ类指标 A 型车和 D 型车的运行车速预测模型并进行了参数标定。

(4) 采用统计检验原理，对预测模型进行了有效性检验，并将不同车道数高速公路的车速预测数据与实测数据进行了比较，进一步验证了预测模型的广泛适用性。

运行车速预测模型的研究是进行基于运行车速的高速公路线形一致性评价和安全性设计的关键和基础，本章建立的运行车速预测模型可对我国四车道、六车道和八车道高速公路上小客车和大型载重车车速进行连续性预测，然而，由于地域性差异，预测模型不可能完全准确，随着时间的推进和调研的深入，预测模型可进一步完善。

第5章

高速公路线形设计一致性评价模型及评价方法

公路条件主要是由公路线形决定的，线形设计是公路设计核心，它最终决定了公路的空间位置以及公路在驾驶员视觉中的反映。公路设计工作对公路建设质量好坏起着关键的作用，而安全是公路设计和建设需考虑的首要因素。如何评价公路线形设计质量，目前在我国的标准和规范中只是一般的定性描述，并无明确的定量指标，执行起来有一定的随意性。基于运行车速理念的公路线形设计与评价方法是公路安全设计的主要内容，也是公路安全设计的发展趋势。

本章从道路安全设计中线形设计一致性理念出发，从实验和技术分析角度揭示运行车速特征指标与路线安全性的内在联系，提出新的用于评价线形设计一致性的运行车速特征指标，在此基础上，着重研究基于多项运行车速特征指标的高速公路线形设计一致性综合评价模型和评价方法。

5.1 道路安全设计与线形设计一致性

在道路设计与运营的经验教训基础上，从道路设计要素出发以车辆在道路上运行特性为媒介，对道路的安全特性做出客观的、量化的评价，及时勘定道路规划、设计中的不安全因素并进行更正，寻求建立一种更加安全的设计标准或设计方案，从而使得设计出的道路趋于更安全，这即为道路安全设计[84]。道路安全设计着眼于对规划或设计中的道路做出事前安全评价。经过安全设计的道路，其任何路段不应该有驾驶员—车辆—道路三者之间相互影响关系趋于危险状态出现。

线形设计的一致性[39]，从狭义上讲，主要是指道路线形设计与驾驶员的期望驾驶速度相适应的特性。从广义上讲，是道路各设计要素的改变应该与驾驶行为相匹配。当实际出现的道路特征与驾车者期望特征有偏差时，驾驶员就可能会犯错误。评价道路设计一致性是指度量整条道路或路段几何线形设计的整体协调性。道路设计一致性评价是道路安全设计所包含的一个重要组成部分，由这一部分所确定的方法是确定道路线形设计安全与否的重要指标。

通常情况下，驾驶员行驶在与其所期望的公路几何特性一致的路段附近所犯的错误较少。但是，当道路几何特性与驾驶员的期望不一致时，驾驶员可能仍然会自主地按照自己所期望的道路几何特性行驶，那么，在这样的路段附近所犯的错误就较多。从道路线形设计的角度分析，线形设计上的突变，例如某路段设计标准的波动过大或平缓曲线中设置孤立的小半径曲线等，都将造成驾驶员的不适应并容易使该位置处所发生的交通事故具有聚集性，这是违反设计一致性的表现。从行驶车辆运行特性的角度进行分析，违反驾驶员所预期的几何特性的一个典型特征是在该几何特性附近出现不连贯的运行速度，因此可以认为连贯的运行速度是线形设计一致性的产物。

本章采用间接相关分析法，以运行车速作为中介指标，把路线几何设计对道路安全的综合影响转化为车辆在路段上行驶过程中前后速度变化的大小，并以路段中运行速度特征指标的连续变化值来评价公路线形设计的优劣。最终，将车速、交通安全、道路线形有机结合为一个整体，将运行车速预测结果用于线形设计一致性评价，提出基于运行车速特征指标的线形设计一致性模型，为量化评价设计阶段的高速公路交通安全性提供依据，为有关决策提供理论支持。

5.2　数据分析方法

高速公路线形设计一致性评价是一个多目标、多属性的复杂问题，首先需要根据研究思路，确定道路线形、车速、安全性三者的数据分析方法。

5.2.1　路段分析方法

高速公路的几何线形要素构成是否合理、线形组合是否协调对高速公路交通事故的发生有较大的影响。线形设计一致性评价是从系统的角度对道路线形一般特性进行定量连续性分析的一种方法。通过对某一种线形元素所选设计指标整体性上的比较来评价某一路段的宏观特征，同一种线形元素中，如果某一线形元素设计指标相对其他元素选取的过大或者过小，以及不符合驾驶员实际行车规律所需，驾驶员必将感知到线形整体性上有明显的突变，那么，线形一致性也就相应的较差，即表现出车速连贯性越差，路段事故率越高。对于不同属性特征的路段，其事故发生的概率及运营特征有很大的差异性。路段划分是车速和安全性分析的基础，直接影响相关性分析的准确性和模型的应用效能。

路段划分一般主要有两种方法：即定长法和不定长法[85-87]，其中不定长法主要以道路属性的变化为分段依据，选取的指标主要有交通量、限速或者线形指标等。其优点是道路特征唯一，易于建模，较有说服力；缺点是考虑道路特征点较多时计算比较烦琐，而且容易造成分段过短或者过长。一般而言，定长法不能灵活反映道路交通状况的实际区别，分段长度过大，道路特征为许多特征的汇合，统计规律及其使用价值不大；另一方面，由于交通事故的偶然性和稀少性，如果样本长度过小，在讨论时间内，大量样本的事故数是 1 或 0，应用这种病态样本是难于得出正确结论的。由于路段划分的目的是为了进行准确的运行车速及安全性的统计分析，因此根据线形设计一致性分析的需求，考虑线形组合和衔接因素对车速与安全性的影响，比较两种方法的适用性，将路段主要按照平面线形进行分类，分为基本的直线和平曲线单元，而纵断面以及横断面要素分别在平面要素中加以考虑；同时在进行前后线形车速和安全性分析的时候，划分为直线—曲中、曲中—直线、曲中—曲中(反向曲线)三大类。由于本书采用多个一致性评价指标，因此根据评价指标的适用特点，可对划分好的线形单元进行重新归类。这样避免了较为单一的线形单元会出现没有事故或者没有实测车速数据的情况，有利于车速的离散性和事故率相关关系的深入研究。

5.2.2 车速分析方法

在初步分析高速公路运行车速数据基础上，借鉴国外较为先进的研究成果，根据公路上车速变化对安全性的影响，提出以下新的运行车速特征指标用于线形设计一致性分析。下面对各个特征指标的定义及计算方法进行说明。

1. 车速标准差 σ

车速标准差为路段车速标准差，其计算方法为首先计算单个断面运行车速 V_{85}，然后，根据所划分路段上的断面个数确定样本量——断面运行车速 V_{85} 的个数，通过下式计算得到基于以上各断面代表车速 V_{85} 的车速标准差 σ：

$$\sigma = \sqrt{\frac{\sum (V_i - \bar{V})^2}{n-1}} \tag{5-1}$$

式中　V_i——断面运行车速 V_{85}(km/h)；

$\bar{V}$——断面运行车速均值(km/h)；

n——路段断面个数。

可以看出，车速标准差为表述路段车速离散性的一个变量，车速标准差越大，说明路段上各断面车速相对于平均车速的差值越大，车速波动程度越大。

2. 车速变异系数 C_V

由于实际测量中，路段上布设的测点数量有限，其中任意一个值的变化对标准差 σ 的影响都非常显著，因此车速标准差 σ 具有一定的缺陷，为了克服这种缺陷，引入路段车速变异系数 C_V，即

$$C_V = \frac{\sigma}{\mu} \tag{5-2}$$

式中　σ——车速标准差(km/h)；

μ——车速均值(km/h)，其样本取值与车速标准差相同。

车速变异系数 C_V 的引入，有效地克服了样本波动对相关性分析的影响，为进一步研究路段车速波动与事故率的相关性以及不同类型路段之间的线形连续性奠定了基础。

3. 客货差及客货极差比

通常情况下，高速公路上小汽车车速较高，大货车(大型载重车)由于动力性能远不如小汽车，车速普遍较低。这样，货车的运行速度过慢不仅会导致跟车运行的后续车辆视距不足，也会对超车的小汽车的运行安全性产生影响，无疑增加了事故发生的概率。

为此，定义客货差为小汽车与大货车运行车速的差值，即断面客货差＝小客车 V_{85}－大货车 V_{85}，这样就得到路段内各断面的客货差。通过提取路段上客货差的极大值以及平均值，初步分析小汽车和大货车车速差值变化特征与安全性的关系。同时，考虑到客货差极大值以及平均值都没有将路段客货差的离散性表现出来，引入路段客货差极差比，其计算方法如下：

$$M = \frac{\max\limits_{1\leqslant i\leqslant n}(m_i) - \min\limits_{1\leqslant i\leqslant n}(m_i)}{\bar{m}} \tag{5-3}$$

式中　M——路段客货差极差比；

m_i——路段各断面客货差值(km/h)；

$\bar{m}$——路段各断面客货差均值(km/h)。

4. 断面车速差 ΔV 及车速降低系数 SRC

相邻路段车速差值是保证线形设计质量的关键参数，即保证同一设计区段内，驾驶员能够采用连贯的驾驶方式行车，避免或最大限度地减少操作错误，提高安全性。断面车速差 ΔV 定义为不同断面特征点车速之差，驶入曲线方向为曲中点与直缓点车速差，驶出曲线方向为缓直点与曲中点车速之差。

此外，在车辆实际运行中，车辆从 60 km/h 减速到 30 km/h 和从 120 km/h 减速到 90 km/h 的速度变化率是不一样的，前者发生事故的可能要大于后者。因此，在断面车速差的基础上引入车速降低系数，即断面车速比 SRC 定义为不同断面特征点车速之比，驶入曲线方向为曲中点与直缓点车速比，驶出曲线方向为缓直点与曲中点车速比。计算方法如下：

驶入曲线方向：

$$\Delta V = \text{曲中点}\,V_{85} - \text{直缓点}\,V_{85} \tag{5-4}$$

$$SRC = \frac{\text{曲中点}\,V_{85}}{\text{直缓点}\,V_{85}} \tag{5-5}$$

驶出曲线方向：

$$\Delta V = \text{缓直点}\,V_{85} - \text{曲中点}\,V_{85} \tag{5-6}$$

$$SRC = \frac{\text{缓直点}\,V_{85}}{\text{曲中点}\,V_{85}} \tag{5-7}$$

式中 ΔV——断面车速差(km/h)；

SRC——车速降低系数。

5. 路段车速离散度 S[88]

路段车速离散度 S 定义为里程 L 内第 85%位车速与平均车速所围成的面积，如图 5-1 所示，其计算式如下：

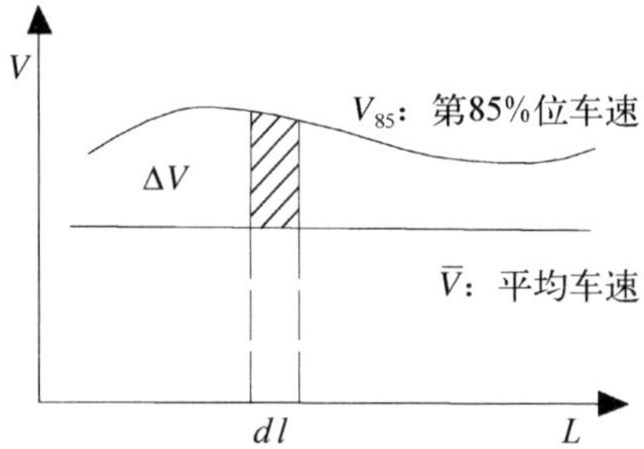

图 5-1 S 的计算示意图

$$S = \frac{\sum_{i=1}^{n}\int_{l_i}^{l_{i+1}} \Delta V_i \,\mathrm{d}l}{L} \tag{5-8}$$

式中 ΔV_i——第 i 个几何元素第 85%位车速与平均车速之差，即单位长度内的速度梯度(m/s)；

l_i——第 i 个几何元素对应的起点里程桩号(m)；

l_{i+1}——第 i 个几何元素对应的终点桩号里程(m)；

L——里程长度(m)；

n——里程长度 L 内几何元素的总个数。

路段车速离散度 S 描述了路段范围内车速相对于整条公路平均车速的离散程度，平均车速具有一定的稳定性，代表了一条公路整体车速水平；另外，考虑到速度梯度的正与负将相互抵消，从而无法反映路段车速的离散性，因此，路段车速离散度 S 的计算不考虑 ΔV_i 的正负，只考虑 ΔV_i 的大小，是一个恒正的量。

5.2.3　安全性分析方法

目前国内外关于公路安全性的分析主要有专家经验法、事故数法、事故率法、鉴别指数法、质量控制法、相关因素分析法、累积频率曲线法等[89]。上述各类分析方法，其适用范围因国情、地区间差异及研究目的不同而有所区别。高速公路交通事故的分布是极不均匀的，某些地点或路段表现出极明显的事故倾向性，这就为高速公路安全性的微观分析提供了可能。根据高速公路线形设计一致性分析的目的，通过比较各种分析方法的适用性，发现事故率法同时考虑事故路段交通量和路段长度，是一种对既有事实的分析方法，具有一定的客观性和广泛性，易于提取量化指标，因此，选取基于事故率的分析方法对路段安全性与车辆运行车速的各项特征指标进行相关性分析。事故率具体计算方法如下：

$$I = \frac{U \times 10^6}{n \times 365 \times AADT \times L} \tag{5-9}$$

式中　I——事故率(次/百万车公里)；

U——路段上调研年份内事故总数；

N——调研年份数；

$AADT$——该路段上的年平均日交通量；

L——路段长度(km)。

需要特别注意的是，在按照划分路段统计的事故数中，路段起始以及结束处的事故该如何取舍是影响事故率数值的一个重要问题。由于事故资料是按照百米桩号进行统计的，即 100 m 范围内调研年份中发生的事故数，因此，本研究根据事故资料的初步分析结果，对于路段起止处的事故取舍方法如下：

(1) 行车方向，路段起点处桩号与前一个百米桩号差值小于 50 m 的，事故数的读取范围起点定为前一个百米桩号；

(2) 行车方向，路段起点处桩号与前一个百米桩号差值大于 50 m 的，事故数的读取范围起点定为后一个百米桩号；

(3) 行车方向，路段终点处桩号与前一个百米桩号差值小于 20 m 的，事故数的读取范围终点定为前一个百米桩号；

(4) 行车方向，路段终点处桩号与前一个百米桩号差值大于 20 m 的，事故数的读取范围终点定为后一个百米桩号。

由于事故的发生并不一定由于当前线形和其他交通情况所致，因此，对于较为异常的地方，根据实际情况分析后，结合上述方法判断事故的归属路段。这样可有效提高相关性分析的精确度，是一种比较科学的分析方法。

5.3 运行车速特征指标与事故率的相关性分析

不同道路线形条件下，车辆车速变化具有一定的差异性，从而表现出不同的行驶特征和规律，间接影响道路的安全性。车速标准差、车速变异系数以及客货差极差比均可从不同方面反映高速公路上车速的离散程度，断面车速差、车速降低系数、路段车速离散度则可反映不同线形组合路段的车速连续性。本书在第 2 章已对各特征指标与安全性的关系进行了定性分析，通过对高速公路各路段运行车速及安全性的调查[90]，下面主要按平面线形特征，分析不同路段运行车速特征指标与道路线形及事故率的相关性。

5.3.1 直线路段分析

图 5－2 为直线路段车速标准差、车速变异系数及客货极差比与事故率的关系图。可以看出，事故率与直线段长度的总体关系为随着直线长度的增加，事故率呈减小的趋势。并且，当直线长度在 800 m 以下时，事故率随着直线长度的增长而迅速减小。直线长度超过 1 000 m 时，直线段的事故率趋于稳定，并且稳定在 0.2 附近。在第 3 章的介绍中，直线长度过长更易导致事故的发生，似乎与这里的结果产生了矛盾，其实不然，前文讲到，4.8 km 长的直线段就会使驾驶员感到烦躁，甚至打瞌睡，带来灾难性的后果，但测试路段的直线最长长度还不到 1.4 km，车辆在直线上的行驶时间一般不超过 20 s，这样的行驶时间既不会让驾驶员感到单调、烦躁甚至打瞌睡，同时也给驾驶员足够的时间为进入曲线做好准备，因此，随着直线长度的增加，事故率逐渐降低。直线路段的车速标准差、车速变异系数与事故率的关系并不明显，这可能与直线长度对车速波动变化的影响

有关。事故率较高的直线段，直线长度小于 800 m，车速标准差及车速变异系数不是很大，说明在较短的直线驾驶员还来不及进行加减速，尽管车速变化波动不大，但较短的直线给驾驶员的反应时间不够，突遇前方线形变化，则容易造成交通事故；事故率较低的直线段，直线长度大于 1 000 m，部分驾驶员容易根据线形条件调整车速，而保持较为稳定的车速行驶；但直线越长，具有不同驾驶期望的驾驶员行驶车速的差异也会较大。因此从图中可看出，此时车速标准差和车速变异系数变化较为离散。

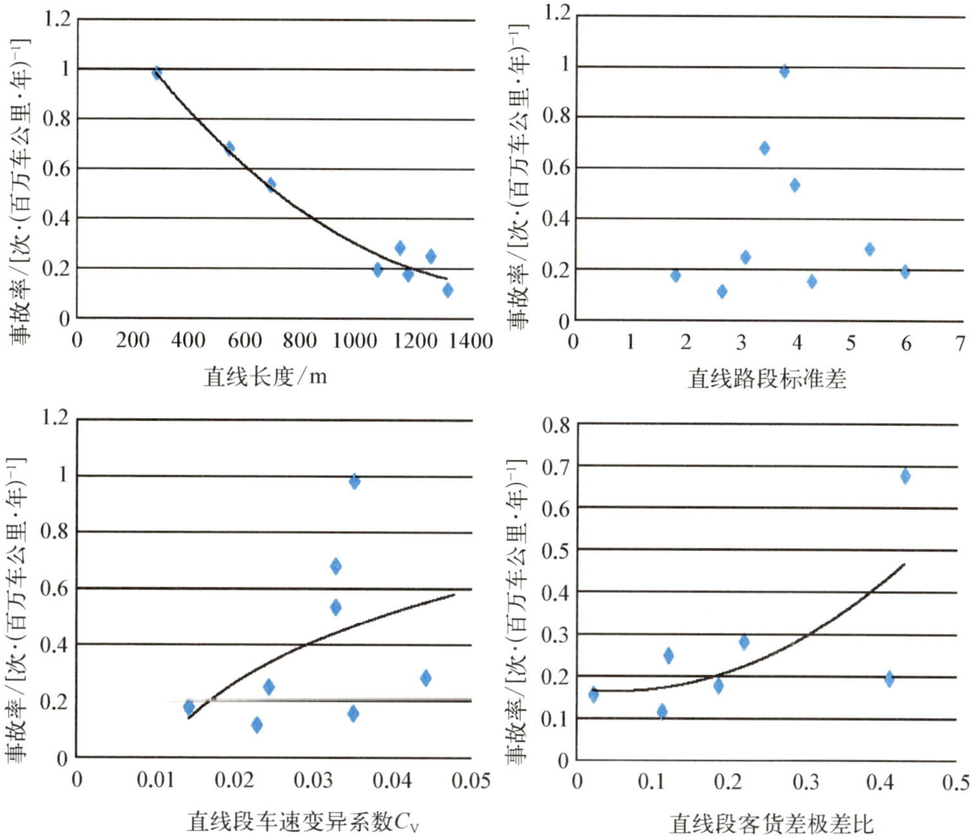

图 5－2　直线路段运行车速特征指标分析

直线路段客货极差比与事故率有一定的相关性，直线越长，客货极差比越小，说明客货车速极差一定情况下，客货差均值越大，主要是在较长直线段上，小客车与大货车行驶均较为稳定，在动力性能方面的差异就比较明显，小客车容易以较快速度行驶，从而造成二者速度相差较大。此时事故率反而不高的原因是在线形条件较好时，客货差越大，二者的相互干扰越小，从事故统计来看，单车事故所占比例较高，也证实了这一解释。当直线长度为 500 m 时，客货极差比最大，事故率最高为 0.7 次/(百万车公里 · 年)，此时客货车速极差越大，说明交通流不稳定，车速变化波动大，加之短直线上没有足够的时间调整驾驶行为，因此客货车容易相互干扰，追尾和侧向刮擦的事故较多。图中长度为 1 100 m 的直线，客货极差比大约为 0.4，事故率较低的原因可能是客货差均值较小，对应车速标准差也较低，车辆间运行都较平稳。但由于事故统计数据中，长度与此类似的直线较少，因此这一相关关系还有待证实。

5.3.2 平曲线路段分析

平曲线路段上，平曲线半径是影响车辆运行速度的决定性因素，而车辆在平曲线上速度的变化情况对平曲线上的事故率将产生直接影响。如图 5 - 3 所示，平曲线路段车速标准差和车速变异系数与事故率的相关性较直线段明显得多，呈正相关趋势，且车速标准差和车速变异系数较大，说明平曲线上不同车辆之间

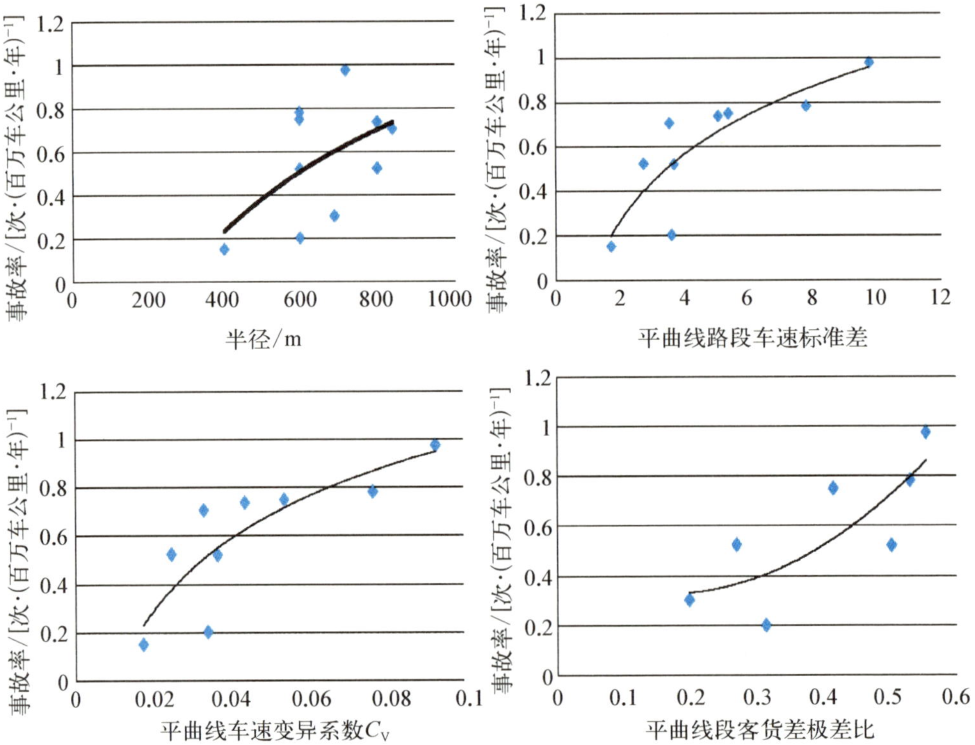

图 5 - 3　平曲线路段运行车速特征指标分析

车速变化离散性较大，对公路安全性影响显著。随着车辆车速标准差和车速变异系数的增大，车速的离散性越大，发生事故的可能性越高，相应的事故率也较高，然而平曲线半径与事故率的相关关系并不是随着半径的增大而减小。根据已有的数据分析发现：当半径小于 600 m 时，驾驶员能明显感知线形的剧烈变化，能有效采取减速措施将车速降低到安全水平，车速标准差和车速变异系数也较小，降低了事故发生的可能性；而平曲线半径在 600 ～900 m 的平曲线，同样属于小半径曲线，但没有像半径小于 600 m 的曲线给驾驶员带来一种线形的突变，因此驾驶员并不采取有效的减速措施通过曲线，个别驾驶技术娴熟的司机甚至加速通过，使得半径在这块范围内的平曲线相对更小半径的曲线车速离散程度较大，事故率更高。其中，事故率最高的点为半径 720 m，对应的车速标准差为 10 km/h，车速变异系数为 0.09，事故率为 0.97，通过分析其前后的线形发现，半径为 720 m 的平曲线前接半径 600 m 的曲线，后连半径 400 m 的曲线，是一段连续的小半径 S 形曲线，且车速在曲中点达到最高的 123 km/h，连续的小半径容易造成车辆行驶的波动性，加之较高的车速导致了此段道路事故的多发，而在其前方的半径 600 m 的小半径曲线的事故率也达到了 0.78。平曲线路段客货极差比及事故率均显著高于直线路段，大货车对不同半径平曲线的敏感程度较小客车低，车速变化小，因而半径较大的曲线，小客车速度高，客货极差比越大，发生事故的可能性越高。

5.3.3　线形组合路段分析

车辆在不同线形特征路段上行驶时，平面线形的变化对车速影响较大，驾驶员会根据前方线形特征及视距的变化及时调整车速。以下将对车辆从直线进入曲线以及车辆驶出曲线的方向，分析断面车速差和车速降低系数与事故率的相关性。

如图 5 - 4 所示，车辆从直线进入曲线时多为减速，且速度降低越多，发生事故的可能性越高；大约 40%的车辆速度减小 20～30 km/h，最大车速差为 30 km/h，此时事故率最高，约为 1.8 次/(百万车公里 · 年)；以平稳的车速进入曲线是相对最安全的，事故率最低；仅有 20%的车辆进入曲线时，速度略有升高，事故率也有所升高。另一方面，车辆驶出曲线时，尽管加速与减速行为都有，但加速行驶的情况较多，约 40%的车辆加速驶出曲线，车速升高 3～14 km/h，说明驾驶员普遍采取较为保守的操作行为；还有大约 40%的车辆车速平稳变化，此时更有利于车辆的运行安全性，事故率较低。

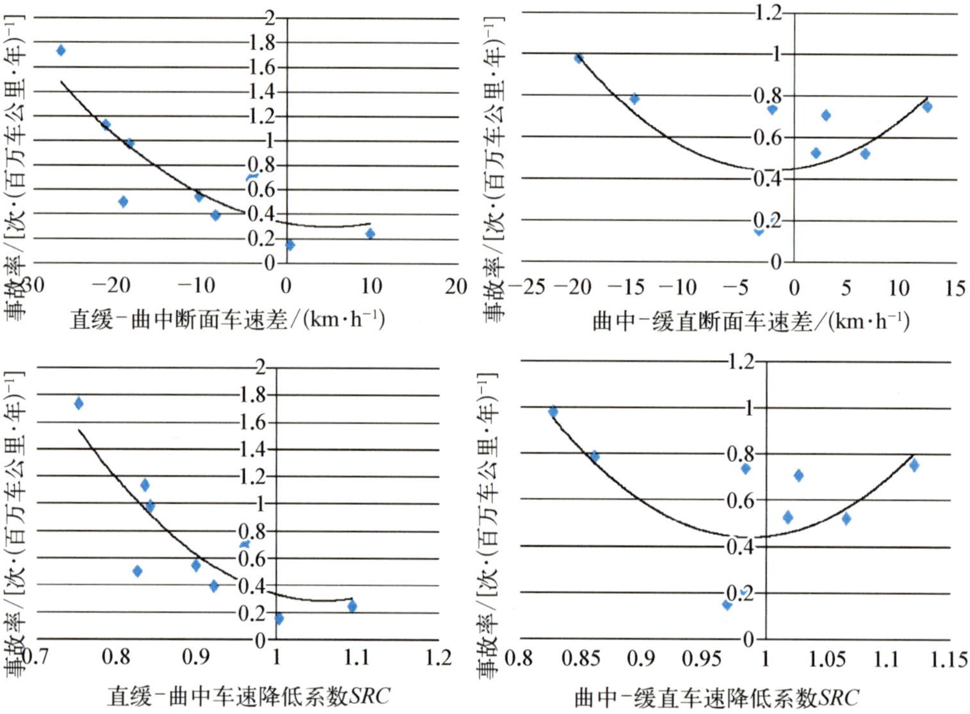

图 5-4　线形组合路段运行车速特征指标分析

车速降低系数与断面车速差变化规律相似，车辆进入曲线时，以减速过程为主，且车速降低得越多，发生事故的可能性越高，车速最多降低 25%，此时事故率最高；约 50%的车辆车速降低幅度在 20%～10%，事故率为 1.2～0.4 次/(百万车公里·年)；出曲线时，加速行为逐渐增多；同样的，车速的平稳性将更有利于车辆的运行安全。

从以上两方面分析可以看出，车辆进入曲线，普遍会降低车速；驶出曲线，大部分会保持车速不变或加速行驶；车辆的稳定行驶更有利于运行安全，加速或减速越多，都会导致事故率升高。

5.4　高速公路线形设计一致性评价模型

5.4.1　一致性量化指标的选取

从高速公路线形设计一致性理论可知，不连贯的运行车速能够反映出道路线形变化的状况。高速公路线形设计一致性评价模型，其实质也是借助运行速度这一能够体现道路线形变化的中介指标，建立各种运行车速特征指标与公路安全性之间的关系，以达到对具体路段线形设计一致性评价的目的。

车速的连贯性和离散性直接影响着道路的交通安全状况，这实际上与道路线形设计一致性的理论是完全吻合的。道路线形设计一致性状况良好，道路上行驶的车辆运行速度比较连续和均匀，自然道路的安全状况也越好；相反，如果线形设计一致性水平较差，车辆行驶的速度波动较大，对安全行车十分不利。本书基于以上原理，提出了车速标准差、车速变异系数等运行车速特征指标。通过不同运行车速特征指标与路段事故率的相关性分析和比较发现：

(1) 车速变异系数 C_V 不但考虑了车速标准差，同时将车速的均值也考虑在内，有效减小了样本波动对模型分析的影响，且其与路段事故率的相关性相较车速标准差与路段事故率的关系要好；

(2) 客货车极差比从交通流组成的角度对车速影响安全性的原理作了新的诠释，并且与事故率具有一定的相关性；

(3) 目前国内关于断面车速差以及车速降低系数的研究主要采用国外的标准，但不一定适应于我国国情；二者与路段事故率具有比较良好的相关性，适合建立模型以进行深入的研究；

(4) 路段车速离散度 S 对于一条高速公路而言具有良好的稳定性，从较为宏观的角度反映了路段线形设计一致性和车辆运行综合安全性。

基于以上考虑，本书选取以下指标作为构建高速公路线形设计一致性评价模型时所需的量化指标：

(1) 车速离散性指标：车速变异系数 C_V、客货车速极差比 M；

(2) 断面车速变化指标：断面车速差 ΔV、车速降低系数 SRC；

(3) 综合车速指标：路段车速离散度 S。

5.4.2　设计一致性评价模型的构建

根据高速公路运行车速及事故的实地调研结果，采用非线性拟合方法，建立一致性量化指标与事故率的关系模型，即基于多个运行车速特征指标的高速公路线形设计一致性综合评价模型。

5.4.2.1　车速变异系数与事故率的关系模型

车速变异系数表征了一个路段车速的离散程度，定性上分析，车辆车速的离散程度越大，安全性越低，即随着车速变异系数的增大，事故率逐渐升高，对测得的数据进行回归分析，根据车速变异系数与事故率散点图的变化趋势，提出二者的关系模型如下：

$$I = e^{a+b/C_V} \tag{5-10}$$

式中 I——路段事故率(次/百万车公里)；

C_V——路段车速变异系数；

a, b——待定参数。

在确定了车速变异系数与事故率模型的形式后，采用非线性拟合的方法对式中的参数进行标定，标定系数 $a = 0.216$，$b = -0.027$，最终的关系模型为

$$I = e^{0.216-0.027/C_V} \tag{5-11}$$

各参数 95%置信区间为

$$a \in (-0.206, 0.638), b \in (-0.045, -0.01)$$

图 5-5 所示是事故率与车速变异系数的关系曲线。当路段车速变异系数大于 0.01 时，事故率突破 0.3 次/百万车公里，呈较快的增长趋势，高于高速公路的平均事故率 0.32 次/百万车公里。当车速变异系数达到 0.08 时，曲线的增长趋势开始放缓，说明当路段上平均车速降低到一定程度或车速偏离平均车速很大时，路段的安全性逐渐趋于稳定。

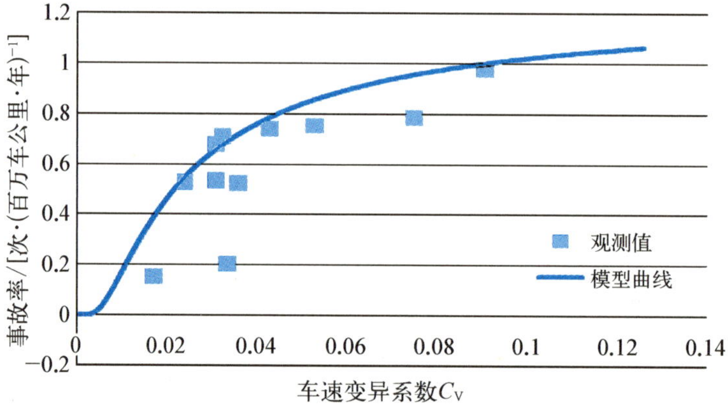

图 5-5　事故率与车速变异系数曲线

5.4.2.2　客货极差比与事故率的关系模型

国内外对客车与货车车速差的研究以分级为主，建立模型进行分析的较少。从前面的相关性分析中可以看出，客货极差比与事故率呈正相关的趋势，即事故

率随着客货极差比的增大而增大；在客货极差比较小的区段，事故率较稳定，在客货极差比超过 0.2 后，曲线呈较快的增长趋势，对测得的数据进行定性分析后，提出车速变异系数与事故率的关系模型如下：

$$I = aM^2 + bM + c \tag{5-12}$$

式中　I——路段事故率(次/百万车公里)；

M——路段客货差极差比；

a, b, c——待定系数。

采用多元非线性回归的方式进行系数标定，标定系数 $a = 2.426$，$b = -0.151$，$c = 0.175$；最终得到的模型如下，关系曲线如图 5-6 所示。

$$I = 2.426M^2 - 0.151M + 0.175 \tag{5-13}$$

各参数 95%置信区间为

$$a \in (1.728,\ 6.634),\ b \in (-2.774,\ 2.472),\ c \in (-1.169,\ 0.519)$$

如图 5-6 所示，当路段客货极差比小于 0.15 时，事故率曲线变化平缓，维持在 0.2 次/百万车公里以下，低于高速公路的平均事故率 0.32 次/百万车公里；客货极差比超过 0.15 后，曲线呈较快的增长趋势，事故率随着客货车速极差比的增大而迅速增大，此时行车危险性显著增加。

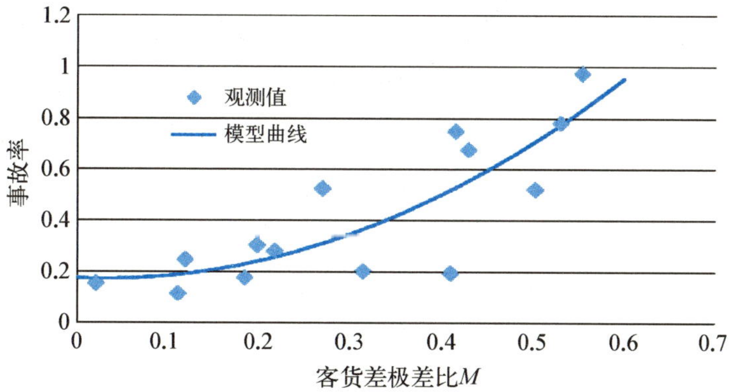

图 5-6　事故率与客货差极差比曲线

5.4.2.3　断面车速差与事故率的关系模型

由于车辆在曲线上有加速也有减速过程，因此，断面车速差的值有正也有负，理论上车辆匀速通过平曲线较加速过程以及减速过程更有利于行车安全，因此定性上认为，ΔV 在 0 左右一定范围内对车辆行车安全的影响是一致的，随着 ΔV 值向两侧的偏离，车辆的行车风险以较快的速度增大。在此基础上，根据对调研数据的回归分析，提出断面车速差与事故率的关系模型如下：

$$I = \log(a \times \Delta V^2 + b \times \Delta V + c) \tag{5-14}$$

式中 I——路段事故率(次/百万车公里)；

ΔV——断面车速差(km/h)；

a,b,c——待定参数。

采用非线性回归方式对模型中参数进行拟合，标定系数 $a = 0.014$，$b = -0.016$，$c = 2.871$；最终得到的模型如下，关系曲线如图 5－7 所示。

$$I = \log(0.014 \times \Delta V^2 - 0.016 \times \Delta V + 2.87) \tag{5-15}$$

各参数 95%置信区间为

$$a \in (0.003,\ 0.026), b \in (-0.194,\ 0.162), c \in (1.347,\ 4.396)$$

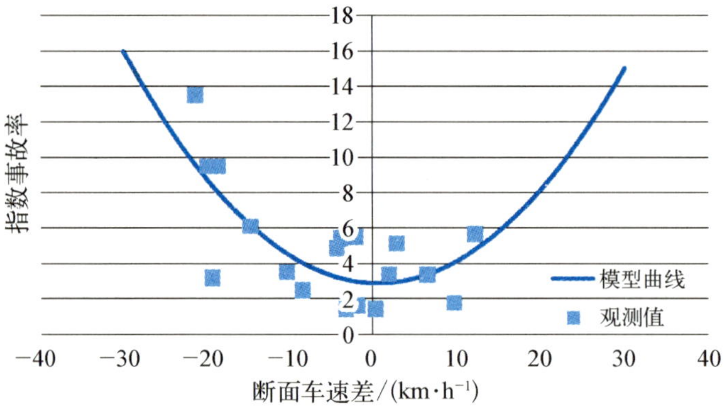

图 5－7　事故率与断面车速差关系曲线

从图 5－7 所示高速公路所有不同断面车速差与路段事故率的关系中可以看出，曲线并不是关于 y 轴对称的，当车辆车速降低较多时，发生事故的概率大大增加；曲线上车辆主要以减速过程为主，尽管加速过多时，事故率也较高，但相比较而言，减速行为比加速行为更为危险。无论是加速或是减速，当车辆以较为稳定的车速即运行车速变化较小时通过曲线时，事故率最低。虽然加速行为也存在一定的危险性，但当加速小于 10 km/h 时，事故率变化较为平缓，同时，由于缺乏曲线上车辆的加速数据，因此，当加速超过 10 km/h 之后，模型的解释能力还有待进一步的验证。

5.4.2.4　车速降低系数与事故率的关系模型

从车速降低系数的定义可以看出，SRC 为前一个断面的 V_{85} 与后一个断面的 V_{85} 之比，因此，实际上可能出现 SRC 大于 1 的情况，即车辆在曲线上有加速过程，不论是加速还是减速，车辆在曲线上车速变化过大对于行车安全都是不利的，因此，理论上 $SRC=1$ 时事故率最低，SRC 值在 1 两边偏离得越多车辆行驶中可能存在的风险越高。结合车速降低系数与事故率的相关性分析，根据散点图提出车速降低系数与事故率的关系模型如下：

$$I=\ln(a\times SRC^2+b\times SRC+c) \tag{5-16}$$

式中　I——路段事故率(次/百万车公里)；

SRC——车速降低系数；

a,b,c——待定参数。

采用非线性回归的方式对模型中的参数进行拟合，标定系数 $a=54.949$，$b=-109.561$，$c=56.009$；最终得到的模型如下，关系曲线如图 5－8 所示。

$$I=\ln(54.949\times SRC^2-109.561\times SRC+56.009) \tag{5-17}$$

各参数 95%置信区间为

$$a\in(27.787,\ 82.111),b\in(-160.711,\ -58.41),c\in(32.114,\ 79.904)$$

如图 5－8 所示，事故率随车速降低系数的变化趋势与断面车速差大致相同，此处不再赘述。

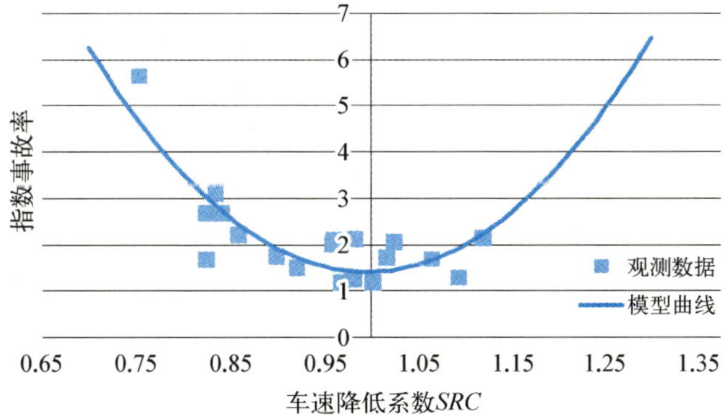

图 5－8　事故率与车速降低系数关系曲线

5.4.2.5　路段车速离散度 S 与事故率的关系模型

路段车速离散度与车速变异系数一样代表了一个路段车速的离散程度，不同之处在于路段车速离散度表征的是某个路段与整条公路整体运行车速的偏差，而车速变异系数表征的是路段上不同断面上车辆运行车速之间的差异，因此，理论上，路段车速离散度 S 越大，安全性越低，同时，从图 5-9 所示路段车速离散度 S 与路段事故率的关系曲线中可以看出，随着车速离散度 S 的增大，事故率有一个突然增大的过程，在此基础上，根据对调研数据的回归分析，提出路段车速离散度与事故率的关系模型如下：

$$I = e^{(a+b/S)} \tag{5-18}$$

式中 I——路段事故率(次/百万车公里)；

S——路段车速离散度；

a,b——待定参数。

采用非线性回归的方式对模型中的参数进行拟合，标定系数 $a=-0.081$，$b=-0.331$；最终得到的模型如下，关系曲线如图 5-9 所示。

$$I = e^{(-0.081-0.331/S)} \tag{5-19}$$

各参数 95%置信区间为

$$a \in (-0.517,\ 0.355), b \in (-0.819,\ 0.156)$$

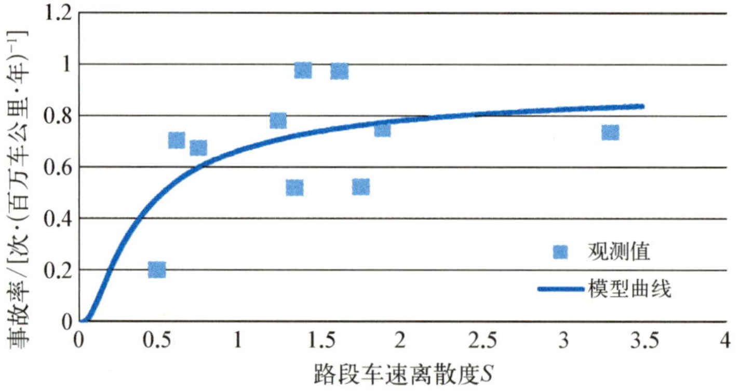

图 5-9 事故率与路段车速离散度的关系曲线

当路段车速离散度大于 0.5 时，事故率呈较快的增长趋势，行车危险性显著增加；当路段车速离散度达到 1.5 时，曲线的增长趋势开始放缓。高速公路车速离散度主要集中在(1, 2)，事故率普遍较高，反映出路段运行车速相较于整体平均车速的变化也是影响车辆运行安全的重要因素之一。

5.4.3　模型的有效性检验

按照第 4 章介绍的模型有效性检验原理，对所建立的运行车速特征指标与事故率的关系模型进行有效性检验，检验结果见附录。

通过模型的有效性检验，可以看出以上构建的基于运行车速特征指标的高速公路线形设计一致性评价模型科学有效。道路交通事故率与人—车—路的大环境密不可分。道路特征基本决定了道路用户在道路上的行驶速度和轨迹，根据道路线形、运行车速与安全性的相关关系，将运行车速作为事故率的自变量进行分析，解决了评价公路线形设计一致性最重要的问题。

5.5　高速公路线形设计一致性评价标准

高速公路线形设计一致性评价模型研究是进行公路线形设计质量评价研究的基础，但在实践操作中，评价模型并不能对高速公路的设计一致性水平提供直观的定量描述。作为安全设计的重要组成部分，公路线形设计一致性评价的关键内容在于建立一套科学、合理、可测的评价指标，由此方可形成可操作的评价方法。因此有必要对高速公路线形设计一致性评价标准进行研究。

国外通过大量的研究，提出常用于评价道路线形一致性的运行车速指标有运行车速与设计车速差以及断面运行车速差等，相应的评价标准也有所不同。目前我国所涉及的基于运行车速的道路几何线形评价原则，基本上是借鉴美国开发的交互式道路安全设计软件（IHSDM）中的设计协调性子模型及澳大利亚运行车速模型。而目前这些模型采用单一偏离值作为复查及评价的标准，在我国交通环境与国外有较大差异的情况下，不能直接应用于我国高速公路线形设计一致性分析，依然无法成为决策提供量化支持。

本书在 5.4 节中提出了新的基于运行车速的公路线形设计一致性评价指标，并建立了评价指标与事故率的关系模型，以下将根据关系模型，结合我国高速公路安全总体水平以及相关研究成果确定道路安全相对指标，从而标定符合我国道路安全实际情况的运行速度特征指标，建立高速公路线形设计一致性评价标准。

5.5.1　高速公路安全性服务水平

高速公路线形设计一致性分析属于微观安全性分析，事故多发点（段）的安全性分析方法[91-94]更适合本研究。在研究道路安全性时，事故率作为一个定量化的数值，在很多情况下成为分析不同路段道路安全性好坏的重要指标，而在某些情况下事故率这一指标会表现出太绝对化、数值化以及不直观的弱点。例如，如果被告知某路段的事故率是1次/百万车公里年，很难反映出该路段安全性的好坏。因此，需要在确定事故率分级标准的基础上，采用道路安全性服务水平即制定适合我国国情的高速公路安全性水平分级标准作为判别路段安全性的依据。

5.5.1.1 事故率标准

高速公路安全性服务水平通过事故多发点(段)的分级标准来确定，事故多发点(段)所占道路的长度通常很少，却集中了较大比例的交通事故，具有极大的危害性。因此，自然地成为交通事故研究的切入点和重点。国外针对道路交通事故多发点(段)的研究起步较早，并取得一定的成果。不同国家对事故多发点的定义有所区别。

1. 挪威

挪威对事故黑点的定义是：长100 m的路段内，4年发生4起以上人员伤亡的交通事故，称为道路黑点。黑段的定义是：长1 km的路段内，4年发生10起以上人员伤亡的交通事故，称为黑段[95]。

该规定的优点是：明确了点、段的具体标准、具体的事故次数及具体时间，便于具体操作。缺点是：① 没有考虑不同的道路条件、事故的严重程度及交通流量等因素对交通事故的影响；② 规定的点(段)长度、时间、事故次数过于具体，缺少操作灵活性。

2. 英国

英国从事故次数、事故类型、事故发生时间、日期、道路长度或区域大小来定义交通事故多发生点(段)，其规定如下[95]：在0.1 km范围内，1年发生过4次事故，称为危险地点；在0.3 km长的路段上，3年中发生过12次事故，称为危险位置；在1平方公里范围内，1年中有40次或40次以上事故，称为事故易发地区。

3. 美国

美国的《交通运输工程手册》对交通事故多发地点的定义是[96-98]：在给定的统计周期内(1～3年)，路网中某些地点对应某种算法得到的事故发生水平评定指标明显高于类似地点、类似交通状态下区域路网上的平均指标。

该定义的优点是：① 考虑了交通事故统计年限，事故的严重程度、道路条件二要素对交通事故多发点(段)的决定作用；② 该定义用“明显高于”，“平均指标”等进行了一定的量化。缺点是：没有考虑交通事故多发点(段)的长度范围，只笼统地讲某些地点。

4. 日本

日本的事故频发地点判定标准是：4 年内发生 24 起死伤事故的场所，或发生 2 起以上死亡事故的场所，或按正面冲撞、追尾等事故类型换算的死亡事故件数 4 年内发生 0.4 起以上事故的场所[99]。

5. 泰国

泰国是世界上道路交通安全状况比较差的国家之一，为了改善交通安全状况，泰国在事故多发路段的研究方面做了大量的工作，在研究中，考虑了事故率与交通量的关系，通过对过去多年事故与交通量的统计分析，确定正常事故的标准，若在规定时间和范围内的事故率大于标准值，则被认为是事故多发位置。事故率按下式计算，事故率标准见表 5-1。

$$\text{事故率} = \frac{\text{事故数} \times 100^2}{\text{AADT} \times \text{路段长度(km)} \times 365} \tag{5-20}$$

表 5-1　泰国事故率标准[89]

交通量(AADT)/(辆·日$^{-1}$)	路段标准/[起·(亿车·km)$^{-1}$]	交通量(AADT)/(辆·日$^{-1}$)	路段标准/[起·(亿车·km)$^{-1}$]
≤15 000	500	50 000～70 000	100
15 000～30 000	150	>70 000	75
30 000～50 000	125		

该规定的优点是考虑了交通事故数与平均交通量之间的对比关系；缺点是没有对事故多发点或段进行区别，更没有确定多发点(段)具体长度。

6. 我国实践部门的具体做法

(1) 湖南省在全面排查治理道路交通事故多发路段的工作过程中，对事故多发点和事故多发路段作了明确的规定：500 m 范围内，在一年中发生 3 次重大以上交通事故的区域称为事故多发点，道路上 2 000 m 范围或道路桥梁、涵洞全程的事故发生地称为事故多发路段[100]。

(2) 2001 年 6 月 16 日出台的《全面排查道路交通事故多发点段工作方案》

中规定[101]：

① 点是指 500 m 范围内的事故发生地；

② 段是指道路上 2 000 m 范围内或桥、涵全程的事故发生地；

③ 多发是指一年内发生 3 次重大以上交通事故。

(3) 公安部、国家安全生产监督管理局 2002 年 4 月 16 日出台的《2002 年预防道路交通事故工作方案》中提到 2002 年事故多发点段和安全隐患点排查标准为[102]：

① 省(自治区、直辖市)级排查重点事故多发点段是：2001 年以来发生一次死亡 5 人以上事故的公路点段；高速公路发生一次 10 车以上相撞事故的路段；

② 地、市级排查重点事故多发点段是：2001 年以来发生一次死亡 3 人以上事故的普通公路点段和 3 次以上带有规律性死亡事故的点段；二级以上新(改)建公路，未划中心隔离线或未设置物理隔离设施的，或虽设置隔离设施，但开口过多或影响视线，发生 3 次以上带有规律性伤亡事故的点段。

实践部门对交通事故多发点(段)表述的优点是：明确、具体，克服了抽象性、笼统性及不确定性，便于实际操作与应用，包含了时间、空间、事故的具体特征及量化的表达；缺点是：表达内容过于具体，没有考虑路况、环境等因素对交通事故的影响。总的来说，适应我国情况的既具体、明确又普遍适用的定义还需进一步研究。

综合上述各国对事故多发点的定义可以看到，以英美、日本为代表的发达国家对于事故多发地点的定义普遍没有考虑交通量的因素，事故发生较多就定性为事故多发点；欧洲国家如英国对于事故多发点的考虑加入了路段长度的因素。相比交通安全较差的泰国所制定的事故率标准，不仅考虑了交通量的因素，同时也将路段长度的因素考虑在内，从而在很大程度上反映了道路等级、拥挤程度等情况，既可适用于区域评价，又可适用于一个路段和一个道路，是适应性较好的指标。

在我国，公路发展历史是不均衡的，这造成我国现有公路运营状况差异很大，即使是在同一个省内，同一等级的公路之间在线形标准、路面质量、交通安全设施等方面都有很大不同。在这种条件下，即使是确定一个省的某一公路等级下的事故数或事故率的标准值也是十分困难的。加上我国在这方面缺少基础的研究，目前尚没有像英国和泰国这样的标准值可供使用。如以整条路或某个区域的平均值作为标准值，由于事故分布的状态不同，也很难定出合理的结果。以某国道一路段为例，该路段全长约 140 km，3 年的统计资料表明：3 年每公里事故数的平均值为 5.731 起，全线大于平均值的路段达 61 km，占路线总长 43.6%，显然不能以平均值作为“标准值”。如果按照其他某些国家的方法，将超过均值 20%作为“标准值”，则上述路段中还有 50 km 超过“标准值”，占路线总长 35.7%。事故多发位置所占路线总长的比例较高。虽然从一方面说明该路段事故状况较严重，另一方面也反映出事故率“标准值”的确定在我国十分困难。

在表 5－1 所列的泰国事故率标准中，当交通量(AADT)达到较大的 50 000～70 000 辆时，所对应的事故率标准为 100 起/亿车公里即为 1 起/百万车公里。根据对我国多条高速公路近年来交通量和事故资料的统计，平均交通量(AADT)为 48 680 辆，计算得到路段最高事故率为 1.12 起/百万车公里，这与泰国的事故状况较为接近。鉴于目前我国与发达国家交通安全水平还存在着一定的差距，因此，本书从我国国情出发，参考与我国交通安全水平相近的发展中国家——泰国的事故率标准，最终确定高速公路安全性的事故率标准为 1 起/百万车公里，定义 $I_{max} = 1$ 起/百万车公里。

尽管这一标准的确定存在着一定的局限性，但就目前研究条件有限的情况而言，不可能得到一个放之四海而皆准的成果。在实际观测我国不同地区高速公路安全状况的基础上，结合国外的研究成果，得出较为普遍结论也是具有一定的科学价值和实际应用意义的。当然，随着时间的推移和空间的转变，影响事故率的客观条件也在发生变化，通过后继工作的开展和调查数据的极大丰富，这一标准还将不断地修订和完善。

5.5.1.2　安全性服务水平

在确定了适合我国实际情况的高速公路安全性事故率标准 $I_{max} = 1$ 起/百万车公里后，那么，通过改善，事故率降低到什么程度事故多发点的改善效果才算显著呢？同济大学刘涛博士[103]在具本书中对事故多发点改善效果的显著性进行了定量的描述，如图 5－10 所示。

图中横坐标表示事故多发点改善前的事故数，纵坐标表示通过治理以及改善，事故多发点处事故数量减少的百分比，对于具有图中事故数量事故多发点，通过改善后事故数的降低百分率位于曲线上方时，改善效果才能表示为显著，若在下方，说明改善效果不明显，事故的减少可能是由于偶然因素造成的。

在 $I_{max} = 1$ 起/百万车公里的条件下，当事故多发点(段)路段长度为 1 km，年平均日交通量(AADT)为 50 000 时，对应的事故多发点的事故数量为 20 起，通过查询图 5－26，得到事故多发点事故率降低 35%时，事故多发点的改善效果

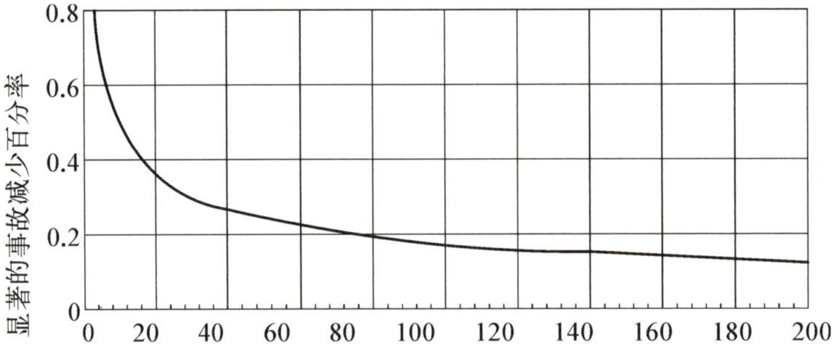

图 5-10　事故多发点改善效果显著性检验图

较为显著，对应的事故率为 0.65 起/百万车公里。根据我国现状，考虑道路交通事故损失的经济性[104]，若改善目标分两阶段，每阶段降低事故率 20%，两年完成一个阶段，那么，四年就能使事故多发点（段）的事故率得到显著的降低。基于以上分析，制定我国高速公路安全性服务水平即安全性分级标准如下：

若 $I \leqslant 0.65$，则认为该路段安全性好；

若 $0.65 < I \leqslant 0.80$，则认为该路段安全性一般；

若 $I \geqslant 0.80$，则认为该路段安全性差，接近事故多发路段的标准，需要改善。

5.5.2　线形设计一致性评价标准

在制定我国高速公路安全性服务水平的基础上，根据路段运行车速特征指标与安全性评价指标的关系模型即高速公路线形设计一致性模型，确定相应的安全等级对应的运行车速特征指标范围，提出基于运行车速特征指标的高速公路线形设计一致性评价标准，用于指导高速公路线形设计一致性分析，见表 5-2 和表 5-3。

表 5-2　基于路段车速离散性指标的线形设计一致性评价标准

安全等级 / 车速特征指标	好	一般	差
车速变异系数 C_V	$C_V \leqslant 0.031$	$0.031 < C_V \leqslant 0.046$	$C_V > 0.046$
客货极差比 M	$mb \leqslant 0.46$	$0.46 < mb \leqslant 0.54$	$mb > 0.54$
路段车速离散度 S	$S \leqslant 0.95$	$0.95 < S \leqslant 2.34$	$S > 2.34$

表 5-3　基于路段断面车速变化指标的线形设计一致性评价标准

车速特征指标 \ 安全等级	好	一般	差
断面车速差 ΔV /(km·h^{-1})	$-10 \leqslant \Delta V \leqslant 11$	$-15 \leqslant \Delta V < -10$ $11 < \Delta V \leqslant 16$	$\Delta V < -15$ $\Delta V > 16$
车速降低系数 SRC	$0.90 \leqslant SRC \leqslant 1.095$	$0.87 \leqslant SRC < 0.90$ $1.095 < SRC \leqslant 1.12$	$SRC < 0.87$ $SRC > 1.12$

车速变异系数 C_V 与客货极差比 M 从两个不同的侧面反映了路段车速的离散性：车速变异系数 C_V 反映了路段上所有车辆车速的离散性，而客货极差比 M 反映了路段上大货车与小汽车之间车速的差异。在表 5-2 中，推荐使用车速变异系数 C_V 标准为高速公路线形设计一致性评价的主要依据，若交通流组成较为复杂时，则要同时采用客货极差比 M 进行检验，基于路段车速离散度 S 的评价标准可对路段整体上进行线形一致性分析。

在表 5-3 中，对于设计车速大于 100 km/h(包含 100 km/h)的高速公路，推荐使用车速降低系数 SRC 的标准，以车速降低的百分比为主要考虑因素；而对于设计车速小于 100 km/h 的高速公路，推荐使用断面车速差 ΔV 的标准，以车速降低的绝对值为主要考虑因素。

在拟建高速公路的线形设计中，通过运行车速预测值可计算得到不同路段的运行车速特征指标，根据以上的一致性评价标准即可进行线形设计一致性评价分析。通常情况下，安全等级程度一般时，公路线形已能够为车辆提供一个较为稳定的运行环境；对于安全等级为差的道路线形则需要根据实际情况做出重新调整，以使新的预测的运行车速特征指标满足线形设计一致性需求，保障车辆的行车安全。

对于已建高速公路的线形设计一致性评价，可根据评价结果，因地制宜地采取适当的交通工程措施，降低运行车速的变化，正确进行线形诱导，最大限度地降低事故发生的概率。主要有以下改善建议：

(1) 在直线末端车辆进入小半径曲线前，设置减速震动带，以警示司机前方线形将产生较大的变化，做好相应的操作准备，同时在进入曲线路段添加视觉诱导标志，使车辆车速在直线进入平曲线路段的过程中能够平稳地过渡。

(2) 在曲中路段添加广角镜。山区高速公路的平曲线曲中路段一般是视距受限制最严重的区域，建议在视距无法满足要求的路段添加广角镜，使驾驶员能够及时了解前方路况信息，对车辆运行速度进行有效控制。

(3) 在曲线接直线路段做好车辆限速措施。车辆在驶出平曲线的过程中易产生加速行为，由于不同类型的车辆加速性能不同，车辆的车速变化状况不尽相同，车速差的增大较易产生运营安全问题，为控制车速上限，须做好限速措施。

(4) 在高速公路的连续下坡事故多发位置，采取一定的限速措施。在车辆进入连续下坡路段之前设置强制性用于货车制动系统检测的停车站场和刹车降温池等，以降低刹车片温度，提高行车安全。

(5) 在适当地点设置避险车道，同时，避险车道的设置还要有利于车辆及时撤出现场，避免发生二次事故。

(6) 对纵坡大于4%的路段设置爬坡车道，在连续上坡路段，特别是有爬坡车道路段，严禁大型货车使用超车道；在无爬坡车道的连续上坡路段，也应加强车辆对车道的使用管理，特别是大型货车。

5.6 基于运行车速预测的线形设计一致性评价流程

基于运行车速预测模型的高速公路线形设计一致性评价主要是通过运用运行车速预测模型对已建或拟建高速公路进行运行车速预测，确定运行车速特征指标，根据线形设计一致性评价方法和评价标准对高速公路进行运行车速协调性和线形设计一致性等方面的分析，主要流程如下。

1. 确定路段

研究对象主要包括4～8车道的拟建和已建的高速公路，车辆类型主要包括A型车(小客车)与D型车(大型载重车)，首先根据需要，确定研究路段，收集高速公路平、纵、横线形设计资料及线形指标数据。

2. 运行车速预测

根据高速公路线形进行运行车速的连续预测，预测主要步骤如下：

(1) 处理路线设计指标。根据线形设计资料整理路线设计指标，包括半径、坡度、转角、缓和曲线长度、横断面总宽度等，沿桩号方向每5 m(可根据精度要求自行调整计算间距)计算一个点的指标并整理成表格形式。每一项指标按照如下要求整理：根据预测模型要求，认为半径大于3 000 m的平曲线对于驾驶员的影响已经非常小，可近似认为是直线，所以直线和半径大于3 000 m的曲线，

按照 $R=3\,000$ m 取值，例如，半径为 5 000 时，按照 3 000 输入，半径为 1 500 时，按照 1 500 输入，缓和曲线段的半径，按照回旋线参数反推半径值代入；坡度需要坡度和坡度绝对值两组数据，按照未取百分位的形式输入，例如 −2% 即输入 −2；曲率变化率只有在缓和曲线段有值，为回旋线参数的倒数，例如，连接直线和半径为 600 m 的圆曲线的长 200 m 的缓和曲线，对应曲率变化率为 $1/(200\times600)$，计算结果按照小数形式输入；曲线转角转化成小数形式的角度值，例如，15°10′12″输入 15.17；横断面相关指标以米为单位，按照横向总宽度相加结果代入计算，例如，双向四车道高速公路，单向车道数为 2，车道宽度 3.75 m，左、右路肩分别为 0.5 m 和 2.5 m，土路肩 0.75 m，则横断面总宽度应该按照 $2\times3.75+0.5+2.5+0.75=11.25$ m 输入。

(2) 计算线形综合指标。如图 5 - 11 所示，选取每 5 m 一个点计算该点线形对应的线形综合指标值和从起点累积到该点的线形综合指标累积值。定义起点对应的线形综合指标值为 f_0，第 1 点对应的线形综合指标为 f_1，第 n 点对应线形综合指标值为 f_n；相应的起点线形综合指标累积值为 $F_0=0$；第 1 个点的线形综合指标累积值为 $F_1=F_0+5\times(f_0+f_1)/2$；依此类推，第 n 个的线形综合指标累积总值为 $F_n=F_{n-1}+5\times(f_{n-1}+f_n)/2$。

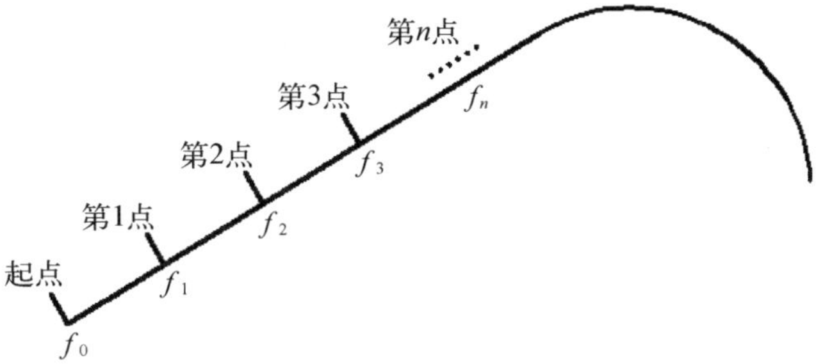

图 5　11　线形指标计算方法示意图

(3) 计算前、后方线形影响范围内线形综合指标的累积值。包括后方 200 m 加减速长度范围内的线形综合指标值 $F_{后200\,\mathrm{m}}$、前方 250 m、100 m 有效注视范围内的线形综合指标值 $F_{前250\,\mathrm{m}}$，$F_{前100\,\mathrm{m}}$。第 n 计算点的速度相关数据为

$$F_{后200\,\mathrm{m}}=F_n-F_{(n-200/5)} \tag{5-21}$$

$$F_{前250\,\mathrm{m}}=F_{(n-250/5)}-F_n \tag{5-22}$$

$$F_{前100\,\mathrm{m}}=F_{(n-100/5)}-F_n \tag{5-23}$$

(4) 应用速度预测模型预测速度值。按照线形指标分类分别对应 Ⅰ 类指标

A 型车速度预测模型、Ⅱ类指标 A 型车速度预测模型、Ⅰ类指标 D 型车速度预测模型、Ⅱ类指标 D 型车速度预测模型进行速度预测。

$$V_{\mathrm{I,A}} = 141.03 \cdot \exp[-1.35 \times 10^{-4} \cdot (F_{后200\,\mathrm{m}}) - 6.78 \times 10^{-5} \cdot (F_{前250\,\mathrm{m}} - F_{前100\,\mathrm{m}})] \tag{5-24}$$

$$V_{\mathrm{II,A}} = 140.79 \cdot \exp[-9.44 \times 10^{-5} \cdot (F_{后200\,\mathrm{m}}) - 1.07 \times 10^{-4} \cdot (F_{前250\,\mathrm{m}} - F_{前100\,\mathrm{m}})] \tag{5-25}$$

$$V_{\mathrm{I,D}} = 89.73 \cdot \exp[-1.42 \times 10^{-4} \cdot (F_{后200\,\mathrm{m}}) - 1.24 \times 10^{-4} \cdot (F_{前250\,\mathrm{m}} - F_{前100\,\mathrm{m}})] \tag{5-26}$$

$$V_{\mathrm{II,D}} = 89.26 \cdot \exp[-1.20 \times 10^{-4} \cdot (F_{后200\,\mathrm{m}}) - 1.41 \times 10^{-4} \cdot (F_{前250\,\mathrm{m}} - F_{前100\,\mathrm{m}})] \tag{5-27}$$

3. 线形设计一致性分析

根据高速公路线形设计一致性评价方法及评价标准进行路段线形设计一致性分析，主要步骤如下：

(1) 路段划分。

(2) 根据路段单元的划分结果以及运行车速预测数据，计算用于线形一致性分析的各类型车速特征指标，包括车速变异系数、客货车速极差比、断面车速差、车速降低系数、路段车速离散度。

(3) 根据车速特征指标的计算结果及高速公路线形设计一致性评价方法和评价标准进行路段线形设计一致性分析，确定被分析的路段所处的运营安全等级。

4. 建议处理措施

根据运行车速预测及线形设计一致性分析结果，对拟建高速公路不符合要求的路段进行调整，修正设计；根据修正后的线形重新进行运行车速预测和线形设计一致性分析，直到符合安全性要求。对已建高速公路不符合要求的路段可采取相应的安全改善措施，从而提高运行安全性。

5.7 本章小结

本章根据道路安全设计与线形设计一致性理论，以运行车速特征指标作为道路线形与安全性研究的中介指标，针对高速公路线形设计一致性进行了深入研究，主要完成的内容有以下几点。

(1) 根据线形设计一致性研究的特点，确定一致性分析的路段划分方法；针对行车中车速的协调性和连续性需求，提出新的运行车速特征指标，并确定了路段安全性分析方法；

(2) 对不同路段车速标准差、车速变异系数、客货差极差比、断面车速差、车速降低系数等运行车速特征指标与道路线形及事故率的相关性进行了深入分析；

(3) 根据运行车速特征指标与事故率的相关性分析结果，选取线形设计一致性量化指标，建立基于运行车速特征指标的高速公路线形设计一致性评价模型，并对模型进行了有效性检验；

(4) 根据我国的实际情况，确定了我国高速公路安全性服务水平，在此基础上，根据高速公路线形设计一致性评价模型，提出线形设计一致性评价标准；

(5) 提出基于运行车速的线形设计一致性评价流程。

高速公路线形设计一致性评价是运行车速预测应用研究的重要方面，也是道路安全设计的重要内容。当前应加强道路条件与交通安全关系的研究工作，着重于构筑一个实用的、有效地进行道路安全设计的方法体系和应用体系，力争对道路做到合理的安全设计，尽最大可能地避免由于设计原因造成道路安全方面的缺陷。高速公路线形设计一致性评价研究为我国基于运行车速的路线设计方法的应用奠定了良好的基础。

第6章
工程应用

本章以已建太旧高速公路和拟建鹤大高速公路为例，介绍高速公路运行车速预测模型及其在线形设计一致性评价中的实际工程应用。

6.1 工程背景

6.1.1 太旧高速公路

山西太原至旧关高速公路即太旧高速公路是交通部“八五”公路建设重点项目之一，是山西的第一条高速公路，全长 140.7 km，路线所经地区为山西黄土高原与太行山脉两大地貌地带，横跨地势平缓的汾河河谷平原，穿越冲沟发育、切割严重的重丘区，进入山势陡峻、高差悬殊的山岭区，沿线地形极为复杂，工程条件十分困难，是我国最早进入山岭重丘区的高速公路。它 4 跨石大铁路线、6 跨 307 国道、隧道一条，特大桥 3 座，大中桥 61 座，小桥 13 座。设计时速为 80 km/h。武宿—要罗段属平微区，路基宽度 24.5 m，设计行车速度 100 km/h；要罗—峪口段属重丘区，路基宽度 23 m，个别困难地段 21.5 m，设计行车速度 60 km/h；要罗—旧关段属山岭区，路基宽度 23 m，设计行车速度 60 km/h。

6.1.2 鹤大高速公路

鹤大高速公路是国家高速公路网和东北区域高速公路网的重要组成部分，是吉林和黑龙江省最便捷的出海快速大通道，同时也是彻底解决鹤大公路(G201)落后的通行状况、提高通道服务水平和运输能力的需要。起点位于辽宁省与吉林省交界处的新开岭，终点位于丹东市振安区古城子互通立交，在桓仁县北侧与规划的永陵至桓仁高速公路连接、在终点处与沈丹高速公路终点和丹大高速公路起点连接，途经本溪市桓仁县、丹东市宽甸县、凤城市、振安区和元宝区，路线全长为 196.875 km。该项目全线采用全封闭、全立交、控制出入的双向四车道高速公路标准，其中起点桓仁新开岭（辽吉界）K0＋000 至宽甸 K120＋765 段采用设计速度为 80 km/h、路基宽度 24.5 m；宽甸 K120＋835 至丹东古城子 K197＋109.125 段采用设计速度为 100 km/h，路基宽度 26.0 m；K120＋765 至 K120＋835 段为路基宽度渐变段。交通工程及沿线设施 A 级，其余技术指标按交通部颁布的《公路工程技术标准》（JTG B01—2003）规定执行。具体技术标准见表 6－1，选取 K18＋000—K51＋400 共 33.4 km 的路段进行实际工程应用。

表 6－1　鹤大高速公路技术指标

序号	项　　目	技　术　标　准	
		桓仁至宽甸段	宽甸至丹东段
1	公路等级	高速公路	
2	车道数	四	
3	设计速度	80 km/h	100 km/h
4	路基宽度（整体式/分离式）	24.5 m/12.25 m	26.0 m/13.0 m
	行车道宽度	2×7.50 m	
	中央分隔带	2.0 m	
	左侧路缘带	0.5 m	0.75 m
	硬路肩（含右侧路缘带）	2.5 m	3.0 m
	土路肩	0.75 m	
5	路拱坡度	行车道和硬路肩 2%，土路肩 4%	
6	设计洪水频率	特大桥：1/300，大中小桥涵：1/100，路基：1/100	
7	最小平曲线半径	一般值：400 m 极限值：250 m	一般值：700 m 极限值：400 m
8	不设超高最小半径	2 500 m	4 000 m
9	缓和曲线最小长度	70 m	85 m
10	直线最大长度	1 600 m	2 000 m
11	最小停车视距	110 m	160 m
12	最大纵坡	5%	4%
13	最短坡长	200 m	250 m

续 表

序号	项　目	技术标准	
		桓仁至宽甸段	宽甸至丹东段
14	竖曲线一般最小半径	凸型 4 500 m 凹型 3 000 m	凸型 10 000 m 凹型 4 500 m
15	桥涵设计汽车荷载	公路-Ⅰ级	
16	净空标准	高速公路 5.0 m，一、二级公路 5.0 m，三、四级公路 4.5 m，村道 3.5 m，农用汽车道≥3.2 m，拖拉机、畜力车道≥2.7 m，人行道≥2.2 m；上跨铁路符合 1 435 mm 标准轨距铁路建筑界限	

6.2 运行车速预测

6.2.1 线形数据整理

首先根据高速公路设计图纸或设计数据，按照 5.6 节方法整理相关线形指标，太旧高速公路和鹤大高速公路运行车速预测所需部分线形指标数据分别整理如表 6－2、表 6－3 所列。

表 6－2　太旧高速公路部分线形指标

桩　号	实际半径/m	计算半径/m	坡　度	坡度绝对值	曲率变化率	转角/(°)
K445+800	直线	3 000	3.530%	3.530%	0.0E+00	0
K445+805	直线	3 000	3.530%	3.530%	0.0E+00	0
K445+810	直线	3 000	3.530%	3.530%	0.0E+00	0
K445+815	直线	3 000	3.530%	3.530%	0.0E+00	0
K445+820	直线	3 000	3.530%	3.530%	0.0E+00	0
K445+825	直线	3 000	3.530%	3.530%	0.0E+00	0
K445+830	直线	3 000	3.530%	3.530%	0.0E+00	0
K445+835	直线	3 000	3.530%	3.530%	0.0E+00	0
K445+840	直线	3 000	3.530%	3.530%	0.0E+00	0
K445+845	直线	3 000	3.530%	3.530%	0.0E+00	0

续　表

桩　号	实际半径/m	计算半径/m	坡　度	坡度绝对值	曲率变化率	转角/(°)
K445+850	直线	3 000	3.530%	3.530%	0.0E+00	0
K445+855	直线	3 000	3.530%	3.530%	0.0E+00	0
K445+860	直线	3 000	3.530%	3.530%	0.0E+00	0
K445+865	4 000	3 000	3.530%	3.530%	8.3E−05	0
K445+870	1 500	1 500	3.530%	3.530%	8.3E−05	21.32
K445+875	923	923	3.530%	3.530%	8.3E−05	21.32
K445+880	667	667	3.530%	3.530%	8.3E−05	21.32
K445+885	522	522	3.530%	3.530%	8.3E−05	21.32
K445+890	429	429	3.530%	3.530%	8.3E−05	21.32
K445+895	364	364	3.530%	3.530%	8.3E−05	21.32
K445+900	316	316	3.530%	3.530%	8.3E−05	21.32
K445+905	279	279	3.530%	3.530%	8.3E−05	21.32
K445+910	250	250	3.530%	3.530%	8.3E−05	21.32
K445+915	226	226	3.530%	3.530%	8.3E−05	21.32
K445+920	207	207	3.530%	3.530%	8.3E−05	21.32
K445+925	200	200	3.530%	3.530%	0.0E+00	21.32
K445+930	200	200	3.530%	3.530%	0.0E+00	21.32
K445+935	200	200	3.530%	3.530%	0.0E+00	21.32
K445+940	200	200	3.530%	3.530%	0.0E+00	21.32
K445+945	200	200	3.530%	3.530%	0.0E+00	21.32
K445+950	200	200	3.530%	3.530%	0.0E+00	21.32
K445+955	200	200	3.530%	3.530%	0.0E+00	21.32
K445+960	200	200	3.530%	3.530%	0.0E+00	21.32
K445+965	200	200	3.530%	3.530%	0.0E+00	21.32
K445+970	200	200	3.530%	3.530%	0.0E+00	21.32
K445+975	200	200	3.530%	3.530%	0.0E+00	21.32
K445+980	200	200	3.530%	3.530%	0.0E+00	21.32

续 表

桩 号	实际半径/m	计算半径/m	坡 度	坡度绝对值	曲率变化率	转角/(°)
K445+985	200	200	3.530%	3.530%	0.0E+00	21.32
K445+990	200	200	3.530%	3.530%	0.0E+00	21.32
K445+995	200	200	3.530%	3.530%	0.0E+00	21.32
K446+000	200	200	3.530%	3.530%	0.0E+00	21.32

表 6-3 鹤大高速公路部分线形指标

桩 号	实际半径/m	计算半径/m	转角/(°)	坡 度	坡度绝对值	曲率变化率	横断面宽度/m
K47+910	1 330	1 330	109.486	−1.302%	1.302%	0.0E+00	11.25
K47+905	1 330	1 330	109.486	−1.319%	1.319%	0.0E+00	11.25
K47+900	1 330	1 330	109.486	−1.335%	1.335%	0.0E+00	11.25
K47+895	1 330	1 330	109.486	−1.352%	1.352%	0.0E+00	11.25
K47+890	1 330	1 330	109.486	−1.369%	1.369%	0.0E+00	11.25
K47+885	1 330	1 330	109.486	−1.386%	1.386%	0.0E+00	11.25
K47+880	1 330	1 330	109.486	−1.402%	1.402%	0.0E+00	11.25
K47+875	1 330	1 330	109.486	−1.419%	1.419%	0.0E+00	11.25
K47+873	1 330	1 330	109.486	−1.424%	1.424%	4.7E−06	11.25
K47+870	1 361	1 361	109.486	−1.436%	1.436%	4.7E−06	11.25
K47+865	1 406	1 406	109.486	−1.452%	1.452%	4.7E−06	11.25
K47+860	1 454	1 454	109.486	−1.469%	1.469%	4.7E−06	11.25
K47+855	1 505	1 505	109.486	−1.486%	1.486%	4.7E−06	11.25
K47+850	1 560	1 560	109.486	−1.502%	1.502%	4.7E−06	11.25
K47+845	1 619	1 619	109.486	−1.519%	1.519%	4.7E−06	11.25
K47+840	1 684	1 684	109.486	−1.536%	1.536%	4.7E−06	11.25
K47+835	1 753	1 753	109.486	−1.552%	1.552%	4.7E−06	11.25
K47+830	1 828	1 828	109.486	−1.569%	1.569%	4.7E−06	11.25
K47+825	1 910	1 910	109.486	−1.586%	1.586%	4.7E−06	11.25
K47+820	2 000	2 000	109.486	−1.602%	1.602%	4.7E−06	11.25

续　表

桩　号	实际半径/m	计算半径/m	转角/(°)	坡　度	坡度绝对值	曲率变化率	横断面宽度/m
K47+815	2 099	2 099	109.486	−1.619%	1.619%	4.7E−06	11.25
K47+810	2 207	2 207	109.486	−1.636%	1.636%	4.7E−06	11.25
K47+805	2 328	2 328	109.486	−1.652%	1.652%	4.7E−06	11.25
K47+800	2 463	2 463	109.486	−1.669%	1.669%	4.7E−06	11.25
K47+795	2 614	2 614	109.486	−1.686%	1.686%	4.7E−06	11.25
K47+790	2 785	2 785	109.486	−1.702%	1.702%	4.7E−06	11.25
K47+785	2 980	2 980	109.486	−1.704%	1.704%	4.7E−06	11.25
K47+780	3 205	3 000	109.486	−1.704%	1.704%	4.7E−06	11.25
K47+775	3 466	3 000	109.486	−1.704%	1.704%	4.7E−06	11.25
K47+770	3 773	3 000	109.486	−1.704%	1.704%	4.7E−06	11.25
K47+765	4 140	3 000	109.486	−1.704%	1.704%	4.7E−06	11.25
K47+760	4 586	3 000	109.486	−1.704%	1.704%	4.7E−06	11.25
K47+755	5 140	3 000	109.486	−1.704%	1.704%	4.7E−06	11.25
K47+750	5 846	3 000	109.486	−1.704%	1.704%	4.7E−06	11.25
K47+745	6 777	3 000	109.486	−1.704%	1.704%	4.7E−06	11.25
K47+740	8 061	3 000	109.486	−1.704%	1.704%	4.7E−06	11.25

6.2.2　线形综合指标计算

根据整理好的线形设计指标，沿桩号每 5 m 一个点计算线形综合指标值和线形综合指标累积值，在此基础上，计算各点后方 200 m 范围内线形综合指标累积值 $F_{后200\ \mathrm{m}}$和前方 250 m、100 m 范围内的线形综合指标累积值 $F_{前250\ \mathrm{m}}$、$F_{前100\ \mathrm{m}}$，以鹤大 K40+000—K45+000 段为例，断面线形综合指标累积值如表 6-4 所列。

表 6-4　鹤大 K40+000—K45+000 段前、后线形综合指标累积值

桩　号	纵　坡	$F_{后200\ \mathrm{m}}$	$F_{前250\ \mathrm{m}}$	$F_{前100\ \mathrm{m}}$
K45+000	−0.900%	367.88	463.16	183.96
K44+900	−0.900%	367.92	472.16	184.77
K44+800	−0.603%	368.73	486.20	190.27

续　表

桩　号	纵　坡	$F_{后200\,m}$	$F_{前250\,m}$	$F_{前100\,m}$
K44+700	0.022%	375.04	502.34	195.69
K44+600	0.647%	385.96	522.46	202.38
K44+500	1.272%	398.08	547.17	210.88
K44+400	1.897%	413.27	521.15	221.19
K44+300	2.522%	432.07	447.93	220.09
K44+200	3.147%	441.28	435.51	153.75
K44+100	3.445%	373.84	611.54	156.52
K44+000	3.445%	310.27	781.42	287.69
K43+900	3.445%	444.22	801.36	333.00
K43+800	3.181%	620.69	759.90	316.73
K43+700	2.514%	649.73	721.41	299.24
K43+600	1.847%	615.96	692.13	284.54
K43+500	1.181%	583.78	656.08	272.83
K43+400	0.650%	557.37	520.50	269.28
K43+300	0.650%	542.11	368.94	191.44
K43+200	0.650%	460.72	301.10	118.20
K43+100	0.708%	309.64	314.44	120.19
K43+000	1.542%	238.39	328.51	127.46
K42+900	2.375%	247.65	335.32	133.92
K42+800	2.600%	261.38	335.66	134.27
K42+700	2.600%	268.18	335.66	134.27
K42+600	2.600%	268.53	335.66	134.27
K42+500	2.600%	268.53	335.66	134.27
K42+400	2.600%	268.53	335.84	134.27
K42+300	2.600%	268.53	336.07	134.33
K42+200	2.600%	268.60	336.24	134.49
K42+100	2.600%	268.83	336.24	134.49

续 表

桩 号	纵 坡	$F_{后200\,m}$	$F_{前250\,m}$	$F_{前100\,m}$
K42+000	2.600%	268.99	335.91	134.49
K41+900	2.600%	268.99	330.05	134.49
K41+800	2.600%	268.99	317.85	132.11
K41+700	2.057%	266.60	302.98	125.30
K41+600	1.367%	257.41	291.10	119.60
K41+500	0.678%	244.91	281.31	115.20
K41+400	−0.012%	234.81	274.88	111.64
K41+300	−0.701%	226.84	272.01	108.86
K41+200	−0.831%	220.49	273.53	108.77
K41+100	−0.831%	217.63	312.16	109.51
K41+000	−0.831%	218.28	378.65	119.46
K40+900	−0.831%	228.97	435.19	171.19
K40+800	−0.831%	290.65	439.67	176.00
K40+700	−0.831%	347.19	430.22	176.00
K40+600	−0.831%	351.99	404.31	172.73
K40+500	−1.565%	348.73	364.59	158.87
K40+400	−2.566%	331.60	336.64	140.26
K40+300	−3.500%	299.13	327.30	130.92
K40+200	−3.500%	271.18	327.30	130.92
K40+100	−3.500%	261.84	327.30	130.92
K40+000	−3.500%	261.84	327.30	130.92

6.2.3 运行车速预测

根据路段纵坡类型，分别按照Ⅰ类和Ⅱ类线形指标的速度预测模型，代入$F_{后200\,m}$、$F_{前250\,m}$及$F_{前100\,m}$进行速度预测，太旧、鹤大高速公路部分路段 A 型车和 D 型车运行车速预测结果分别见表 6-5—表 6-8。

表 6－5　太旧高速公路 A 型车运行车速预测结果

桩　号	坡　度	$F_{后200\,m}$	$F_{前250\,m}$	$F_{前100\,m}$	速度预测值 /(km·h^{-1})
K445+800	3.530%	1 233.13	2 996.63	751.95	103.13
K445+900	3.530%	1 352.46	3 198.91	1 499.62	105.38
K446+000	3.530%	2 251.58	2 742.77	1 392.76	96.01
K446+100	3.530%	2 892.38	2 567.26	689.54	85.22
K446+200	3.530%	2 082.30	3 013.99	1 280.33	95.62
K446+300	2.041%	1 969.87	2 335.51	1 176.96	100.90
K446+400	0.507%	2 457.29	1 730.74	872.45	96.66
K446+500	0.200%	2 049.41	1 430.49	572.19	101.92
K446+600	0.200%	1 444.64	1 430.49	572.19	110.26
K446+700	0.200%	1 144.39	1 526.97	572.19	113.90
K446+800	0.200%	1 144.39	1 790.92	584.97	111.97
K446+900	0.200%	1 157.16	2 042.33	787.77	111.41
K447+000	0.200%	1 372.74	2 090.93	836.37	108.33
K447+100	0.200%	1 624.14	2 007.49	836.37	105.45
K447+200	0.200%	1 672.75	1 831.05	827.55	105.98
K447+300	0.200%	1 663.93	1 935.08	634.53	103.98
K447+400	0.216%	1 462.08	2 241.69	830.92	105.95
K447+500	0.326%	1 465.45	2 355.92	939.88	105.87
K447+600	0.435%	1 770.80	2 153.73	942.43	103.17
K447+700	0.545%	1 882.31	1 865.83	897.20	103.38
K447+800	0.640%	1 839.63	1 760.55	614.35	102.71

表 6－6　太旧高速公路 D 型车运行车速预测结果

桩　号	坡　度	$F_{后200\,m}$	$F_{前250\,m}$	$F_{前100\,m}$	速度预测值 /(km·h^{-1})
K445+800	3.530%	611.77	2 219.93	441.27	66.53
K445+900	3.530%	731.10	2 422.21	1 188.94	69.86
K446+000	3.530%	1 630.22	1 966.07	1 082.08	64.23
K446+100	3.530%	2 271.02	1 790.56	378.86	55.12

续　表

桩　号	坡　度	$F_{后200\ m}$	$F_{前250\ m}$	$F_{前100\ m}$	速度预测值/(km·h^{-1})
K446+200	3.530%	1 460.94	2 237.29	969.65	62.81
K446+300	2.041%	1 348.51	1 558.81	866.28	68.37
K446+400	0.507%	1 835.93	954.04	561.77	66.20
K446+500	0.200%	1 428.05	653.79	261.51	70.09
K446+600	0.200%	823.28	653.79	261.51	76.28
K446+700	0.200%	523.03	750.27	261.51	78.64
K446+800	0.200%	523.03	1 014.22	274.29	76.31
K446+900	0.200%	535.80	1 265.63	477.09	75.73
K447+000	0.200%	751.38	1 314.23	525.69	73.48
K447+100	0.200%	1 002.78	1 230.79	525.69	71.65
K447+200	0.200%	1 051.39	1 054.35	516.87	72.61
K447+300	0.200%	1 042.57	1 158.38	323.85	70.15
K447+400	0.216%	840.72	1 464.99	520.24	71.22
K447+500	0.326%	844.09	1 579.22	629.20	71.14
K447+600	0.435%	1 149.44	1 377.03	631.75	69.86
K447+700	0.545%	1 260.95	1 089.13	586.52	70.81

表 6-7　鹤大高速公路 A 型车运行车速预测结果

桩　号	纵　坡	$F_{后200\ m}$	$F_{前250\ m}$	$F_{前100\ m}$	速度预测值/(km·h^{-1})
K45+000	0.900%	1 006.52	1 261.08	503.28	118.10
K44+900	−0.900%	1 006.56	1 269.05	504.00	118.01
K44+800	−0.603%	1 007.27	1 281.48	508.86	117.91
K44+700	0.022%	1 012.86	1 295.77	513.66	117.23
K44+600	0.647%	1 022.53	1 313.58	519.59	116.99
K44+500	1.272%	1 033.25	1 335.46	527.11	116.71
K44+400	1.897%	1 046.70	1 312.42	536.24	116.76
K44+300	2.522%	1 063.35	1 247.60	535.26	117.01
K44+200	3.147%	1 071.50	1 236.61	476.53	116.51

续 表

桩 号	纵 坡	$F_{后200\ m}$	$F_{前250\ m}$	$F_{前100\ m}$	速度预测值/(km·h^{-1})
K44+100	3.445%	1 011.80	1 392.44	478.99	116.20
K44+000	3.445%	955.52	1 542.83	595.11	116.78
K43+900	3.445%	1 074.10	1 560.48	635.22	115.17
K43+800	3.181%	1 230.33	1 523.78	620.81	113.03
K43+700	2.514%	1 256.03	1 489.70	605.33	112.79
K43+600	1.847%	1 226.15	1 463.78	592.32	113.33
K43+500	1.181%	1 197.65	1 431.87	581.95	113.92
K43+400	0.650%	1 174.27	1 311.84	578.81	115.18
K43+300	0.650%	1 160.76	1 177.67	509.90	115.89
K43+200	0.650%	1 088.71	1 117.61	445.06	116.95
K43+100	0.708%	954.96	1 129.42	446.82	118.92
K43+000	1.542%	891.89	1 141.88	453.26	119.85
K42+900	2.375%	900.08	1 147.90	458.98	119.72
K42+800	2.600%	912.24	1 148.21	459.28	119.53
K42+700	2.600%	918.26	1 148.21	459.28	119.43
K42+600	2.600%	918.57	1 148.21	459.28	119.43
K42+500	2.600%	918.57	1 148.21	459.28	119.43
K42+400	2.600%	918.57	1 148.37	459.28	119.43
K42+300	2.600%	918.57	1 148.57	459.34	119.43
K42+200	2.600%	918.63	1 148.72	459.49	119.42
K42+100	2.600%	918.83	1 148.72	459.49	119.42
K42+000	2.600%	918.97	1 148.42	459.49	119.42
K41+900	2.600%	918.97	1 143.24	459.49	119.46
K41+800	2.600%	918.97	1 132.44	457.38	119.53
K41+700	2.057%	916.86	1 119.27	451.35	119.62
K41+600	1.367%	908.72	1 108.76	446.30	119.80
K41+500	0.678%	897.65	1 100.09	442.41	120.01
K41+400	−0.012%	888.71	1 094.40	439.25	120.74

续　表

桩　号	纵　坡	$F_{后200\ m}$	$F_{前250\ m}$	$F_{前100\ m}$	速度预测值/(km·h^{-1})
K41+300	−0.701%	881.66	1 091.86	436.79	120.82
K41+200	−0.831%	876.04	1 093.20	436.72	120.87
K41+100	−0.831%	873.50	1 127.40	437.37	120.46
K41+000	−0.831%	874.08	1 186.27	446.18	119.81
K40+900	−0.831%	883.54	1 236.32	491.98	119.65
K40+800	−0.831%	938.15	1 240.29	496.23	119.04
K40+700	−0.831%	988.20	1 231.92	496.23	118.59
K40+600	−0.831%	992.45	1 208.98	493.34	118.80
K40+500	−1.565%	989.57	1 173.82	481.06	119.12
K40+400	−2.566%	974.40	1 149.08	464.59	119.39
K40+300	−3.500%	945.66	1 140.81	456.32	119.72
K40+200	−3.500%	920.92	1 140.81	456.32	120.00
K40+100	−3.500%	912.65	1 140.81	456.32	120.09
K40+000	−3.500%	912.65	1 140.81	456.32	120.09

表 6-8　鹤大高速公路 D 型车运行车速预测结果

桩　号	纵　坡	$F_{后200\ m}$	$F_{前250\ m}$	$F_{前100\ m}$	速度预测值/(km·h^{-1})
K45+000	−0.900%	603.27	757.02	301.66	77.90
K44+900	−0.900%	603.31	764.99	302.37	77.82
K44+800	−0.603%	604.03	777.43	307.24	77.73
K44+700	0.022%	609.61	791.71	312.04	77.78
K44+600	0.647%	619.28	809.52	317.97	77.57
K44+500	1.272%	630.01	831.40	325.49	77.32
K44+400	1.897%	643.46	808.36	334.61	77.47
K44+300	2.522%	660.10	743.54	333.64	77.88
K44+200	3.147%	668.26	732.55	274.91	77.35
K44+100	3.445%	608.55	888.39	277.37	76.58
K44+000	3.445%	552.28	1 038.77	393.49	76.87
K43+900	3.445%	670.86	1 056.43	433.60	75.80

续 表

桩 号	纵 坡	$F_{后200\text{ m}}$	$F_{前250\text{ m}}$	$F_{前100\text{ m}}$	速度预测值/(km·h^{-1})
K43+800	3.181%	827.09	1 019.72	419.19	74.36
K43+700	2.514%	852.79	985.65	403.71	74.26
K43+600	1.847%	822.90	959.73	390.70	74.69
K43+500	1.181%	794.41	927.81	380.33	75.18
K43+400	0.650%	771.03	807.78	377.19	76.49
K43+300	0.650%	757.52	673.62	308.28	77.24
K43+200	0.650%	685.47	613.55	243.44	77.98
K43+100	0.708%	551.72	625.36	245.20	79.36
K43+000	1.542%	488.64	637.82	251.64	80.00
K42+900	2.375%	496.84	643.85	257.35	79.91
K42+800	2.600%	508.99	644.16	257.66	79.77
K42+700	2.600%	515.02	644.16	257.66	79.70
K42+600	2.600%	515.32	644.16	257.66	79.70
K42+500	2.600%	515.32	644.16	257.66	79.70
K42+400	2.600%	515.32	644.16	257.66	79.70
K42+300	2.600%	515.32	644.52	257.72	79.70
K42+200	2.600%	515.38	644.66	257.86	79.70
K42+100	2.600%	515.58	644.66	257.86	79.70
K42+000	2.600%	515.73	644.37	257.86	79.70
K41+900	2.600%	515.73	639.18	257.86	79.75
K41+800	2.600%	515.73	628.38	255.75	79.83
K41+700	2.057%	513.62	615.22	249.73	79.92
K41+600	1.367%	505.48	604.70	244.68	80.06
K41+500	0.678%	494.41	596.04	240.79	80.23
K41+400	−0.012%	485.47	590.35	237.63	80.15
K41+300	−0.701%	478.42	587.81	235.17	80.22
K41+200	−0.831%	472.80	589.15	235.09	80.26
K41+100	−0.831%	470.26	623.35	235.74	79.91
K41+000	−0.831%	470.84	682.21	244.56	79.34

续　表

桩　号	纵　坡	$F_{后200\,m}$	$F_{前250\,m}$	$F_{前100\,m}$	速度预测值/(km·h^{-1})
K40+900	−0.831%	480.30	732.26	290.35	79.21
K40+800	−0.831%	534.91	736.23	294.60	78.69
K40+700	−0.831%	584.96	727.86	294.60	78.31
K40+600	−0.831%	589.21	704.93	291.72	78.49
K40+500	−1.565%	586.32	669.76	279.44	78.77
K40+400	−2.566%	571.16	645.02	262.97	79.01
K40+300	−3.500%	542.41	636.75	254.70	79.28
K40+200	−3.500%	517.67	636.75	254.70	79.51
K40+100	−3.500%	509.40	636.75	254.70	79.59
K40+000	−3.500%	509.40	636.75	254.70	79.59

6.2.4　速度预测值沿桩号分布

按照上述方法，即可根据高速公路实际线形设计指标对任意路段 A 型车和 D 型车进行运行车速的连续预测。已建太旧高速公路 K445+000—K453+000 共 8 km 长路段预测车速和实测车速沿桩号分布情况见图 6－1、图 6－2。经过统计分析，预测车速和实测车速较为接近，满足误差 10%以内的要求，说明预测结果较为准确。新建鹤大高速公路 K18+000—K51+400 共 33 km 长路段预测车速沿桩号分布情况见图 6－3、图 6－4，从图中可以看出，预测车速沿桩号方向连续变化，在此基础上可进一步进行线形设计一致性评价的研究。

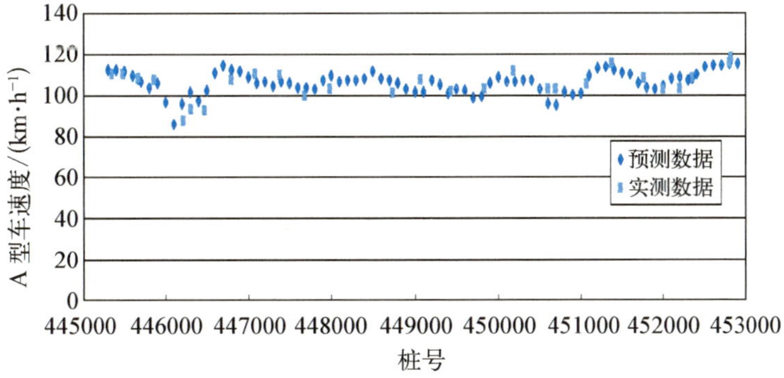

图 6－1　太旧高速公路 K445+000—K453+000 段 A 型车预测速度沿桩号分布

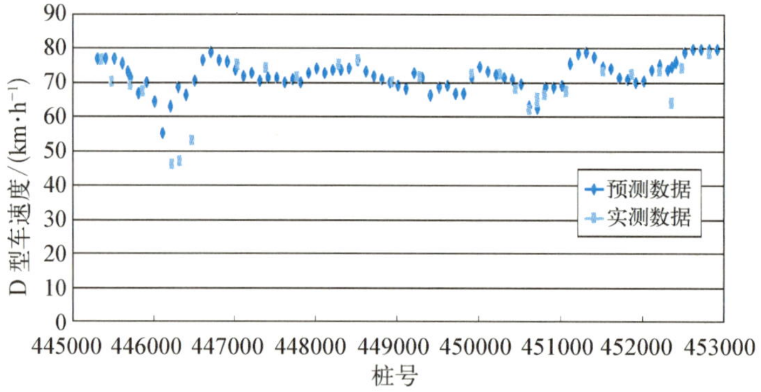

图 6-2　太旧高速公路 K445+000—K453+000 段 D 型车预测速度沿桩号分布

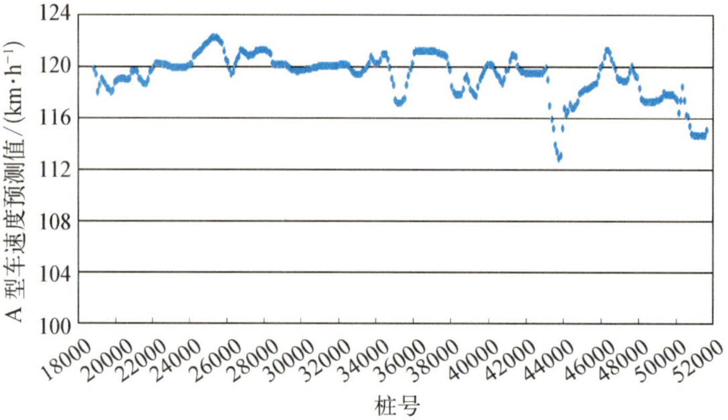

图 6-3　鹤大高速公路 K18+000—K51+400 段 A 型车预测速度沿桩号分布

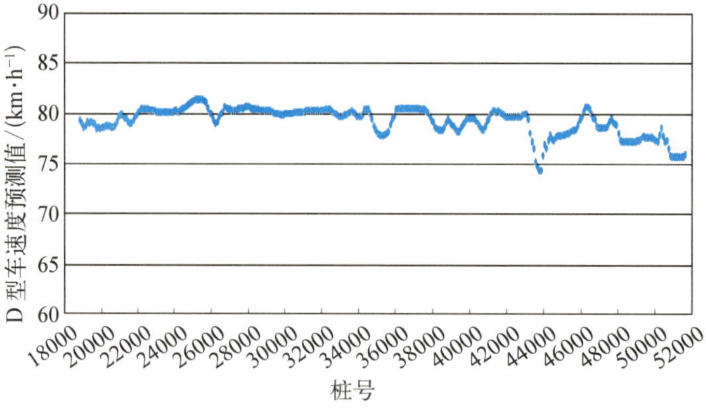

图 6-4　鹤大高速公路 K18+000—K51+400 段 D 型车预测速度沿桩号分布

6.3 线形设计一致性分析

根据5.6节中介绍的线形设计一致性分析流程，根据运行车速预测结果可对一条高速公路或者某个路段进行线形设计一致性评价。以下为太旧高速公路和鹤大高速公路的实际应用情况。

6.3.1 路段划分

由于所选的分析路段为太旧高速公路线形条件最为复杂的路段，直线路段较少，因此主要按照直线和曲线的线形组合以及单个线形单元进行路段划分，并根据基于一致性评价指标的特点将划分的路段进行归类：① 基于车速离散性的一致性分析对象为线形组合；② 基于断面车速变化的一致性分析对象为半径小于400 m且相对较独立的5个平曲线。划分结果见表6-9和表6-10。鹤大高速公路线形条件较好，按照上述方法，路段划分结果见表6-11和表6-12。

表6-9 太旧高速基于车速离散性的路段划分结果

编号	起点桩号	平曲线起点桩号	曲中点桩号	终点桩号	长度/m	半径/m
1	K445+680	K445+865	K445+990	K446+110	430	200
2	K446+470	K446+860	K447+120	K447+270	800	550
3	K448+590	K448+675	K448+895	K449+020	430	400
4	K449+020	K449+120	K449+275	K449+430	410	500
5	K450+980	K451+550	K451+755	K451+900	920	470

表6-10 太旧高速基于断面车速变化的路段划分结果

编 号	平曲线起点桩号	曲中点桩号	平曲线终点桩号	长度/m	半径/m
6	K446+175	K446+320	K446+470	295	250
7	K447+380	K447+610	K447+840	460	400
8	K449+430	K449+625	K449+820	390	300
9	K450+350	K450+525	K450+700	350	350
10	K450+700	K450+845	K450+980	280	350

表 6-11　鹤大高速基于车速离散性的路段划分结果

编号	起点桩号	平曲线起点桩号	曲中点桩号	终点桩号	长度/m	半径/m
1	K46+300	K46+039	K45+060	K44+251	2 049	1 500
2	K41+634	K41+040	K39+970	K39+075	2 559	1 600
3	K36+600	K35+885	K35+143	K34+580	2 020	1 600
4	K26+875	K26+595	K26+185	K25+955	920	1 600
5	K19+495	K19+295	K19+000	K18+880	615	1 500

表 6-12　鹤大高速基于断面车速变化的路段划分结果

编　号	平曲线起点桩号	曲中点桩号	平曲线终点桩号	长度/m	半径/m
6	K51+777	K51+556	K50+415	1 362	1 210
7	K50+415	K49+064	K47+713	2 702	1 330
8	K47+713	K47+072	K46+440	1 273	1 600
9	K44+081	K43+615	K43+149	932	1 000

6.3.2　运行车速特征指标计算

根据 6.2 节的路段运行车速预测结果，分别计算各路段的运行车速特征指标。太旧高速公路路段 1 基于车速离散性的车速特征指标计算示例如下。

1. 车速变异系数 C_V

根据图 6-1 和图 6-2 所示太旧高速公路运行车速预测结果，根据精度需求，确定样本点，读取所选路段 1 样本点 A 型车与 D 型车车速，通过计算得到车速均值与车速标准差，标准差与均值之比为车速变异系数，计算结果见表 6-13。

表 6-13　路段 1 的车速变异系数

路段 1	运行车速/(km·h^{-1})		平均车速/(km·h^{-1})	车速标准差/(km·h^{-1})	C_V
	A 型车	D 型车			
K445+680	107.36	72.80	84.08	5.93	0.070 5
K445+750	104.11	68.14			
K445+865	105.24	68.76			
K445+925	103.65	69.32			
K445+990	97.40	65.30			
K446+110	88.71	58.13			

2. 客货极差比 M

根据样本点 A 型车与 D 型车车速计算客货差，进一步得到路段 1 客货差极大值与极小值，极大值与极小值之差为极差，同时计算得到客货差的均值，极差与均值之比即为客货极差比 M，见表 6－14。

表 6－14　路段 1 的客货极差比 M

<table>
<tr><th rowspan="2">路段 1</th><th colspan="2">运行车速 /(km·h^{-1})</th><th rowspan="2">客货差 /(km·h^{-1})</th><th rowspan="2">极大值 /(km·h^{-1})</th><th rowspan="2">极小值 /(km·h^{-1})</th><th rowspan="2">极差 /(km·h^{-1})</th><th rowspan="2">均值 /(km·h^{-1})</th><th rowspan="2">M</th></tr>
<tr><th>A 型车</th><th>D 型车</th></tr>
<tr><td>K445＋680</td><td>107.356</td><td>72.800</td><td>34.555</td><td rowspan="6">36.478</td><td rowspan="6">30.580</td><td rowspan="6">5.898</td><td rowspan="6">34.001</td><td rowspan="6">0.173</td></tr>
<tr><td>K445＋750</td><td>104.113</td><td>68.144</td><td>35.970</td></tr>
<tr><td>K445＋865</td><td>105.241</td><td>68.763</td><td>36.478</td></tr>
<tr><td>K445＋925</td><td>103.645</td><td>69.322</td><td>34.324</td></tr>
<tr><td>K445＋990</td><td>97.400</td><td>65.300</td><td>32.100</td></tr>
<tr><td>K446＋050</td><td>88.707</td><td>58.127</td><td>30.580</td></tr>
</table>

3. 路段车速离散度 S

根据 A 型车和 D 型车的车速平均得到所有车型车速，首先计算分析路段的平均车速 $\bar{V}$，其次计算各特征点所有车型车速与路段平均速度之差 ΔV_i、各特征点路段长度内第 85％位车速与平均车速所围成的面积，通过求和得到总面积，面积除以长度即可得到路段车速离散度 S，计算结果见表 6－15。

表 6－15　路段 1 的路段车速离散度 S

<table>
<tr><th rowspan="2">路段 1</th><th rowspan="2">车速 /(km·h^{-1})</th><th rowspan="2">$\bar{V}$ /(km·h^{-1})</th><th rowspan="2">ΔV_i /(km·h^{-1})</th><th rowspan="2">路段长度 /km</th><th rowspan="2">面 积</th><th colspan="2">求和</th><th rowspan="2">S</th></tr>
<tr><th>面积</th><th>长度</th></tr>
<tr><td>K445＋680</td><td>90.078</td><td rowspan="6">88.272</td><td>1.806</td><td></td><td></td><td rowspan="6">1.294</td><td rowspan="6">0.370</td><td rowspan="6">3.498</td></tr>
<tr><td>K445＋750</td><td>86.128</td><td>−2.144</td><td>0.070</td><td>0.070</td></tr>
<tr><td>K445＋865</td><td>87.002</td><td>−1.270</td><td>0.115</td><td>0.196</td></tr>
<tr><td>K445＋925</td><td>86.483</td><td>−1.789</td><td>0.060</td><td>0.092</td></tr>
<tr><td>K445＋990</td><td>81.350</td><td>−6.922</td><td>0.065</td><td>0.283</td></tr>
<tr><td>K446＋050</td><td>73.417</td><td>−14.855</td><td>0.060</td><td>0.653</td></tr>
</table>

4. 断面车速差 ΔV 及车速降低系数 SRC

断面车速差及车速降低系数主要是分析平曲线上车辆的加减速变化，路段特征点一般分别选取 ZH 点、QZ 点、HZ 点，计算所有车型车速，断面车速差分别为 $V_{QZ}-V_{ZH}$、$V_{HZ}-V_{QZ}$，车速降低系数为 V_{QZ}/V_{ZH}、V_{HZ}/V_{QZ}，表 6-16 为太旧高速公路段 6 的断面车速差及车速降低系数。

表 6-16　路段 6 的断面车速差及车速降低系数

路段 6	特征点	运行车速/(km·h^{-1})			ΔV/(km·h^{-1})	SRC
		A 型车	D 型车	所有车		
K446+175	ZH	93.690	61.340	77.515	6.669	1.086
K446+320	QZ	100.170	68.199	84.184	−0.423	0.995
K446+470	HZ	99.339	68.183	83.761		

其他路段的运行车速特征指标计算方法与此相似，不再赘述。

6.3.3　线形设计一致性分析

根据运行车速特征指标的计算结果及 5.5.2 节的线形设计一致性评价标准对路段进行线形设计一致性分析。对于已建高速公路，可根据实测事故率进行安全性分析比较，对于拟建或新建高速公路可根据评价结果对线形设计做出相应调整。太旧高速公路和鹤大高速公路线形设计一致性评价结果见表 6-17—表 6-20。

表 6-17　太旧高速公路路段线形设计一致性分析结果 1

路段编号	C_V	安全等级	M	安全等级	S	安全等级	事故率
1	0.070 5	差	0.173 5	好	3.497 6	差	0.89
2	0.045 6	一般	0.135 0	好	2.217 1	一般	0.45
3	0.023 2	好	0.070 1	好	1.476 9	一般	—
4	0.030 7	好	0.049 4	好	0.943 1	好	—
5	0.050 7	差	0.131 4	好	3.886 2	差	0.72

表 6 - 18　太旧高速公路路段线形设计一致性分析结果 2

路段编号	$\Delta V/(\mathrm{km \cdot h^{-1}})$	安全等级	SRC	安全等级	事故率
6	6.67	好	1.09	一般	0.38
	−0.42		0.99		
7	−1.47	好	0.98	好	—
	0.81		1.01		
8	1.05	好	1.01	好	—
	−1.47		0.98		
9	−5.01	好	0.94	好	—
	−6.15		0.93		
10	7.55	好	1.10	一般	0.67
	−2.70		0.97		

表 6 - 19　鹤大高速公路路段线形设计一致性分析结果 1

路段编号	C_V	安全等级	M	安全等级	S	安全等级
1	0.015 40	好	0.037 78	好	1.178 56	一般
2	0.008 10	好	0.033 65	好	0.509 02	好
3	0.014 32	好	0.032 86	好	1.082 00	一般
4	0.006 06	好	0.006 78	好	0.884 02	好
5	0.003 40	好	0.029 36	好	0.449 05	好

表 6 - 20　鹤大高速公路路段线形设计一致性分析结果 2

路段编号	$\Delta V/(\mathrm{km \cdot h^{-1}})$	安全等级	SRC	安全等级
6	−3.43	好	0.97	好
	2.47		1.03	
7	0.20	好	1.00	好
	2.09		1.02	
8	−0.85	好	0.99	好
	1.74		1.02	
9	−2.51	好	0.97	好
	4.61		1.05	

6.3.4 相关结论

太旧高速公路路段 1 线形设计一致性两项评价结果为差，说明在线形设计方面存在较为严重的安全隐患，其原因很大程度上与 200 m 的小半径曲线有关。不同性能的车辆在此处的车速产生较大差异，造成车速变异系数以及路段车速离散度都较高，车速变化不连续；路段 1 实测事故率为 0.89 次/百万车公里，根据高速公路安全性服务水平，可以认为安全性较差，这与线形一致性评价结果相符。路段 2 的评价结果有两项为一般，尽管事故率未达到安全性服务水平中的一般程度，但也应引起注意；路段 3 和路段 4 的评价结果与实测事故率相符，线形设计符合一致性要求。尽管均为小半径曲线，但如果前、后线形衔接较好，并不会造成车辆运行车速变化的不连续，同时说明运行车速理论并不注重局部指标的变化，前、后线形的不一致性才是导致车速离散的原因所在；路段 5 线形设计一致性评价有两项为差，与路段 1 相似，即存在小半径曲线，车速离散性大，而事故率不高的原因主要是计算路段长度较长，但总体分析结果与实际情况是符合的。

基于断面车速变化的线形设计一致性分析结果表明，运行车速较低的情况下，车速降低系数 SRC 比断面车速变化 ΔV 的结果更贴近实际，尽管路段 6 事故率未达到一般的安全状况，有可能或多或少存在一定的评价偏差，但其作为所有路段中半径最小、长度最短的独立曲线，可进一步对其前、后线形做出分析。

对于客货极差比 M 以及断面车速差 ΔV 的评价结果为何全部为好，分析其原因，主要在于太旧高速的交通量较小，车辆之间的相互影响较小；同时，由于线形条件的限制，使得小汽车的车速不可能很高，导致客货极差比以及断面车速差的变化较小。

鹤大高速的线形条件较好，基于车速离散性以及基于断面车速变化的主要评价结果都为好，仅有两个路段：路段 1、路段 3 的车速离散度指标 S 评价结果为一般，经查阅线形资料后发现，路段 1 桩号 K46+300—K44+251 段处于连续的三个平曲线上，平曲线半径均在 1 500 m，虽然半径较大，但从鹤大高速公路整体的线形较多采用 3 000 m 以上的方面来看，这一段属于相对较小半径的连续曲线段，有可能使车辆在这段路上速度变化不均匀；路段 3 为一段 4% 的下坡，纵坡较大，车辆速度较其他路段稍高，由于路段车速离散度是描述路段车速相对于公路整体平均速度的指标，而公路整体的平均速度具有一定的稳定性，所以，路段车速的提高会导致路段车速离散度的增大，可能造成此路段车辆运营安全性的降低。

综上所述，本书基于运行车速预测模型的高速公路线形设计一致性评价方法较为科学有效，符合实际情况，能够较好地应用于实践。对于评价分析结果较差的路段应该予以足够的重视，及时采取交通工程及管理措施保障运营安全，对于处于设计阶段的路线应及时调整方案，直到符合线形设计一致性要求。

第7章 结论与展望

7.1 主要内容及结论

本书依托辽宁省交通厅科技项目《应用运行车速理论提高高速公路安全性研究》和交通部西部交通科技项目《基于运行速度理念的西部地区公路线形设计及安全评价技术研究》，以我国不同类型高速公路及运行车辆为研究对象，从道路交通系统中主客观安全性的角度出发，对基于运行车速的高速公路线形安全性设计与评价中的关键技术和理论，即高速公路运行车速预测模型及高速公路线形设计一致性评价模型及评价方法进行了深入研究，主要研究内容及结论如下。

1. 高速公路断面车速分布特征及分布形式

高速公路断面车速分布特征及分布形式的研究是运行车速研究中的基础理论，建立了正确处理与分析车速样本数据的方法，国内鲜有此方面的研究，主要研究内容及结论包括以下几点。

(1) 运行车速及特征指标分析。

明确运行车速的含义，定性分析了运行车速特征指标与安全性的关系。

(2) 车速样本总体频率分布。

高速公路不同类型车辆大量车速样本数据的频率直方图均呈现不对称、中间集中、两边分散的特点，提出对车速数据进行正态分布、威布尔分布、伽玛分布、Logistic 分布等分布形式研究。

(3) 分布形式及分布函数的确定。

运用 PP 正态概率图对样本数据进行正态、威布尔、伽玛、Logistic 分布的定性拟合检验，采用系统分析和综合评价方法对检验结果进行判别；运用皮尔逊

χ^2 拟合优度检验和单样本 K－S 检验做进一步定量分布假设检验；确定测试路段断面车速服从正态分布和 Logistic 分布。

(4) 运行车速特征指标量化。

根据确定的车速总体分布形式的频率及累积分布函数，提出合理量化运行车速特征指标的方法。

2. 高速公路线形综合指标描述模型

在高速公路线形研究方面，定性分析了公路平、纵、横线形技术指标对车速及公路安全性的影响机理，对公路线形空间几何特征的客观综合描述函数和描述模型进行了深入探讨，主要研究内容及结论如下。

(1) 公路线形综合指标的提出。

对反映公路线形空间几何特征的平、纵、横技术指标进行了全面深入的分析，首次提出表征公路线形客观安全性的公路线形综合指标的概念。

(2) 建模指标的选取。

选取显著影响车辆运行的线形指标，确定以半径、纵坡度、缓和曲线曲率变化率、曲线转角、横断面宽度这些构造公路行车空间的主要指标建立公路线形综合指标描述模型，并对各单项线形指标与综合指标的一致性关系进行了分析。

(3) 公路线形综合指标描述模型的建立。

采用系统建模的方法，分别构建表征线形平、纵、横几何特征的函数，对线形描述函数中各参数进行了标定；基于空间几何学原理及公路线形设计特点，以平、纵线形综合指标为主，横断面线形指标作为修正的方式，并考虑桥梁、隧道等结构物的影响，建立包括曲率、曲率变化率、曲线转角、纵坡度、车道宽度等指标的三维公路线形综合指标描述模型，同时对各线形指标对综合指标的敏感性进行了分析。

3. 高速公路运行预测模型

运行车速预测模型的研究是进行基于运行车速的高速公路线形一致性评价和安全性设计的关键，在公路几何线形空间综合指标与运行车速的相关性研究基础上，针对高速公路典型代表车辆小客车和大型载重车的运行规律进行了深入研究，该部分的主要研究内容及结论包括以下几个方面。

(1) 运行车速影响因素分析。

对影响运行车速的线形、车辆、驾驶员以及其他因素进行了分析。

(2) 车辆运行特性分析。

分析了不同线形条件下车速的变化规律以及公路线形综合指标与车速的相关性，在此基础上，注重前后线形对运行车速的影响，考虑运行车速在时间和空间上的连续性变化特点，提出了模型的基本假设和基于公路线形综合指标的运行车速预测新思路。

(3) 车速影响范围的确定。

考虑驾驶员的视觉需求，确定车辆行驶中前方 100 ～250 m 有效注视范围为前方线形对车速的影响范围；根据不同类型车辆的加减速性能，确定后方 200 m加减速长度范围为后方线形对车速的影响范围。

(4) 运行车速预测模型的建立。

通过对前、后线形影响范围内公路线形综合指标的累积效果与运行车速的相关性分析，分别构建高速公路Ⅰ类指标、Ⅱ类指标 A 型车和 D 型车的运行车速预测模型并进行了参数标定；采用统计检验原理，对预测模型进行了有效性检验，并将不同车道数高速公路的车速预测数据与实测数据进行了比较，进一步验证了预测模型的广泛适用性。

4. 高速公路线形设计一致性评价模型及评价方法

以道路安全设计与线形设计一致性的理论为基础，以运行车速特征指标作为道路线形与安全性研究的中介指标，针对高速公路线形设计一致性评价模型及评价方法进行了深入研究，主要研究内容及结论如下。

(1) 数据分析方法。

根据线形设计一致性研究的特点，确定路段划分方法；针对行车中车速的协调性和连续性需求，提出车速标准差、车速变异系数、客货差极差比、断面车速差、车速降低系数、路段车速离散度等指标，并对其计算方法进行说明；以路段事故率作为路段安全性分析的量化指标。

(2) 运行车速特征指标与事故率的相关性。

对运行车速特征指标与道路线形及事故率的相关性进行了深入分析，确定线形设计一致性评价的量化指标。

(3) 高速公路线形设计一致性评价模型。

建立基于车速变异系数、客货差极差比、断面车速差、车速降低系数、路段车速离散度的高速公路线形设计一致性评价模型，并对模型进行了有效性检验。

(4) 线形设计一致性评价标准。

根据我国的实际情况，确定了我国高速公路安全性服务水平，在此基础上，根据高速公路线形设计一致性评价模型，提出线形设计一致性评价标准。

(5) 基于运行车速的线形设计一致性评价流程。

提出已建和拟建高速公路基于运行车速预测的线形设计一致性评价的具体

操作流程。

5. 依托工程应用

依托已建太旧高速公路和拟建鹤大高速公路，将高速公路运行车速预测模型及线形设计一致性评价模型的研究成果应用于工程实践。

7.2　本书创新点

1. 建立公路线形综合指标描述模型

为了综合评判公路线形的客观安全性，进而研究公路线形技术指标对运行车速的综合影响，本书以公路线形设计指标的客观几何特征为基础首次提出了高速公路线形综合指标的概念。根据公路平、纵、横三个方面的线形技术指标对安全性的不同影响机理，选取空间曲率、曲率变化率、曲线转角、纵坡度、车道宽度等技术指标，分别构建平面线形描述模型、纵面线形模型和横断面线形修正模型，最后考虑空间几何学原理及公路线形设计特点，以平、纵线形综合指标为主，横断面线形指标作为修正的方式，组合构建三维公路线形综合指标描述模型，并进行参数标定和敏感性分析，用以描述高速公路线形的客观安全性。

2. 建立基于公路线形综合指标的高速公路运行车速预测模型

公路上运行车速随道路交通条件的变化沿车辆行驶方向连续变化，公路线形对运行车速的综合影响不是相互独立，也不等同于简单的线性叠加，公路线形综合指标作为表征公路线形平、纵、横几何特性的量化指标与车速变化具有一定的相关性，同时，某个断面的运行车速 V_{85} 不仅仅与该断面的线形特征相关，而且受车辆驶过路段以及前方路段一定长度范围内线形的影响。本书在公路线形综合指标描述模型建立的基础上，以公路前、后线形共同影响车速变化为基本点，根据驾驶员视觉需求，用前方视野范围内的公路线形综合指标累积值表示前方线形对当前运行车速的影响；根据车辆的加减速性能，用后方一定的速度变化范围内的公路线形综合指标累积值表示车辆驶过路段对当前运行车速的影响。通过研究这两个长度范围内公路线形综合指标累积值与当前断面运行车速的关系，建立基于高速公路几何线形综合指标的运行车速预测模型。

3. 构建基于运行车速特征指标的高速公路线形设计一致性评价模型

以车速的离散性与线形设计一致性的相互关系为出发点，提出新的基于运行车速的线形一致性评价量化指标，借助运行速度特征指标这些能够体现道路线形变化的中介，把路线的几何设计对道路安全的综合影响转化为车辆在路段上行驶过程中前、后运行车速特征指标变化的大小，通过研究车速变异系数、客货差极差比、断面车速差、车速降低系数、路段车速离散度与事故率的关系，最终将车速、交通安全、道路线形有机结合为一个整体，建立基于运行车速特征指标的线形设计一致性综合评价模型，为量化评价设计及运营阶段的高速公路线形设计安全性提供依据。

4. 提出高速公路线形设计一致性评价标准及评价方法

鉴于我国交通环境与国外有较大差异，因此不能直接将国外有关线形设计一致性评价标准应用于我国的高速公路线形设计一致性分析中，而我国现阶段的研究条件也使得这方面的研究具有一定的难度。本书结合我国的实际情况，分析了高速公路总体安全服务水平，确定道路安全相对指标，在此基础上，根据高速公路线形设计一致性评价模型，标定符合我国道路安全实际情况的运行速度特征指标，建立高速公路线形设计一致性评价标准，从而形成了一套可操作的、基于运行车速预测的高速公路线形设计一致性评价方法。

7.3 建议与展望

高速公路运行车速预测模型及其应用研究是我国公路安全性设计中的重要组成部分，为我国基于运行车速的公路线形设计与评价方法的实施奠定了一定的基础。本书在研究过程中取得了一定的研究成果，但仍然存在着一些不足之处，有待进一步完善。

(1) 本书建立的公路线形综合指标描述模型，主要是根据线形指标对车辆行驶影响的差异性以及空间几何原理，采用以平、纵线形综合指标为主，横断面线形指标作为修正的形式，但由于多个线形指标的作用机理非常复杂，国内外也缺少这方面研究的理论方法，因此，公路线形综合指标描述模型的建模方法还有待进一步深入探讨，以期更加全面准确地表征公路线形的客观安全性。

(2) 本书关于运行车速预测模型的研究都是建立在实测数据的基础之上，由于实测数据样本量的局限以及各影响因素对运行车速的影响将可能因地域的不同而有所区别，模型的有效性及成果应用也会有一定的局限；同时，由于汽车技术和我国高速公路的发展，车辆的性能和道路条件都在不断地改善，随着时间的推移，可能导致目前的研究成果与实际产生偏差，因此，本书现阶段成果还需要在长期实地调研的基础上，不断地更新和完善，减少与实际应用的差距，为指导实际工作提供更有力、翔实的依据。

(3) 高速公路安全性服务水平研究中，由于我国现有公路运营状况差异很大，即使在同一个省内，同一等级的公路之间在线形标准、路面质量、交通安全设施等方面都有很大不同。在这种条件下，确定事故数或事故率的标准值是十分困难的，加上这方面需要长期大量的事故数据作支撑，因此，本书的研究成果还需在实践中进一步完善；同时，由于交通安全管理部门提供的事故资料未对车辆类型进行划分，因此，标定的符合线形设计一致性的运行车速特征指标无法对不同车辆进行区分；本书虽然从不同角度提出了多个线形设计一致性评价指标，但多个指标的综合运用还有待进一步研究。

(4) 本书研究的主要对象是高速公路，其他公路尚没有涉及。由于其他等级公路车辆运行的影响因素更加复杂，这对我国运行车速理论的研究提出了巨大挑战，今后可根据条件进一步开展这方面的研究。

附　录

（1）Ⅱ类指标 A 型车运行车速预测模型统计检验结果：

表 1　模型拟合优度检验结果

回归统计			
Multiple *R*	0.794 9	标准误差	0.034 0
R Square	0.631 9	观测值	15
Adjusted *R* Square	0.570 6		

表 2　模型显著性检验结果

	d*f*	*SS*	*MS*	*F*	Significance *F*
回归分析	2	0.023 8	0.011 9	10.301 5	0.002 5
残　差	12	0.013 9	0.001 2		
总　计	14	0.037 7			

表 3　变量显著性检验结果

	Coefficients	标准误差	*t* Stat	*P*-value	下限 95.0%	上限 95.0%
Intercept	4.947 2	0.059 6	83.007 7	6.23E−18	4.817 4	5.077 1
X Variable 1	−9.4E−05	5.84E−05	−1.616 8	0.131 9	−0.000 22	3.28E−05
X Variable 2	−0.000 11	4.69E−05	−2.290 8	0.040 9	−0.000 21	−5.3E−06

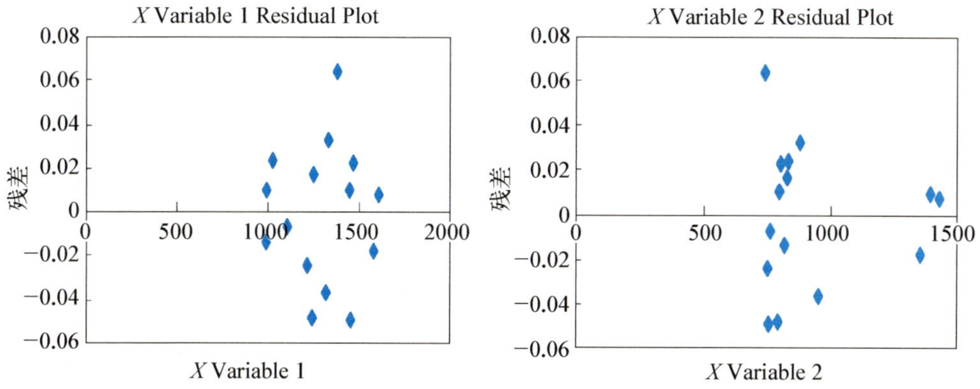

图 1 模型残差分析图

(2) Ⅰ类指标 D 型车运行车速预测模型统计检验结果：

表 4 模型拟合优度检验结果

回归统计			
Multiple R	0.655 9	标准误差	0.065 9
R Square	0.430 3	观测值	39
Adjusted R Square	0.398 6		

表 5 模型显著性检验结果

	df	SS	MS	F	Significance F
回归分析	2	0.118 1	0.059 0	13.593 9	4E−05
残 差	36	0.156 3	0.004 3		
总 计	38	0.274 4			

表 6 变量显著性检验结果

	Coefficients	标准误差	t Stat	P-value	下限 95.0%	上限 95.0%
Intercept	4.496 8	0.048 7	92.408 6	2.17E−44	4.398 1	4.595 5
X Variable 1	−0.000 14	3.44E−05	−4.126 1	0.000 208	−0.000 21	−7.2E−05
X Variable 2	−0.000 12	4.87E−05	−2.546 7	0.015 3	−0.000 22	−2.5E−05

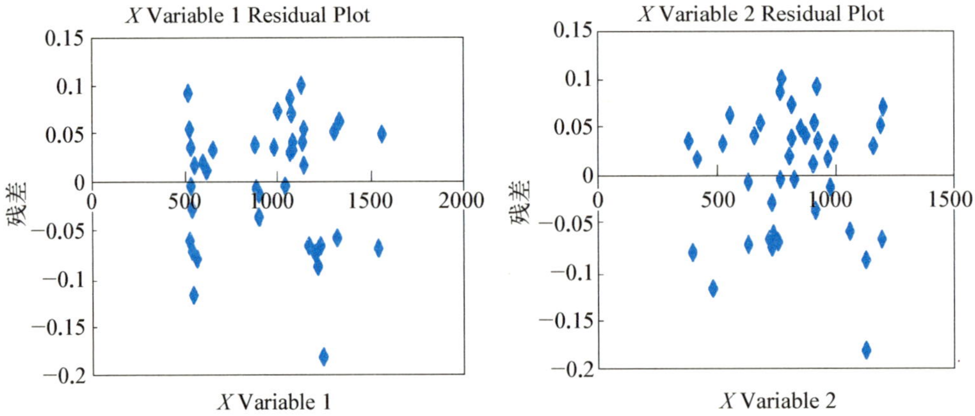

图 2　模型残差分析图

(3) Ⅱ类指标 D 型车运行车速预测模型统计检验结果：

表 7　模型拟合优度检验结果

回归统计			
Multiple *R*	0.832 5	标准误差	0.037 2
R Square	0.693 1	观测值	14
Adjusted *R* Square	0.637 2		

表 8　模型显著性检验结果

	df	*SS*	*MS*	*F*	Significance *F*
回归分析	2	0.034 4	0.017 2	12.418 5	0.001 5
残　差	11	0.015 3	0.001 4		
总　计	13	0.049 7			

表 9　变量显著性检验结果

	Coefficients	标准误差	*t* Stat	*P*-value	下限 95.0%	上限 95.0%
Intercept	4.491 5	0.049 0	91.638 4	0.000 0	4.383 7	4.599 4
X Variable 1	−0.000 12	7.7E−05	−1.557 8	0.147 6	−0.000 29	4.9E−05
X Variable 2	−0.000 14	5.0E−05	−2.802 7	0.017 2	−0.000 25	−3E−05

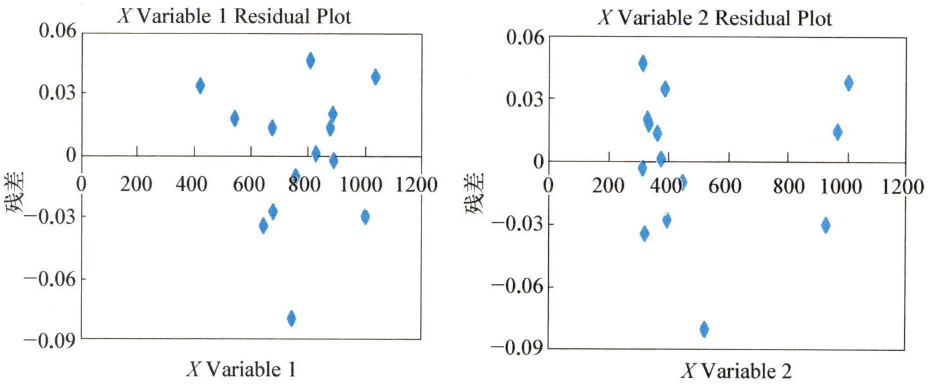

图 3　模型残差分析图

（4）车速变异系数与事故率的关系模型参数标定及有效性检验：

表 10　迭 代 过 程

Iteration Number(a)	Residual Sum of Squares	Parameter	
		a	b
1.0	0.360	0.200	−0.020
1.1	0.222	0.207	−0.026
2.0	0.222	0.207	−0.026
2.1	0.221	0.217	−0.027
3.0	0.221	0.217	−0.027
3.1	0.221	0.216	−0.027
4.0	0.221	0.216	−0.027
4.1	0.221	0.216	−0.027

表 11　参 数 回 归 值

系　数	回 归 值	Std. Error	95%置信区间	
			下　限	下　限
a	0.216	0.187	−0.206	0.638
b	−0.027	0.008	−0.045	−0.010

表 12　模型拟合优度情况

Model	复相关系数 R	R^2	调整的 R^2	Std. Error of the Estimate	独立性检验值 Durbin-Watson
1	0.798(a)	0.637	0.621	0.481 74	1.982

表 13　整个模型检验结果

Model		Sum of Squares	df	Mean Square	F 值	显著水平
1	Regression	1.327	1	1.327	5.718	0.040(a)
	Residual	2.089	9	0.232		
	Total	3.416	10			

表 14　系数检验结果

Model		非标准化系数		标准化系数	T 值	显著水平
		B	Std. Error	Beta		
1	常数项	−0.356	0.326	0.623	4.103	0.003
	C_V系数	11.359	6.837		2.391	0.040

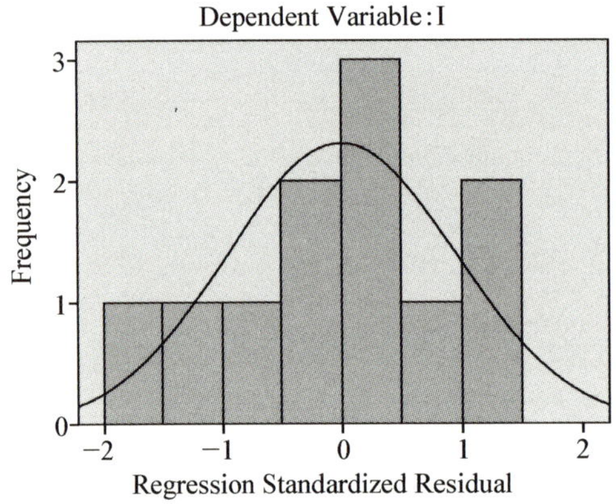

图 4　回归标准化与频率直方图

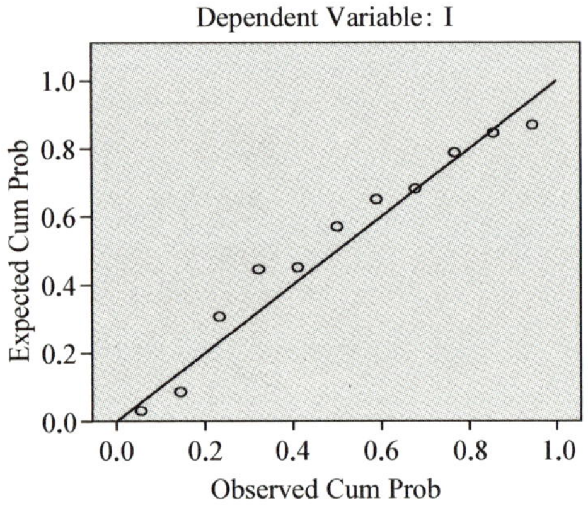

图 5　残差的正态分布 PP 图

(5) 客货极差比与事故率的关系模型参数标定及有效性检验：

表 15　迭 代 过 程

Iteration Number(a)	Residual Sum of Squares	Parameter		
		a	b	c
1.0	0.503	2.000	−0.100	0.100
1.1	0.313	2.426	−0.151	0.175
2.0	0.313	2.426	−0.151	0.175
2.1	0.313	2.426	−0.151	0.175

表 16　参 数 回 归 值

Parameter	Estimate	Std. Error	95%置信区间	
			下 限	上 限
a	2.426	1.912	−1.782	6.634
b	−0.151	1.192	−2.774	2.472
c	0.175	0.156	−0.169	0.519

表 17　模型拟合优度情况

Model	复相关系数 R	R^2	调整的 R^2	Std. Error of the Estimate	独立性检验值 Durbin - Watson
1	0.832(a)	0.693	0.637	0.168 78	2.073

表 18　整个模型检验结果

Model		Sum of Squares	df	Mean Square	F 值	显著水平
1	Regression	0.707	2	0.353	12.407	0.002(a)
	Residual	0.313	11	0.028		
	Total	1.020	13			

表 19　系数检验结果

Model		非标准化系数		标准化系数	T 值	显著水平
		B	Std. Error	Beta		
1	常数项	0.175	0.156		1.119	0.287
	一次项	−0.151	1.192	−0.092	−0.126	0.002
	二次项	2.426	1.912	0.921	1.269	0.031

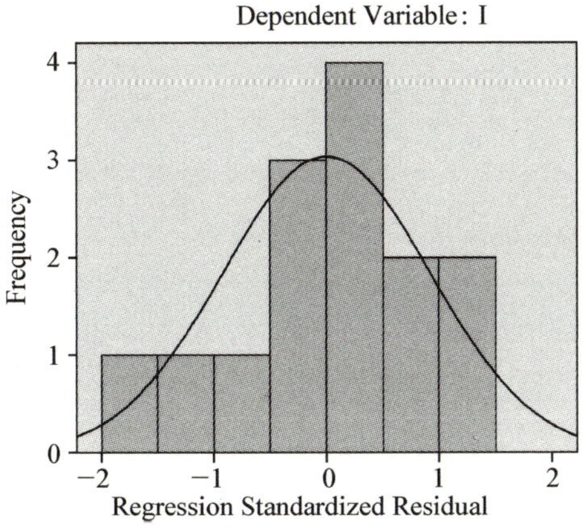

图 6　回归标准化与频率直方图

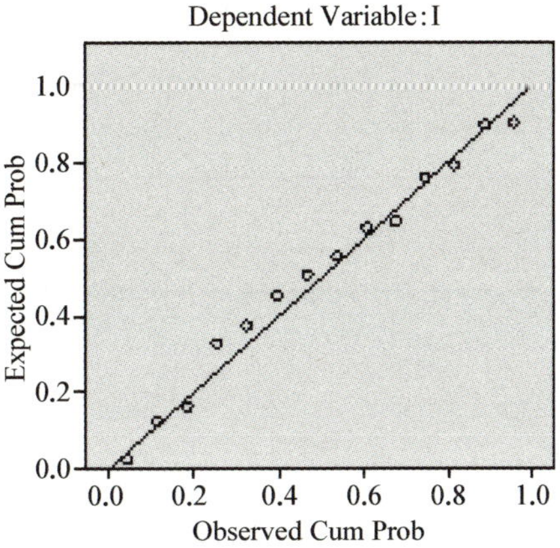

图 7　残差的正态分布 PP 图

（6）断面车速差与事故率的关系模型参数标定及有效性检验：

表 20　迭代过程

Iteration Number(a)	Residual Sum of Squares	Parameter		
		a	*b*	*c*
1.0	94.3	100.000	−300.000	100.000
1.1	79.436	0.014	−0.016	2.871
2.0	79.436	0.014	−0.016	2.871
2.1	79.436	0.014	−0.016	2.871

表 21　参数回归值

系　数	回归值	Std. Error	95%置信区间	
			下　限	下　限
a	0.014	0.005	0.003	0.026
b	−0.016	0.083	−0.194	0.162
c	2.871	0.715	1.347	4.396

表 22　模型拟合优度情况

Model	复相关系数 R	R^2	调整的 R^2	Std. Error of the Estimate	独立性检验值 Durbin - Watson
1	0.743(a)	0.552	0.531	2.694 93	1.992

表 23　整个模型检验结果

Model		Sum of Squares	d*f*	Mean Square	*F* 值	显著水平
1	Regression	98.062	2	49.031	9.259	0.002(a)
	Residual	79.436	15	5.296		
	Total	177.498	17			

表 24　系数检验结果

Model		非标准化系数		标准化系数	*T* 值	显著水平
		B	Std. Error	Beta		
1	常数项	2.871	0.715		4.014	0.001
	一次项	−0.016	0.083	−0.051	−0.192	0.851
	二次项	0.014	0.005	0.704	2.635	0.019

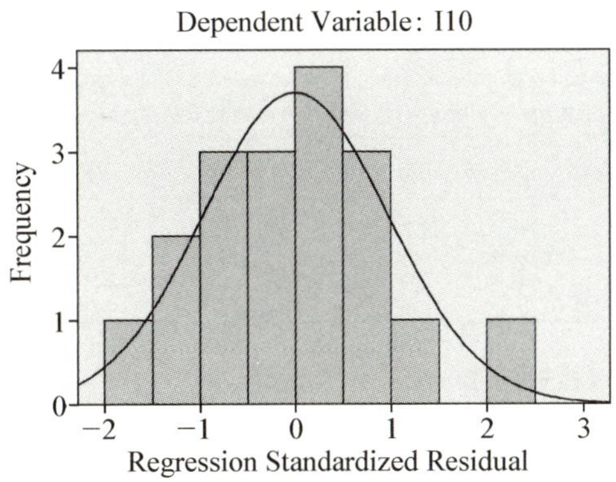

图 8　回归标准化与频率直方图

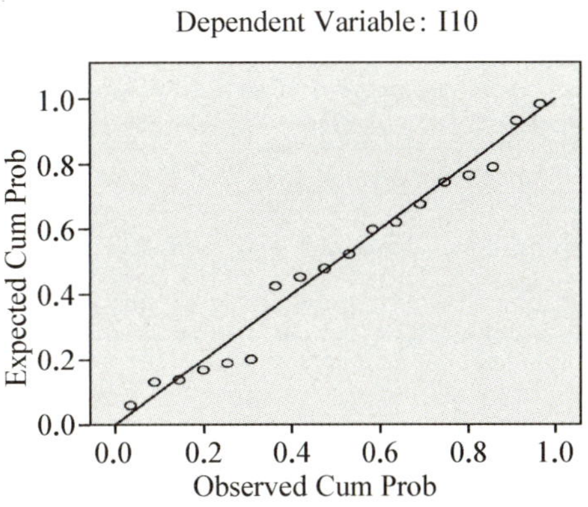

图 9　残差的正态分布 PP 图

（7）车速降低系数与事故率的关系模型参数标定及有效性检验：

表 25　迭 代 过 程

Iteration Number(a)	Residual Sum of Squares	Parameter		
		a	*b*	*c*
1.0	44.823	50.000	−100.000	50.000
1.1	5.228	54.949	−109.561	56.009
2.0	5.228	54.949	−109.561	56.009

表 26　参 数 回 归 值

系　数	回归值	Std. Error	95%置信区间	
			下　限	下　限
a	54.949	12.813	27.787	82.111
b	−109.561	24.129	−160.711	−58.410
c	56.009	11.272	32.114	79.904

表 27　模型拟合优度情况

Model	复相关系数 *R*	R^2	调整的 R^2	Std. Error of the Estimate	独立性检验值 Durbin - Watson
1	0.846(a)	0.716	0.680	0.571 62	1.964

表 28　整个模型检验结果

Model		Sum of Squares	df	Mean Square	F 值	显著水平
1	Regression	13.169	2	6.584	20.151	0.000(a)
	Residual	5.228	16	0.327		
	Total	18.397	18			

表 29　系数检验结果

Model		非标准化系数		标准化系数	T 值	显著水平
		B	Std. Error	Beta		
1	常数项	56.009	11.272		4.969	0.004
	一次项	−109.561	24.129	−10.951	−4.541	0.002
	二次项	54.949	12.813	10.343	4.289	0.001

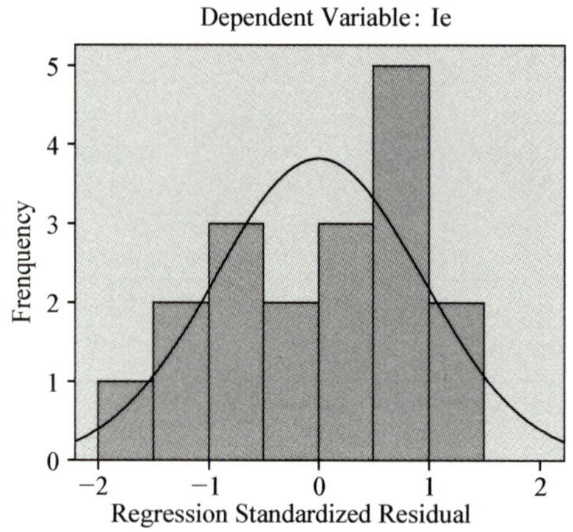

图 10　回归标准化与频率直方图

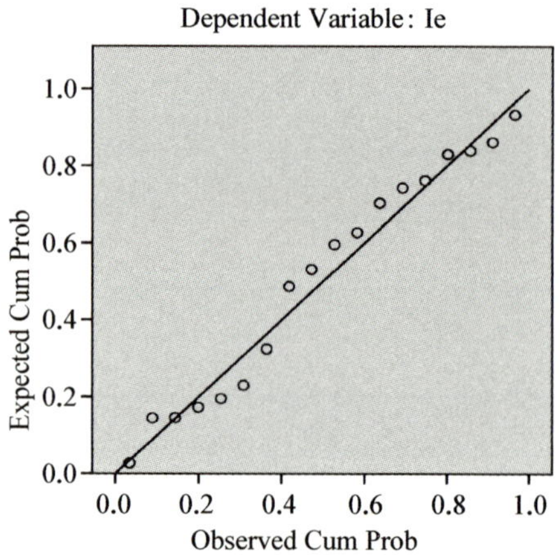

图 11　残差的正态分布 PP 图

(8) 路段车速离散度与事故率的关系模型参数标定及有效性检验:

表 30　迭 代 过 程

Iteration Number(a)	Residual Sum of Squares	Parameter	
		a	b
1.0	0.581	−0.100	−0.100
1.1	0.333	−0.082	−0.306

续 表

Iteration Number(a)	Residual Sum of Squares	Parameter	
		a	*b*
2.0	0.333	−0.082	−0.306
2.1	0.331	−0.078	−0.334
3.0	0.331	−0.078	−0.334
3.1	0.331	−0.081	−0.331
4.0	0.331	−0.081	−0.331
4.1	0.331	−0.081	−0.331
5.0	0.331	−0.081	−0.331
5.1	0.331	−0.081	−0.331
6.0	0.331	−0.081	−0.331
6.1	0.331	−0.081	−0.331

表 31 参数回归值

系 数	回归值	Std. Error	95%置信区间	
			下 限	下 限
a	−0.081	0.189	−0.517	0.355
b	−0.331	0.211	−0.819	0.156

表 32 模型拟合优度情况

Model	复相关系数 R	R^2	调整的 R^2	Std. Error of the Estimate	独立性检验值 Durbin－Watson
1	0.733(a)	0.538	0.525	0.197 863 8	1.945

表 33 整个模型检验结果

Model		Sum of Squares	d*f*	Mean Square	*F* 值	显著水平
1	Regression	0.160	1	0.160	4.088	0.048(a)
	Residual	0.313	8	0.039		
	Total	0.473	9			

表 34　系数检验结果

Model		非标准化系数		标准化系数	*T* 值	显著水平
		B	Std. Error	Beta		
1	常数项	0.906	0.126		7.193	0.078
	S 系数	−0.236	0.117	−0.582	−2.022	0.004

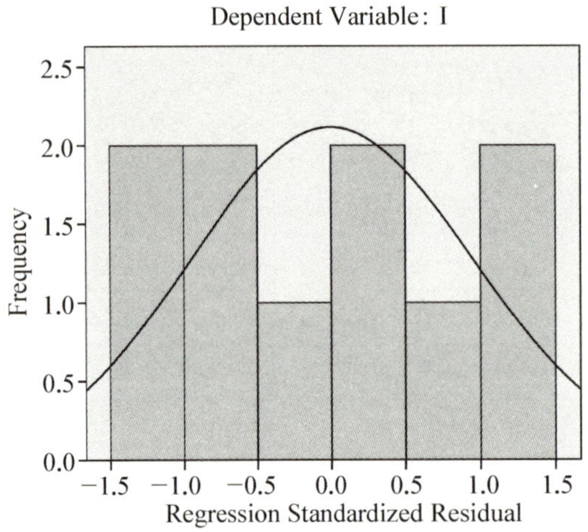

图 12　回归标准化与频率直方图

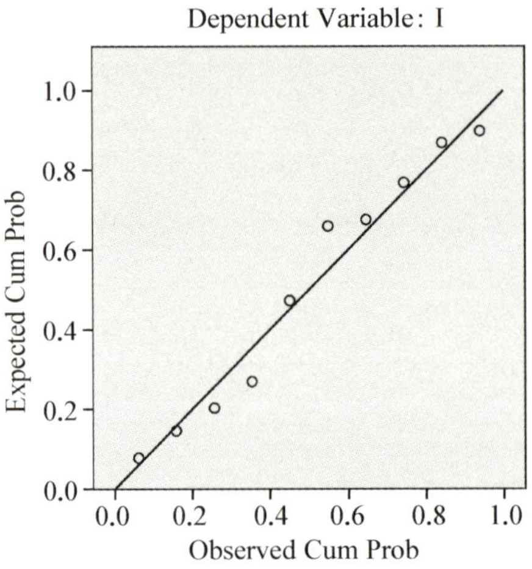

图 13　残差的正态分布 PP 图

参考文献

[1] http://www.ocn.com.cn/2005report/2005099gaosugonglubaogao.htm，2007 年中国高速公路行业分析及投资咨询报告.

[2] 2006年公路水路交通行业发展统计公报. 交通部规划司，2006.

[3] http://www.un.org/chinese/esa/roadsafety/1_1.html，联合国与道路安全.

[4] 中华人民共和国道路交通事故统计资料汇编. 无锡：公安部交通管理科学研究所，2008.

[5] http://www.hubeidrc.gov.cn/2007/11-22/16191566467.html，我国道路交通安全现状与发展趋势.

[6] 马玉春. 高速公路车速与安全关系研究[D]. 北京：北京交通大学，2006.

[7] 范振宇，张剑飞. 运行车速概念及在我国线形设计中的应用研究[J]. 山西交通科技，2001，4：8-10.

[8] Lamm R，Choueiri E M，Hayward J C，et al. Possible design procedure to promote design consistency in highway geometric design on two-lane rural road[J]. National Research Council，Washington，DC. Transportation Research Record，1988，1195：111-122.

[9] Islam M N，Seneviratne P N. Evaluation of design consistency of two-lane rural highways[J]. ITE J.，1994，64(2)：28-31.

[10] McFadden J，Elefteriadou L. Evaluating horizontal alignment design consistency of two-lane rural highways：development of new procedure[J]. National Research Council，Washington，DC. Transportation Research Record，2000，1737：9-17.

[11] Bucchi A，Biasuzzi K，Simone A. Evaluation of Design Consistency：A New Operating Speed Model for Rural Roads on Grades[J]. Washington，DC. Transportation Research Record，2005，1701：76-85.

[12] Jessen D R，Schurr K S，McCoy P T，et al. Operating speed prediction on crest vertical curves of rural two-lane highways in Nebraska[J]. Transportation Research Record，Transportation Research Board，Washington，D.C.，2001：67-75.

[13] Fitzpatrick K, et al. Speed prediction for two-lane rural highways. Final Rep. FHWA-RD-99-171, 2000, Mclean, Va.

[14] Gibreel G, Easa S M, Al-Dimeery I A. Prediction of operating speed on three dimensional highway alignments[J]. J. Transp. Eng., 2001, 127(1): 21-30.

[15] Misaghi P, Hassan Y, ASCE M. Modeling Operating Speed and Speed Differential on Two-Lane Rural Roads[J]. Journal of Transportation Engineering, 2005,131(6): 408-418.

[16] 田赛男. 车辆运行速度与油耗预估模型[D]. 上海：同济大学,1989.

[17] 朱照宏,景天然. 按公路线形确定行车速度和燃油消耗[J]. 同济大学学报,1989, 17: 427-435.

[18] 范振宇,张剑飞. 公路运行车速测算模型的研究和标定[J]. 中国公路学报,2002, 15: 107-110.

[19] 孔令旗. 高速公路运行车速与道路安全性关系的研究[D]. 上海：同济大学,2004.

[20] 杜博英. 运行车速与道路线形[D]. 上海：同济大学,2003.

[21] 钟小明,刘小明. 基于高速公路路线设计一致性的中型卡车运行速度模型研究[J]. 公路交通科技,2005,22: 92-96.

[22] 杨少伟,许金良,李伟,等. 路线设计中车辆行驶速度预测模型[J]. 长安大学学报(自然科学版),2003,23: 53-56.

[23] 贺玉龙,卢仲贤,马国雄,等. 高速公路直线段车辆稳定运行速度模型[J]. 公路,2002: 99-103.

[24] 中华人民共和国交通部. 公路项目安全性评价指南：JTG/T B05—2004[S]. 广东：广州出版社,2004.

[25] Fitzpatrick K, Elefteriadou L, Harwood D W, et al. Speed Prediction for Two-Lane Rural Highways. Federal Highway Adminstation Conctract No. DTFH61-95-C-00084, 1999.

[26] Guidelines for the design of roads (RAS-L-1). German Road and Transportation Research Association, Berlin, 1984.

[27] 范振宇. 运行车速及在公路设计中的应用[D]. 上海：同济大学,1999.

[28] 陈胜营,汪亚干,张剑飞. 公路设计指南[M]. 北京：人民交通出版社,2000.

[29] Morrall J, Talarico R J. Side friction demanded and margins of safety on horizontal curves[J]. Transportation Research Record, 1435, Transportation Research Board, Washington, D. C., 1994: 145-152.

[30] Ontario traffic manual-Book 7: Temporary conditions. Ministry of Transportation of Ontario, St. Catharines, Ontario, Canada, 2001.

[31] 李兴华,姚祖康. 车辆燃油消耗预估模型[J]. 同济大学学报,1992,20: 403-410.

[32] Leisch J E, and Leisch J P. New concepts in Design Speed Application[J]. In

Transportation Research Record 631, TRB, Washington, D. C. , 1977.

[33] Speed prediction for two lane rural highways [R]. Washington, D. C. , Federal Highway Administration, 2000.

[34] Evaluation of design consistency methods for two-lane rural highways, executive summary. PUBLICATION NO. FHWA - RD - 99 - 173, 2000.

[35] Lamm R, and Choueiri E M. Recommendations for evaluating horizontal design consistency based on investigations in the State of New York [J]. Transportation Research Record, 1122, Transportation Research Board, Washington, D. C. , 1987: 68 - 78.

[36] Federal Highway Administration, Synthesis of safety research related to speed and speed limits. Washington, 1999.

[37] Lal C. Wadhwa, VISION ZERO REQUIRES FIVE STAR ROAD SAFETY SYSTEM, http://www.monash.edu.au/cmo/roadsafety/abstracts_and_papers/135/LWrs2001revised.pdf.

[38] Kaub A R. Highway Corridor Safety levels of Service Based on Annual Risk of Injury [J]. Transportation Research Board Annual meeting, 2000.

[39] 刘运通. 道路交通安全指南[M]. 北京：人民交通出版社，2004.

[40] Solomon. Accidents on Main Rural Highways Related to Speed, Driver, and Vehicle [R]. Washington D. C: Federal Highway Administration, 1964.

[41] Design Speed, Operating Speed, and Posted Speed Practices [R]. Transportation Research Board, Washington, D. C. , 2003.

[42] Nicholas J Garber. The Effect of Speed, Flow, and Geometric Characteristics on Crash Rates for Different Types of Virginia Highways [J]. Virginia Transportation Research Council, Charlottesville. Virginia, 2000 (1): 10 - 15.

[43] Kay Fitzpatrick, et al. , Alternative Design Consistency Rating Methods for Two-Lane Rural Highways [J]. FHWA - RD - 99 - 172, Federal Highway Administration U. S. Department of Transportation, 2000 (8): 29 - 33.

[44] 裴玉龙，程国柱. 高速公路车速离散性与交通事故的关系及车速管理研究[J]. 中国公路学报，2004，17：73 - 77.

[45] 刘志强，王兆华，钱卫东. 基于速度的交通事故分析[J]. 中国安全科学学报，2005，15(11)：35 - 38.

[46] 王建军，严宝杰. 交通调查与分析[M]. 北京：人民交通出版社，2004.

[47] 潘承毅，何迎晖. 数理统计的原理与方法[M]. 上海：同济大学出版社，1990.

[48] 王长江，郝华荣. 统计学原理[M]. 北京：国防工业出版社，2005.

[49] 寿命数据中的统计模型与方法[M]. 茆诗松，濮晓龙，刘忠，译. 北京：中国统计出版

社，1998.
[50] 邓勃. 分析测试数据的统计处理方法[M]. 北京：清华大学出版社，1995.
[51] 茆诗松，王静龙，濮晓龙. 高等数理统计[M]. 北京：高等教育出版社，1997.
[52] 盛骤. 概率论与数理统计[M]. 北京：高等教育出版社，2001.
[53] 刘先勇，袁长迎. SPSS10.0 统计分析软件与应用[M]. 北京：国防工业出版社，2002.
[54] 交通部公路司. 新理念公路设计指南[M]. 北京：人民交通出版社，2005.
[55] 公路路线设计规范：JTG D20—2006[S]. 北京：人民交通出版社，2006.
[56] 张雨化. 道路勘测设计[M]. 北京：人民交通出版社，2000.
[57] B. Φ. 巴布可夫. 道路条件与交通安全[M]. 景天然，译. 上海：同济大学出版社，1990.
[58] 裴玉龙，王炜. 道路交通事件成因及预防对策[M]. 北京：科学出版社，2004.
[59] Highway Safety Improvement Program (HSIP). Federal Highway Administration, FHWA-TS-81-218, 1981.
[60] 程文，郭忠印，孔令旗. 路线线形与道路安全关系的研究[J]. 合肥工业大学学报(自然科学版)，2002，25(5)：703-706.
[61] 佘艳华，苏华友. 公路线形设计因素对交通安全的影响分析[J]. 华东公路，2006：9-10.
[62] 余志生. 汽车理论[M]. 北京：机械工业出版社，2000.
[63] 杨轸. 行车动力学仿真模型研究[D]. 上海：同济大学，2004.
[64] Interactive Highway Safety Design Model(IHSDM)-Crash Prediction Module(CPM) Engineer's Manual[R]. Federal Highway Administration, Turner-Fairbank Highway Research Center, 2003.
[65] 公路工程技术标准:JTG B01—2003[S]. 北京：人民交通出版社，2004.
[66] 陈军. 公路线形连续性设计方法的研究[D]. 西安：长安大学，2003.
[67] 杨少伟. 可能速度与公路线形设计方法研究[D]. 西安：长安大学，2004.
[68] 刘浩学. 交通心理学[M]. 西安：陕西科技出版社，1992.
[69] 李百川. 道路交通事故预防心理学[M]. 西安：西安交通大学出版社，1998.
[70] 郑安文. 期望车速的意义及其影响因素分析[J]. 武汉科技大学学报(自然科学版)，2005，28(1)：62-65.
[71] 黄进. 双车道公路事故预测模型[D]. 上海：同济大学，2003.
[72] 杨志清. 高速公路空间视距与运行车速关系研究[D]. 上海：同济大学，2004.
[73] 高建平. 高速公路运营安全性评价与对策研究[D]. 上海：同济大学，2006.
[74] 高速公路运行速度设计方法与标准[R]. 交通部公路科学研究所，2003.
[75] 双车道公路安全评价研究报告[R]. 交通部公路科学研究院，2007.
[76] 郭雪斌. 隧道出入口驾驶员瞳孔及视点分布特性实验研究[D]. 上海：同济大学，2006.
[77] 林涛. 山区公路曲线段车辆加速度及轨迹研究[D]. 上海：同济大学，2008.
[78] 杨彦峰. 隧道出入口线形安全性评价指标及方法研究[D]. 上海：同济大学，2007.

[79] 何晓群,刘文卿. 应用回归分析[M]. 北京：中国人民大学出版社,2001.
[80] 冯力. 回归分析方法原理及 SPSS 实际操作[M]. 北京：中国金融出版社,2004.
[81] 贾沛璋. 误差分析与数据处理[M]. 北京：国防工业出版社,1992.
[82] 杨永发. 概率论与数理统计教程[M]. 天津：南开大学出版社,2000.
[83] 阮桂海,蔡建平. 数据统计与分析——SPSS 应用教程[M]. 北京：北京大学出版社,2005.
[84] 王广山. 高速公路设计一致性评价模型研究[D]. 北京：北京工业大学,2000.
[85] 罗石贵,周伟. 道路交通事故多发点鉴定方法探讨[J]. 西安公路交通大学学报,1999,19：30 - 33.
[86] 任福田,刘小明. 论道路交通安全[M]. 北京：人民交通出版社,2001.
[87] Hauer E, Kononov J, Allery B, Griffith M S. Screening the Road Network for Sites with Promise[J]. Transportation Research Record, 2002, 1784: 40 - 51.
[88] 吴德华. 基于运行车速的高速公路安全评价方法[D]. 上海：同济大学,2006.
[89] 郭忠印,方守恩. 道路安全工程[M]. 北京：人民交通出版社,2003.
[90] 高速公路线形设计一致性评价模型研究报告[R]. 同济大学交通运输工程学院,2008.
[91] 方守恩. 道路安全工程[D]. 上海：同济大学,2000.
[92] 孟祥海,裴玉龙,马长青. 高速公路事故多发点成因分析模型的建立及应用[J]. 哈尔滨建筑大学学报,2000,33：113 - 116.
[93] 杨轸,朱照宏. 道路合理分段坚定事故黑点研究[J]. 上海市公路学会第六届年会学术本书集：212 - 217.
[94] 沈文. 公路事故多发路段研究[D]. 西安：长安大学,2002.
[95] 胡新民,刘涛,张天华. 道路黑点识别与改善[J]. 交通运输工程学报,2004,4(1)：106 - 109.
[96] 王炜,过秀成. 交通工程学[M]. 南京：东南大学出版社,2000.
[97] 任福田,刘小明. 交通工程学[M]. 北京：人民交通出版社,2003.
[98] OGDEN K W. Safer Road: A guide to road safety engineering. Avebury Technical, 1997.
[99] http://www.bjjtgl.gov.cn/publish/portal0/tab67/info7382.htm，日本拥有完善的道路交通事故预防体系.
[100] 冯桂炎. 公路设计交通安全审查手册[M]. 北京：人民交通出版社,2000.
[101] 公安部交通管理局. 全面排查交通事故多发点段工作方案[R]. 2001.
[102] 中华人民共和国公安部,国家安全生产监督管理局. 2002 年预防道路交通事故工作方案[R]. 2002.
[103] 刘涛. 基于 GIS 的道路交通安全管理系统[D]. 上海：同济大学,2003.
[104] 易俊. 道路交通事故经济损失分析与评价[D]. 哈尔滨：哈尔滨工业大学,2006.

后　记

峥嵘岁月，光阴似箭，同济三年多的博士求学生涯即将结束。值此文在我手中行将成书付梓之时，提笔写下“后记”，心中感慨良多，其中充满了求学的艰辛与成功的喜悦，对于所走过的路只想说一句无悔，未来之路，仍将继续努力！

有幸师从导师郭忠印教授三年，本书从开题至定稿都倾注了郭老师的悉心指导，他以学者高屋建瓴的境界，博大精深的造诣，更以精益求精的治学态度，传授给我知识，也在感染我、塑造我。郭老师治学的态度、处事的风度、学问的高深让我由衷地敬佩，也是我今后工作学习的楷模。郭老师对学生无微不至的关心和爱护，让我倍感亲切和温暖。请郭老师接受我最诚挚的敬意和最衷心的感谢！

研究过程中，要特别感谢辽宁省交通勘测设计院的张强、张宇辉、陈悦、禹宁师兄以及课题组的孔令旗老师、马艳、周宏敏、许俊康、杨漾、周小焕，难忘炎炎烈日以及风雪交加日子里的辛苦测量，调研期间的收获将是我一辈子最宝贵的财富，也正是有了你们无私的帮助和大力的支持，我才能坚持不懈，顺利完成本书的研究工作。在此表示深深的谢意！

感谢在科研和生活中给予我关心和帮助的课题组老师：柳本民老师、杨群老师、丛林老师、陈崇驹老师和毛菊良老师。

如果这可以算是微不足道的成就，那么就请我的挚友马艳、王晓飞、朱彤与我分享，是你们与我一同经历了欢笑和泪水，陪我走过了这段求学之路。我想说，认识你们真好！衷心地祝福你们，在一起的日子今生难以忘怀！

感谢课题组的师兄弟姐妹们，是你们让我感觉到大家庭的温暖和生活上的乐趣。同时非常感谢梅明为老师在日常生活中给予我的关心与帮助。

感谢同济大学嘉定校园，一个平凡而亲切的地方，在此我将谢意传达给这个朴素的校园，感谢这里长大的校友和朋友们三年来对我的关心与支持。

最后，深深感谢我的父母和家人。父亲给予我志存高远的禀赋，母亲给予我始终如一的鼓励，是你们多年来对我博大、深沉的爱和无私的关心与支持使我不断前进；感谢我的男友在生活中给予我深切的关爱和鼓励，永远铭记于心！

阎 莹